BORICUA
DE
PURA CEPA

Norma Iris Pagan Morales

ISBN 978-1-959895-45-9 (paperback)
ISBN 978-1-959895-44-2 (ebook)

Printed in the United States of America

WESTPOINT
PRINT AND MEDIA

RECONOCIMIENTO

Este libro está dedicado a mí hermana Adelin Milagros Pagán Morales y mi gran amigo Paul David Chique Sánchez por estar siempre a mi lado cuando más los necesite.

PROLOGÓ

El propósito de escribir este libro es para recordarles a las personas de sus valores familiares. Yo siempre pienso en cómo mis padres me criaron. Ellos me enseñaron a respetar a mis abuelos, tíos. Eran parte de mí cuando yo estaba creciendo.

Los valores familiares consisten en ideas transmitidas de generación en generación. Se reduce a la filosofía de cómo desea vivir su vida familiar.

Hay tres tareas básicas tradicionales en la vida cada persona y como ellos miran a eso valores familiares. Los valores se dividen y se describen dependiendo de su trabajo, entretenimiento y amor. Hay muchas actividades que caen bajo estas categorías que definen nuestros valores.

Todos ellos son importantes y se necesita trabajo para equilibrar estas tareas. Sin embargo, nosotros a menudo nos ahogamos en el trabajo, actividades y abandonamos entretenimiento y el amor.

Muchas veces nos esforzamos porque estamos invirtiendo en nuestros objetivos de carrera, las cosas materiales y recompensas financieras. Aún sin una vida equilibrada incorporada y tener las relaciones personales, nuestras vidas se convierten en insatisfactorio, abrumador y estresante.

Tradicionalmente la gente defina sus valores al declarar que la familia es lo primera. Sin embargo, se encuentran con muy poco tiempo o energía sobrantes para pasar tiempo con la familia.

¿Qué es compartir tiempo en familia para usted?

Esto puede significar algo diferente para cada miembro de su familia. ¿Qué tal una reunión familiar para dar la oportunidad a todos los miembros que se reúnan? Es fácil quedar atrapado en actividades y horarios que deja poco tiempo para la familia.

Además, reunión de la familia es una gran oportunidad para dar prioridad a las cosas sus valores familiares y establecer tradiciones. Programar una reunión o encuentro por lo menos una vez al mes para determinar los valores de su familia. Siempre he atesorado lo que tengo especialmente lo fuertes lazos familiares; por lo tanto, crecimos ayudándonos unos al otros.

Mi mensaje para todos es nunca olvidar de dónde vienes. Cuando estaba en Nueva York, lo único que yo quería era regresar a mi isla. Volví y les di toda mi sabiduría y mis conocimientos a mis alumnos. Era mi misión y fue lograda. Nunca me canso de dar gracias a Dios por hacerme quien soy hoy en día ya que atesoraba mis tradiciones familiares y costumbres. Estoy muy orgullosa de ser BORICUA DE PURA CEPA.

Yo soy BORICUA DE PURA CEPA NACI EN PUERTO RICO...

Los nativos de la tribu taína llamaban a la isla Borikén, que significa «Tierra de Nuestro Altísimo y Bravo Señor», el cual evolucionó al nombre de «Borinquen» o «Borinquén», nombre que todavía se uti-liza en referencia a Puerto Rico. De allí surge el gentilicio «boricua».

¿Qué significa boricua de pura cepa?

Este dicho suele ser dicho por aquellos que nacen en la isla de PR.

Espero que les hayan gustado mis relatos. Si usted puede relacionarse con cualquier evento en este libro, por favor hágamelo saber.

RECAPITULACIÓN

La Familia

Estoy aquí sentada recordando mi infancia. Tengo muchos recuerdos agradables que quiero compartirlos con ustedes. Sólo puedo decir que debemos aprecia ciar cada memoria que estamos con nuestros familiares.

Cuando comiences a leer, se darás cuenta que comencé con origen the nuestros pueblos. Es no sólo interesante sino importante saber el origen de cualquier individuo...

CONTENTS

CAPÍTULO 1

El Origen De Nuestros Pueblos

La población inicial de Puerto Rico se debe a varias tribus indígenas derivados de las tierras continentales de las Américas.

Adquirimos los nombres de los Arcaicos, Igneris y por último los Taínos.

¿Quiénes eran esas tribus?

Los Arcaicos eran pueblos nómadas con un estilo de vida atrasado. Ellos vivían de la caza, la cosecha y la pesca.

Los Igneris fueron el primer pueblo agrícola en llegar a Puerto Rico. Ellos establecieron las primeras aldeas. Tenían el sitio arqueológico más completo y mejor preservado en el pueblo Ponce. Estoy hablando del Parque Ceremonial de Tibes.

Los Arawak o Taínos fueron un pueblo más avanzado. Ellos llegaron a lo que hoy conocemos como Puerto Rico. Esto ocurrió alrededor del 1100 d. c. Su sociedad estaba al nivel de una pequeña civilización antigua.

Los Tainos contaban con clases sociales. Dependían mucho del agricultor de mayor escala. Sus territorios eran permanentes y bien organizados. Por ejemplo, su religión, división de trabajo, comercio y escritura pictórica. El sitio arqueológico más completo y mejor preservado de ello, está en el pueblo de Utuado. Este sitio es el Parque Ceremonial de Caguana.

Borinquen está localizado en la zona fronteriza entre las aldeas-estado taínas, o Cacicazgos. también está cerca del pueblo guerrero Caribe de las Antillas Menores.

Los Taínos estaban acostumbrados a la guerra. En la costa este de la isla, es donde se daban los enfrentamientos. Pasaba esto porque los Caribes trataban de conquistar o asaltar las tierras taínas.

En la actualidad, estos pueblos no existen. Estos pueblos fueron en parte asimilados y exterminados por la colonización europea. Pero todavía hay legado genético, lingüístico e histórico en la sociedad puertorriqueña moderna. El más conocido es, quizás, el nombre alterno de Puerto Rico, Borinquén.

En el tiempo de la colonización española, San Juan funcionaba principalmente como una base naval. Esta base protegía el comercio de las colonias españolas en las Américas, ganando así el título de "Llave de las Indias".

Durante el siglo XIX, y más notablemente el XX, su importancia económica creció dramáticamente, dando lugar a una extensa área metropolitana de unos 1,6 millones de habitantes.

DATOS DE PUERTO RICO EN LA ACTUALIDAD

Nombre Oficial: Estado Libre Asociado de Puerto Rico
Número de habitantes: Más de 4 millones de personas
Capital: San Juan
Moneda: dólar
Embajadas: Las de los Estados Unidos
Gobernador de Puerto Rico:
Hon. Pedro Rafael Pierluisi Urrutia
Lenguajes: español y Ingles

DIVISIÓN TERRITORIAL:
Municipios de Puerto Rico

Algunas de las Ciudades con más habitantes:
San Juan, Bayamón, Carolina, Ponce, Caguas, Arecibo, Guaynabo, Mayagüez, Toa Baja, Trujillo Alto.

Puerto Rico está dividido en 78 Municipios

1) San Juan   Gentilicio: Sanjuanero
San Juan, Ciudad Capital, "La Ciudad Amurallada".

2) Adjuntas   Gentilicio: Adjunteño
Adjuntas "Tierra de Lagos, la Suiza de Puerto Rico".

3) Aguada   Gentilicio: Aguadeño
Aguada, "La Ciudad del Descubrimiento".

4) Aguadilla   Gentilicio: Aguadillano.
Aguadilla, "La Villa del Ojo de Agua, El Pueblo de los Tiburones, El Nuevo Jardín del Atlántico y Hasta Donde las Piedras Cantan".

5) Aguas Buenas   Gentilicio: Aguasbonense.
Aguas Buenas, "La Ciudad de las Aguas Claras, Los Mulos, El Oasis de Puerto Rico y Los Ñocos"

6) Aibonito   Gentilicio: Aiboniteño
Aibonito, "La Ciudad de las Flores, La Ciudad Fría, El Jardín de Puerto Rico y La Nevera De Puerto Rico".

7) Añasco   Gentilicio: Añasqueño
Añasco, "Donde los Dioses Murieron, El Pueblo de los Morcilleros y Los Nativos".

8) Arecibo   Gentilicio: Arecibeño
Arecibo, "La Villa del Capitán Correa, Muy Leal, Ciudad del Cetí, Diamante del Norte y Los Capitanes".

9) Arroyo   Gentilicio: Arroyano

Arroyo, "El Pueblo Grato y Los Bucaneros".

10) Barceloneta   Gentilicio: Barcelonense
Barceloneta, "Ciudad Industrial, La Ciudad de las Piñas, El Pueblo de los Indios y El Pueblo de Sixto Escobar".

11) Barranquitas   Gentilicio: Barranqueño
Barranquitas, "Cuna de Próceres".

12) Bayamón   Gentilicio: Bayamonés
Bayamón, "El Pueblo del Chicharrón".

13) Cabo Rojo   Gentilicio: Caborrojeño
Cabo Rojo, "El Pueblo de Cofresí y Los Mata con Hacha".

14) Caguas   Gentilicio: Cagüeño
Criolla".

15) Camuy   Gentilicio: Camuyano
Camuy, "Ciudad Romántica, Ciudad de los Areneros y Ciudad del Sol Taino".

16) Canóvanas   Gentilicio: Canovanense
Canóvanas, "Ciudad de los Indios, La Ciudad de las Carreras y El Pueblo del Chupacabras".

17) Carolina   Gentilicio: Carolinense
Carolina, "Tierra de Gigantes y Los Tumba Brazos".

18) Cataño   Gentilicio: Cabañense.
Cataño, "El Pueblo Que Se Negó a Morir, La Antesala de la Capital, El Pueblo Olvidado, El Pueblo de los Jueyeros y El Pueblo de los Lancheros".

19) Cayey   Gentilicio: Cayeyano
Cayey, "Ciudad de las Brumas, Ciudad del Torito y Ciudad del Coquí Dorado".

20) Ceiba   Gentilicio: Ceibeño
Ceiba, "Los Come Sopas y La Ciudad del Marlin".

21) Ciales   Gentilicio: Cialeño
Ciales, "La Ciudad de la Cojoba, La Tierra del Café y Pueblo de los Valerosos".

22) Cidra   Gentilicio: Cidreño
Cidra, "El Pueblo de la Eterna Primavera y El Pueblo de la Paloma Sabanera".

23) Coamo   Gentilicio: Coameño
Coamo, "La Villa de San Blás de Illescas, Los Maratonistas La Villa Añeja y la Ciudad de las Aguas Termales".

24) Comerío   Gentilicio: Comerieño.
Comerío, "La Perla de Plata y Pueblo de los Guabaleros".

25) Corozal   Gentilicio: Corozaleño.
Corozal, "La Cuna del Voleibol y Los Plataneros".

26) Culebra   Gentilicio: Culebrense.
Culebra, "Isla Chiquita, La Isla Municipio y Última Virgen"

27) Dorado   Gentilicio: Doradeño.
Dorado, "Ciudad Dorada y La Más Limpia de Puerto Rico".

28) Fajardo   Gentilicio: Fajardeño
Fajardo, "Los Cariduros y La Metrópolis del Sol Naciente".

29) Florida   Gentilicio: Floridense
Florida, "Pueblo de la Piña Cayenalisa, La Tierra del Río Encantado y Tierra de los Mogotes".

30) Guánica   Gentilicio: Guaniqueño. Guánica, "Pueblo de la Amistad, El Pueblo de las Doce Calles y Puerta de la Cultura".

31) Guayama   Gentilicio: Guayamés.
Guayama, "El Pueblo de los Brujos y Ciudad Bruja".

32) Guayanilla   Gentilicio: Guayanillense.
Guayanilla, "Tierra de Agüeybaná y Los Corre En Yegua"..

33) Guaynabo   Gentilicio: Guaynabeño.
Guaynabo, "Primer Poblado de Puerto Rico, Guaynabo la Ciudad de los Conquistadores, El Pueblo del Carnaval Mabó y Los Mets".

34) Gurabo   Gentilicio: Gurabeño
Gurabo, "El Pueblo de las Escaleras y Puerta del Turismo del Sureste".

35) Hatillo   Gentilicio: Hatillano
Hatillo, "Hatillo Del Corazón, Tierra de Campos Verdes, Capital De La Industria Lechera y Ganaderos".

36) Hormigueros   Gentilicio: Hormiguereño.
Hormigueros, "Corazón del Oeste, El Pueblo de la Virgen de la Monserrate, El pueblo del milagro y los peregrinos".

37) Humacao   Gentilicio: Humacaeño
Humacao, "La Perla del Oriente, La Ciudad Gris y Roye Huesos.

38) Isabela   Gentilicio: Isabelino.
Isabela, "El Jardín del Noroeste, Los Gallitos y El Pueblo de los Quesitos de Hoja".

39) Jayuya   Gentilicio: Jayuyano
Jayuya, "El Pueblo de los Tres Picachos, Los Tomateros, La Capital Indígena de Puerto Rico y El Mirador de Puerto Rico".

40) Juana Díaz   Gentilicio: Juanadino
Juana Díaz, "La Ciudad del Maví, La Ciudad del Jacaguas y El Belén de Puerto Rico".

41) Juncos   Gentilicio: Junqueño
Juncos, "La Ciudad del Valenciano".

42) Lajas   Gentilicio: Lajeño.
Lajas, "La Ciudad Cardenalicia y Los Tirapiedras".

43) Lares   Gentilicio: Lareño
Lares, "Ciudad del Grito y Los Patriotas".

44) Las Marías   Gentilicio: Marieño
Las Marías, "Pueblo de la China Dulce y Ciudad de los Cítricos".

45) Las Piedras   Gentilicio: Pedreño.
Las Piedras, "Ciudad de los Artesanos y Los Come Guábaras".
46) Loíza   Gentilicio: Loiceño.
Loíza, "Capital de la tradición, Los Santeros y los Cocoteros".

47) Luquillo   Gentilicio: Luquillense
Luquillo, "La Capital del Sol".

48) Manatí   Gentilicio: Manatieño
Manatí, "El Atenas de Puerto Rico".

49) <u>Maricao</u>   Gentilicio: Maricaeño
Maricao, "Pueblo de las Indieras".

50) <u>Maunabo</u>   Gentilicio: Maunabeño
 Maunabo, "La Ciudad Tranquila, Los Jueyeros y Los Come Jueyes".
51) <u>Mayagüez</u>   Gentilicio: Mayagüezano.
Mayagüez, "La Sultana del Oeste, La Ciudad de las Aguas Puras y
El Pueblo del Mango".

52) <u>Moca</u>   Gentilicio: Mocano
Moca, "Capital del Mundillo y Los Vampiros".

53) <u>Morovis</u>   Gentilicio: Moroveño
Morovis, "La Isla Menos Morovis".
54) <u>Naguabo</u>   Gentilicio: Naguabeño
Naguabo, "Los Enchumbaos y Cuna de Grandes Artistas".

55) <u>Naranjito</u>   Gentilicio: Naranjiteño
Naranjito, "El Pueblo de los Changos".

56) <u>Orocovis</u>   Gentilicio: Orocoveño
Orocovis, "Corazón de Puerto Rico".

57) <u>Patillas</u>   Gentilicio: Patillense
Patillas, "La Esmeralda del Sur y Los Leones".

58) <u>Peñuelas</u>   Gentilicio: Peñolano
Peñuelas, "Valle de los Flamboyanes"
59) <u>Ponce</u>   Gentilicio: Ponceño.
Ponce, "La Perla del Sur, La Ciudad Señorial y Los Leones".

60) <u>Quebradillas</u>   Gentilicio: Quebradillano
Quebradillas, "La Guarida del Pirata".

61) <u>Rincón</u>　　　　　　　Gentilicio: Rincoeño
Rincón, "El Pueblo de los Bellos Atardeceres".

62) <u>Río Grande</u>　　　　　　Gentilicio: Riograndeño
Río Grande, "Ciudad del Yunque".

63) <u>Sabana Grande</u>　　　　　Gentilicio: Sabaneño
Sabana Grande, "Ciudad del Petate".

64) <u>Salinas</u>　　　　　　　Gentilicio: Salinense.
Salinas, "El Pueblo del Mojo Isley Los Marlins".

65) <u>San Germán</u>　　　　　Gentilicio: Sangermeño.
San Germán, "La Ciudad de las Lomas, La Ciudad de las Golondrinas, La Ciudad Fundadora de Pueblos, la Ciudad Cuna del Baloncesto Puertorriqueño y La Ciudad Peregrina".

66) <u>San Lorenzo</u>　　　　　Gentilicio: Sanlorenceño.
San Lorenzo, "Ciudad Samaritana".

67) <u>San Sebastián</u>　　　　　Gentilicio: Pepiniano
San Sebastián, "San Sebastián Del Pepino, Los Pepinianos, Cuna de la Hamaca y Los Patrulleros".

68) <u>Santa Isabel</u>　　　　　Gentilicio: Santaisabelino
Santa Isabel, "Capital de la Agricultura, Tierra de Campeones, La Ciudad de los Potros".

69) <u>Toa Alta</u>　　　　　　Gentilicio: Toalteño
Toa Alta, "La Ciudad del Toa, Cuna de Poetas, Ciudad del Josco".

70) <u>Toa Baja</u>　　　　　　Gentilicio: Toabajeño
Toa Baja, "Ciudad de los Valles del Toa, Ciudad Bajo Aguas y Los Llaneros".

71) <u>Trujillo Alto</u>   <u>Gentilicio: Trujillano</u>
Trujillo Alto, "Pueblo de los Arrecostaos".
72) <u>Utuado</u>   <u>Gentilicio: Utuadeño</u>
Utuado, "Ciudad del Viví y Los Montañeses".

73) <u>Vega Alta</u>   <u>Gentilicio: Vegalteño</u>
Vega Alta, "Pueblo de los Ñangotaos y Los Maceteros".

74) <u>Vega Baja</u>   <u>Gentilicio: Vegabajeño</u>
Vega Baja, "Ciudad del 'Melao Melao'".

75) <u>Vieques</u>   <u>Gentilicio: Viequense</u>
Vieques, "Isla Nena".

76) <u>Villalba</u>   <u>Gentilicio: Villalbeño</u>
Villalba, "Ciudad del Gandul y Ciudad de los Lagos Avancinos".

77) <u>Yabucoa</u>   <u>Gentilicio: Yabucoeño</u>
Yabucoa, "La Ciudad del Azúcar, El Pueblo de Yuca y Los Bebe Leche".

78) <u>Yauco</u>   <u>Gentilicio: Yaucano</u>
Yauco, "El Pueblo del Café, Los Corsos".

<u>Municipios de laRegion Norte de Puerto Rico</u>
Esta región hoy en día se conoce como "Porta del Atlántico".

La costa norte de Puerto Rico consiste en los siguientes municipios:
1. Arecibo 2. Barceloneta 3. Camuy 4. Dorado 5. Hatillo, 6. Manatí, 7. Toa Alta 8. Vega Alta 9. Vega Baja.

<u>Municipios en la Region Sur de Puerto Rico</u>
Esta región hoy en día se conoce como "Porta Caribe"

La costa sur de Puerto Rico consiste en los siguientes municipios:
1. Arroyo 2. Coamo 3. Guayama 4. Guayanilla 5 Juana Díaz

6. Patillas 7. Peñuelas 8. Ponce 9. Salinas 10. Santa Isabel
11. Villalba 12. Yauco.

Municipios de la Region Este De Puerto Rico
La Rregion del Este se consiste en
los siguientes municipios:

1.Vieques 2. Culebra 3. Loíza 4. Gurabo 5. Juncos 6. Las Piedras
7. Canóvanas 8. Río Grande 9. Luquillo 10. Fajardo 11. Ceiba
12. Humacao 13. Naguabo 14. Maunabo 15. Yabucoa.

Municipios en la Region Oeste de Puerto Rico

Es esta zona ha sido renombrada "Porta del Sol".
La costa oeste de Puerto Rico consiste en los siguientes municipios:
1. Aguada 2. Aguadilla 3. Añasco 4. Cabo Rojo 5. Guánica 6. Hormigueros
7. Isabela 8. Lajas 9. Las Marías 10. Maricao 11. Mayagüez,
12. Moca 13. Quebradillas 14. Rincón 15. San Germán
16. San Sebastián.

Municipios de la Region Central de Puerto Rico
Esta zona se reconocehoy en dia como "Porta Cordillera"

La región central de Puerto Rico, definida por la Cordillera Central y el
Valle del Turabo, consiste en los siguientes municipios:
1. Adjuntas 2. Aguas Buenas 3. Aibonito 4. Barranquitas 5. Cayey
6. Caguas 7. Ciales, Cidra 8. Corozal 9. Comerío 10. Florida
11. Jayuya 12. Lares 13. Morovis 14. Naranjito 15. Orocovis
16. Utuado 17. Gurabo.

***Es de notar que Caguas y Guarabo están más enlazados económica y demográficamente
con el Área Metropolitana de San Juan.

PUERTO RICO EL PARAISO DEL CARIBE

El 40% de la isla está cubierta de montañas, siendo las principales la Cordillera Central. Estas dividen a la isla en dos partes, la Sierra de Luquillo y la Sierra de Cayey. Otro 35% está cubierto por lomas.

El 25% restante lo ocupan llanuras, principalmente en la región costera del norte. La parte más elevada de la isla se halla l Cerro de Punta.

Esta en la Cordillera Central, con una altura de 1339 metros. A poca distancia de la costa norte. Esta también paralela con la fosa de Puerto Rico.

La fosa es la más profunda del océano Atlántico con 9129 metros bajo el nivel del mar. Puerto Rico es uno de los países más interesantes del mundo para el estudio de las tierras. Es así porque en una extensión de solo 3,453 millas cuadradas se encuentran casi todos los grandes grupos de tierras del Atlántico.

La costa norte, Atlántico, es húmeda y verde. La costa sur, Mar Caribe, es propicia para los cactos, yucas y el maguey, que crecen en un paisaje semidesértico. Hacia el noroeste el terreno se caracteriza por sus colinas verdes, grutas y barrancos. El sistema cárstico del río Camuy es uno de los más extensos del hemisferio. En el sudoeste los manglares han creado un singular sistema de canales.

Puerto Rico cuenta con parques nacionales los cuales muchos son forestales y otras seis a punto de ser declaradas. El bosque más importante es el Bosque Nacional del Caribe. Tambien conocido como El Yunque.

Antiguamente, El Yunque cubría un área más extensa que la actual, 113 km². Algo más de 180 pulgadas de agua de lluvia se registran en El Yunque cada año, creando una frondosa selva, hábitat de numerosas especies de plantas y árboles.

El Bosque de Guajataca, con decenas de senderos, y el Bosque Nacional de Guánica, son bosques secos con gran número de especies de aves. Estos son reservas importantes para la isla. Los mayores atractivos lo ofrecen las dos bahías bioluminiscentes. Estas están en La Parguera y en la isla de Vieques.

Hoy día, la bahía bioluminiscente de La Parguera ha ido perdiendo su luminosidad debido a la contaminación producida por la gran cantidad de embarcaciones navegar en esa área.

Otra bahía luminiscente que se está volviendo popular es la del municipio de Fajardo, la cual, al navegarse de noche en kayak, ofrece una de las mejores experiencias luminiscentes en la isla.

CAPÍTULO 2

El Indio Taíno

Y asi comienzo mis historias.......

La isla de Puerto Rico fue poblada originalmente por los indios taínos. Se fundamentó en 1493 por Cristóbal Colón para el Reino de España...

División de los Indios Taínos

Los Naborías y Los Nitaínos

Los Naborías eran los comunes y los Nitaínos eran los nobles. Fueron gobernados por jefes masculinos conocidos como "Caciques". Ambos grupos fueron asesorados por sacerdotes o curanderos conocidos como "Bohique".

Los "Caciques"

A los "Caciques" les gustaba el privilegio de llevar colgantes de oro llamados "guanina". Solían vivir en bohíos cuadrados, en lugar de los redondos. Siempre estaban sentados en taburetes de madera por encima de los invitados que recibían.

Ahora vamos a hablar de los Bohiques

Los Bohiques fueron muy respetado por sus poderes curativos. Tenían la habilidad de hablar con Dios. Ellos eran los únicos que consultaban o aconsejaban a los Taínos.

El Taíno y el sistema Matrimonial

Los Tainos tenían un sistema matrimonial de parentesco que descendía por herencia. Cuando un heredero varón no estaba presente el hermano de la mujer ayudaba criar a sus sobrinos. Ellos practicaban polígamia. Los hombres y a veces las mujeres podían tener dos o tres esposas. Algunos caciques tenían hasta 30 esposas.

INDIVIDUOS TRABAJADORES

Las mujeres Taínas

Eran altamente cualificadas en la agricultura. Ellas tenían una buena mano para sembrar. La siembra fue muy importante para la tribu entera. Todo el mundo dependía de esos productos agrícolas. Las verduras y frutas fueron parte de sus dietas diarias.

Los hombres taínos

El trabajo de los hombres consistía en caza y pesca. Hacían redes y cuerdas de algodón y palmeras. Utilizaban arcos y flechas para la caza. Desarrollaron el uso de venenos en las puntas de la flecha. Sus canoas se hacían en varios tamaños.

Las canoas eran tan grandes que podían llevar a cabo de dos a ciento cincuenta personas. Una canoa mediana tiene aproximadamente quince a veinte personas.

Estilo de cabello y vestimenta

Con frecuencia las mujeres usaban cabello corto al frente y más largo en la parte posterior. A veces llevaban joyas de oro, pintura o conchas. Los hombres Taíno a veces llevaban faldas cortas. Las mujeres Taínos llevaban una prenda similar después del matrimonio.

"Areítos"

El areito era especialmente común entre los clásicos taínos de la española y Puerto Rico. Los areítos se llevaron a cabo por una variedad de razones. En los primeros días de colonización europea, los jefes taínos organizaron "areítos" para los visitantes españoles, que registraban información sobre las ceremonias.

Según las documentaciones históricas, "areítos" aparece a menudo en asambleas de nobles bailando y cantando. También tocaban con cascabeles y tambores. Las ceremonias invocaban elementos de la cultura Taína y práctica religiosa.

Estas prácticas incluían su adoración a la "tierra" y sus antepasados. "Areítos" se llevaron a cabo en los espacios designados, específicamente las plazas públicas o el suelo de danza fuera de la casa del jefe.

Pueblos taínos clásicos aparecía a menudo una corte elaborada de danza. Eran siempre en una zona al aire libre rodeado de bancos de tierras y a veces de piedras talladas.

La población en general vivía en grandes edificios circulares hojas "bohíos", construido con postes de madera, tejido de paja y Palma. Estas casas que rodean la plaza central podrían sostener diez a quince familias. El cacique y su familia vivían en edificios rectangulares llamados "Caney" de construcción similar, con pasillos de madera.

Los muebles para el hogar de los Taíno incluían hamacas de algodón para dormir y sillas esteras hechas de palmeras. Algunas sillas eran hecha de madera "dujo o duh" con asientos tejidos, plataformas y cunas para niños.

A los taínos les gustaban muchos los Juegos de pelota. Eso juego eran un poco diferente al juego de pelota de ahora. Ese juego se realizaba en <u>Caguana Ceremonial o "batey"</u>. Las pelotas eran diseñaba con una goma especial.

En el "batey", el Taíno hacia sus juegos ceremoniales. Esos juegos, se hacían para resoluciónal conflictos entre comunidades. La pelota más elaborada se encontraba en los límites de las autoridades.

A menudo, los jefes hacian apuestas sobre los resultados de un juego. Esos juegos eran muy organizados. Tenían equipos de diez a treinta jugadores. Cada equipo utilizaba una pelota de goma maciza. Normalmente, los equipos estaban compuestos por hombres, pero en ocasiones las mujeres jugaban también.

El lenguaje de Arawak

El término Arawak era aplicado originalmente al grupo de América del sur que se auto identificó como <u>Arawak o Lokono</u>. Los indios taínos hablaban Arawak. No tenían comunicación por escritura.

En 1871, el etnólogo Daniel Garrison Brinton llamaba a la población Caribe "Isla Arawak". Esto era debido a las similitudes lingüísticas y culturales con el continente Arawak. Después de un tiempo, los sabios nombraron esta convención "Arawak", creando confusión entre los grupos de la isla y el continente.

La primera lengua con la que entraron en contacto los españoles.

Asi era como se hablaba en todas las Antillas. Esta fue la primera lengua con la que entraron en contacto los españoles. Pertenecia a la <u>familia lingüística arahuaca</u>.

El taíno era la mayor fuente de americanismos. Por ejemplo, estas palabras todavía se usan. La canoa, cacique, maíz y tabaco, etc.- en el vocabulario del idioma español.

Eran vinculadas con las <u>lenguas arahuacas</u> de las costas sudamericanas del Mar Caribe. Fue Bartolomé de las Casas, quien informó que había variantes dialectales, siendo la hablada en la soberanía de Jaragua, isla La Española.

También decía que era la más elegante y prestigiosa, además de lengua franca para la interacción cultural y comercial en las Antillas.

Era un lenguaje cargado de poesías y bien ligado a su permanente interacción con la naturaleza. Se hablaba pausado, buscando las relaciones personales.

Según los historiadores de esa época:

Al arco iris, lo llamaban "serpiente de collares"
Al cielo "mar de arriba"
El rayo era "el resplandor de la lluvia"
Al amigo lo llamaban "mi otro corazón"
Al alma "el sol del pecho"
Para decir perdón, decían "olvido"

Tras la conquista, el idioma desapareció rápidamente.

La lista de palabras taínas se basa en el "Vocabulario indoantillano" de Coll y Toste, actualizado por José Marcano para el uso en la República Dominicana.

En el siglo XX, historiador como Irving Rouse restableció el uso "Taíno" para el grupo Caribe para resaltar su cultura y su lengua. Estas son algunas palabras del Taíno que se han incorporado al español y en inglés:

Barbacoa-barbecue	hamaca -hammock
Kanoa- canoe	tabaco-tobacco
Yuca, batata-sweet potato	juracán-hurricane

Herramientas o armas de guerra que utilizaban los Taínos

Para la guerra, los hombres hacían macanas de madera. Eran de una pulgada de grueso y similar al macaque del coco. Por cierto, todavía usamos la palabra "macana".

A veces Mamá Nina explicaba cómo los Taínos hacian sus comidas. Mientras ella explicaba, nos preparaba pan de "casabe".

Los Taínos comían comidas balanceadas. Su alimentación incluía vegetales, frutas, carnes y pescados. No había animales grandes nativos en el Caribe, pero capturaban animales pequeños, tales como jutías que son de familia de las ratas.

El Taíno también comía gusanos, lagartos, tortugas y aves. Los manatíes y peces eran atrapados en redes, o capturados con anzuelo y línea. Loros salvajes eran capturados con aves domesticadas.

El Taíno almacenaba los animales vivos hasta que estaban listos para ser consumidos: peces y tortugas eran almacenados en estanques de agua. Las jutías y perros fueron almacenados en charcos de aguas caseros.

Debido la falta de animales grandes, el Taíno se convirtió en un pescador muy hábil.

Una de la técnica era con un gancho de arrastre. Ponían una línea asegurada a una canoa y esperaban a que el pescado por sí mismo se sujetara a peces de mayor tamaño o incluso una tortuga.

Una vez que esto sucedió, los hombres saltar al agua y traían a sus capturas. Otro método utilizado por los taínos era tallos destrozados y raíces de arbustos venenosos. Los arrojaban cerca de los arroyos o ríos.

Al comer la carnada, los peces quedaban paralizados. Los pescadores tenían suficiente tiempo para recogerlos. Este veneno no afectabas el consumo de esos peces. Miembros de la tribu, sobre todo jóvenes, también recogían miles de ostras en las aguas no tan profundas y dentro de los manglares.

Los Taínos dependían mucho de la agricultura. Los terrenos eran tubérculos importantes. Los terrenos se preparaban por colinas de tierra, llamado conucos de almacenar. Esto mejoró el drenaje del suelo y fertilidad, así como retardar la erosión. También permitía mayor almacenamiento de cultivos en el suelo.

Los cultivos menos importantes, como el maíz, eran cultivados en terrenos. Por lo general, conucos fueron tres pies de alto y nueve pies de circunferencia y fueron dispuestas en filas.

Cuando yo era joven, mi bisabuela me decía que tuviera cuidado cuando iba a preparar yuca o casabe. Si las raíces no se preparaban adecuadamente, podrían ser peligrosos para su salud. Mis antepasados aprendieron de los Taínos...

Su principal cultivo de raíces era yuca o casabe. Era una mata frondosa cultivada por sus raíces. Eran muy ricas en almidón. Se plantaban con una coa.

Una coa es especie de azada hecha totalmente de madera. Las mujeres procesaban la variedad venenosa de la yuca. Ellas exprimían y extraían el jugo tóxico. Entonces molían las raíces en la harina para hornear pan. La batata, era el cultivo más importante que viene de la raíz.

Contrario a las prácticas del continente Norte Americano, el maíz no fue molido en la harina para hornear, pero cocinado y comido en la mazorca. El pan de maíz se dañaba más rápidamente que el pan de casabe por la alta humedad del Caribe. El maíz también se utilizaba para hacer una bebida alcohólica conocida como chicha.

El Taíno sembraba calabaza, frijoles, pimientos, maní, piña y tabaco. También se cultivaba el algodón alrededor de las casas. Otras frutas y verduras, como las nueces de palma, guayabas y raíces, se recogían en el medio silvestre.

Nuestros Indios Taínos eran muy amables y humildes. Su vida pacífica y las tareas diarias cambiaron con la llegada de los españoles...

Los Taínos fueron unas víctimas inocentes. Los españoles los mataron, pero en la realidad no desaparecieron. Ellos nos dejaron tantas cosas.

Su presencia sigue viva en nuestra isla. Hay muchas palabras en nuestro idioma que heredamos.

Ejemplo: hamaca, macana, canoa, guiro, maraca y otras. Hay cientos de frutas, flores y árboles que conservan su nombre como, la papaya, la ceiba y el ausubo. Una gran cantidad de rios y pueblos llevan nombres tainos como Bayamón, Humacao, Guayama, Utuado, Vieques y muchos más. Nuestras frutas o alimentación conserva costumbres tainas como las arepas, el casabe y los guanimes.

CAPÍTULO 3

Guanina

Guanina era una india taina. Hermana de Agüeybaná el Bravo, ósea el jefe de la tribu y de un grupo de bravos guerreros, el cacique supremo de toda la isla de Puerto Rico.

Guanina significa en el lenguaje taíno: "Resplandeciente como el oro".

Los conquistadores españoles se habían apoderado de la isla de Borinquén, que así se llamaba entonces la isla de Puerto Rico.

En aquel tiempo, un indio llamado Guarionex vivía enamorado de Guanina. Guanina era la hermana del cacique supremo, ósea el jefe de todas las tribus de la isla.

Guarionex cada vez que veía a Guanina el corazón le latía a tal magnitud que parecía que se le quería salir del pecho. Cada vez que el la veía le declaraba su amor.

Ella no le correspondía porque ella vivía enamorada de un conquistador español llamado Don Cristobal de Sotomayor, alcalde mayor y fundador de un poblado al que había bautizado con su propio apellido.

Guarionex lleno de odio mortal hacia Sotomayor, le gritaba: - ¡Don Cristobal, uno de los dos debe de morir! Tú no mereces vivir porque me robaste el amor de Guanina, y yo no quiero seguir viviendo si me falta su amor.

Los indios ya no podían soportar más el trato cruel de los españoles. Los indios taínos los habían recibido con amistad y habían celebrado la ceremonia del guatiao, pacto de fraternidad que se llaban con el intercambio de nombres. Por eso al cacique Agüeybaná también se le llamaba Don Cristobal.

Los españoles haciendo caso omiso al pacto, se repartieron a los indios como siervos. Los explotaban especialmente en los yacimientos de oro. Ya desesperados los indios anhelaban volver a ser libres.

Una noche, celebraron un areito, reuniones para celebrar sus fiestas, recordar tradiciones, y tomar decisiones sobre todo cuando era necesario tomar una decisión sobre una guerra.

Esa noche Agüeybaná y los taínos decidieron que los españoles tenían que morir para ellos poder ser libres otra vez.

Guarionex eligio el poblado de su enemigo mayor, que era Don Cristobal de Sotomayor. Güarionex no pudo matar a Don Cristobal de Sotomayor porque en ese momento Sotomayor estaba llegando al bohío de Agüeybaná donde Guanina le advirtió que se salvara que los indios se habían revuelto en su contra.

Sotomayor se fue con sus soldados a La Villa de Caparra para ver al Gobernador. Agüeybaná le prestó a Sotomayor a unos <u>Naborías</u> para que lo ayudaran con la carga. Pero en secreto les dijo que cuando empezara el ataque, huyeran con la carga. Guanina no quiso dejar a Sotomayor huir solo y se fue con él.

Los indios tainos los persiguieron y el ataque empezó. Sotomayor peleaba cruelmente con su espada mientras los golpes de las macanas de los indios le iban abriendo profundas heridas.

En el momento de mayor peligro, Guanina se interpuso entre Sotomayor y los indios y recibió en su cuerpo la herida mortal que iba dirigida a su amado.

En ese momento de distracción de Sotomayor, Agüeybaná aprovechó para traspasarlo con su flecha. Cayó Sotomayor en los brazos de su amada Guanina.

Agüeybaná ordenó a que los enterraran juntos, pero que a Sotomayor le dejaron los pies fuera de la tumba para que no pudiera encontrar el camino a la tierra de los muertos.

Poco después los españoles rescataron los cuerpos y los enterraron, uno al lado del otro, al pie de un risco empinado y a la sombra de una enorme ceiba.

Desde entonces, los jíbaros dicen que cuando el viento agita de noche las ramas del árbol frondoso, se oye un murmullo, que no es el rumor de las hojas, y se ven dos luces muy blancas, que no son luces de luciérnagas o cucubano, sino los espíritus de Guanina y Sotomayor que flotan danzan y se funden, cantando la dicha de estar unidos siempre.

CAPÍTULO 4

Llegan los Españoles

El 19 de noviembre, rememoramos la fecha en que los españoles llegaron a la Isla. Se conocia como Borikén.

Es un hecho histórico que resulta en la identidad de los puertorriqueños. Incluso, 19 de noviembre cambio todo en esta isla hermosa. Como sabemos, ya vivía en la región una sociedad llamada taína.

La población taína disminuyó inmensa y rápidamente debido a las enfermedades que trajeron los españoles, para las cuales los taínos no tenían anticuerpos.

También los españoles trajeron la esclavitud. Con tantos abusos por los conquistadores murieron muchos tainos.

Los taínos no tenían lenguaje escrito, así que, lo que sabemos hoy sobre ellos se debe a los historiadores europeos de la época que se dedicaron a observarlos y a registrar sus costumbres.

Hay muchos datos curiosos sobre el momento histórico del encuentro entre taínos y españoles que desconocemos. Queremos compartir contigo algunos de esos datos esperando que descubras algo nuevo y, con ello, todos los boricuas podamos apreciar nuestra historia con orgullo.

El Yunque: lugar sagrado

Existe muy poca evidencia de que los taínos entraran en la región de El Yunque y ninguna evidencia de que se establecieran a vivir allí.

Sí dibujaban petroglifos en las piedras de los cuerpos de agua alrededor de la inmensa montaña, lo cual podría ser un indicativo de que El Yunque, tanto la montaña como el tupido bosque tropical que la rodea, tenía simbolismos sagrados para los taínos.

Según la mitología taína, la diosa Atabey, quien creó la tierra, el cielo y las estrellas, tuvo dos hijos: Yocahú y Guacar. Yocahú continuó la creación de su madre: el sol, la luna, las plantas y los animales.

Guacar se puso celoso por las cosas maravillosas que había creado su hermano y atacó su creación con vientos fuertes. Con el tiempo, el nombre de Guacar se convirtió en Juracán.

Los taínos creían que Yocahú vivía en el bosque de El Yunque y que, desde ahí, combatía a Guacar cada vez que su hermano se ponía guapo.

Sin embargo, en la vida real, es un mito que El Yunque desvíe huracanes. El Yunque, es decir, todas las montañas que componen la sierra de Luquillo, no es lo suficientemente alto o grande como para desviar los gigantescos sistemas de huracanes.

¿Qué Colón no fue quien encontró primero a Puerto Rico?

Siempre aprendimos que Cristóbal Colón fue quien encontró Puerto Rico el 19 de noviembre de 1493, pero hay una teoría de varios historiadores que afirma que quien encontró a Puerto Rico no fue Colón, sino Martín Alonso Pinzón, el capitán de La Pinta.

Según estos historiadores, Colón se encontraba en Haití, fundando el fuerte Navidad con los restos detenidos de la nave Santa María, cuando Alonso Pinzón se fue a explorar por su cuenta hacia el este, y ahí fue que encontró a Borikén.

Incluso, en el viaje de regreso, llegó antes que Colón a España y trató de "picar alante", hablándoles a los Reyes Católicos sobre la isla que había encontrado, pero los Reyes prefirieron esperar y escuchar a Colón.

¿Cuáles eran las intenciones de Martín Alonso Pinzón cuando se fue solo a explorar y trató de adelantársele a Colón con los reyes? Nunca sabremos, pero sí sabemos que a Colón le "olió a peje e Maruca".

CAPÍTULO 5

Españoles en Puerto Rico 1493-1898

Mi abuela Ceferina nació el 26 de agosto de 1900; por lo tanto, ella creció con las costumbres americanas. Ella nos dijo, a mi hermano Julio y a mí, muchas historias relacionadas con los españoles y los Taínos. Vimos qué triste se ponía cuando estaba tratando de recordar todos los incidentes que sucedieron durante esa época...

Ceferina, llamada por todos sus nietos, "Mamá Nina" conocía la historia de nuestra isla. Sus padres eran de España. Tenían muchas propiedades en toda la isla. Mamá Nina nunca fue a España, pero sus padres viajaron a menudo.

Listo para más historias

Yo eche de menos las historias y leyendas que Mamá Nina contaba cuando nos mudamos a Nueva York. Pero cuando ella nos visitaba, nos tenía muy atento con sus cuentos.

Una tarde, mi hermano y yo, estábamos listos para escuchar sus historias sobre los españoles. Comenzó como siempre, preguntando acerca de nuestros estudios. Era tan diferente viviendo en Nueva York. Así que fue muy lindo tener a "abuelita" en nuestra casa.

Me olvidé de mencionar que esa misma semana, en la escuela, íbamos a celebrar el mes de la Hispanidad. Las historias que nos contó Mamá Nina eran muy educativas e importantes.

Todos los alumnos de mi clase fueron seleccionados para llevar a cabo una obra en el día del descubrimiento de Puerto Rico. Mamá Nina nos ayudó. ¿Adivinen qué? Mi clase ganó el primer premio por la mejor actividad. Todo fue espectacular gracias a Mamá Nina...

Todas las tardes teníamos nuestra hora con abuela, pero esta vez, Mamá Nina comenzó su historia en un tono muy diferente y extraño. Sus historias estaban demasiado tristes...

Cuando Colón llegó a Puerto Rico durante su segundo viaje en el 19 de noviembre de 1493, la isla estaba habitada por los indios Taínos. Lo llamaron Borikén; Borinquen en traducción al español. Colon nombró la isla San Juan Bautista, en honor al santo católico, Juan Bautista.

Tras informar de los resultados de su primer viaje, Colón trajo con él, esta vez, una carta del Rey Fernando. Fue autorizada por un Papa. Esta carta indicaba que cualquier curso de acción necesario para la expansión, en la isla, iba hacer del imperio español. También todo que tenía que ver con religión y tenía que ser con la fe cristiana.

Fue Juan Ponce de León, un teniente comandado por Colón, quien fundó el primer sitio español. Era en Caparra, el 8 de agosto del 1508. Más tarde, se desempeñó como el primer gobernador de Puerto Rico.

Finalmente, comerciantes y otros visitantes marítimos llegaron a referirse a toda la isla como Puerto Rico. San Juan entonces, se convirtió en el nombre del comercio principal y puerto de embarque en el caribe.

Al principio del siglo XVI, los españoles comenzaron a colonizar la isla. A pesar de las leyes de Burgos del 1512 y otros decretos para la protección de la población indígena, algunos indios Taínos se vieron obligados a un sistema de encomienda de trabajos forzados en los primeros años de la colonización.

Mamá Nina explicó todo como si fuera nuestra profesora de historia...

Vamos a Echar un vistazo al sistema de"Encomienda"

La encomienda fue un sistema de relación de dependencia que se inició en España durante el imperio romano. Realmente significaba que la gente más débil, iba ser más protegida a cambio de un servicio.

Fue utilizado más adelante durante la colonización española de las Américas y las Filipinas. El monarca español asignaría a un español con la tarea de "proteger" a un grupo específico de los nativos americanos.

En la encomienda, la corona española otorgó a una persona un determinado número de indígenas de una comunidad específica. Esta encomienda tenía líderes indígenas a cargo de movilizar el tributo tasado y mano de obra.

A la vez, los encomenderos tenían que asumir la responsabilidad de las instrucciones en la fe cristiana. La protección de las tribus, piratas e instrucciones, eran en la lengua española.

En cambio, de toda la protección, los nativos le tenían que dar tributos. Estos tributos eran en forma de metales, maíz, trigo, carne de cerdo o cualquier otro producto agrícola.

División de habitantes en la isla

Durante la primera década de la presencia en el Caribe, los españoles se dividieron. Los nativos, que en algunos casos trabajaron incansablemente, y los españoles que vinieron después del despido de Cristóbal Colon. La corona española envió un gobernador real, Fray Nicolás de Ovando, quien estableció el sistema de encomienda formal.

En muchos casos, los nativos eran obligados a hacer trabajos forzados. El castigo extremo si se resistían, los castigaba fuerte hasta matarlos. Sin embargo, Isabela, la reina de Castilla había prohibido esclavitud de los indígenas "vasallos libres de la corona," permitiendo que muchos nativos y españoles miraran con buenos ojos los encuentros reales.

Las Encomiendas fueron caracterizadas a menudo por el desplazamiento geográfico de los esclavos. La desintegración de las comunidades y unidades familiares fue muy diferente que la de los otros países colonizados por los españoles.

Por ejemplo, la encomienda en México funcionó con las reglas que estos vasallos libres le dirigían. La corona a través de las jerarquías si existía en la de comunidad. Los indígenas no fueron forzados permanentemente. Se les dejo estar con sus familias, casas y terrenos.

En el antiguo Imperio Inca, por ejemplo, el sistema continuó la tradición incaica e incluso preincaico de extracción del tributo en forma de mano de obra.

Cuando la Reina Isabela visito a Puerto Rico, ya era tarde para ayudar a los Taínos. Los indios Taínos sufrieron mucho. Hubo muchas muertes extremadamente altas por las epidemias y enfermedades venéreas que trajeron los europeos. Nuestros Tainos estaban muy saludables hasta que llegaron los españoles.

El Taíno se convirtió en punto de extinguirse como cultura por asentamiento de colonizadores españoles. Y repito, todo fue debido principalmente a enfermedades infecciosas que no tenían inmunidad. El primer brote de viruela registrado en la española se produjo en diciembre de 1518 y enero del 1519.

La epidemia de viruela del 1518 mató a 90% de los nativos. La guerra y la esclavitud áspera por los colonizadores también habían causado muchas muertes.

En el 1548, la población indígena había disminuido a menos de 500. A partir de alrededor 1840, ha habido intentos de crear una identidad cuasi-indígena de Taíno en las zonas rurales de Cuba, República Dominicana y Puerto Rico. Esta tendencia se aceleró entre la comunidad puertorriqueña en los Estados Unidos en la década de 1960.

Cuando Mamá Nina termino su historia, le preguntamos por qué ella estaba tan triste. Nos explicó que cuando los españoles llegaron a Puerto Rico, nadie podía hablar de los indios. Era un insulto

decir que eras de descendencia indígena...

CAPÍTULO 6

Juan Ponce de León

En el año de 1511, gobernaba la isla de Puerto Rico, Juan Ponce de León. También tenía otro nombre, el Capitán del Higüey.

Después, como obtuvo del monarca su reposición, envió a España, acusándoles de excesos, a su antecesor Juan Ceron y al alguacil mayor Miguel Díaz.

Él había formado los nuevos pobladores, junto a la Quebrada Margarita en el territorio del hoy llamado Pueblo Viejo. En la villa de Caparra, están sus restos. Se pueden ver en la actualidad entre las malezas, Esto debieran conservarse con exquisito esmero, por ser la primera piedra, que, en aquel lejano país, asentó nuestra raza.

Había una iglesia de piedra de ignorada arquitectura. También había alguna que otra casa de barro y cañas, semejantes a las que en el día se ven en la conocida aldea de Cangrejos, Hay otras varias, basadas sobre gruesos troncos, con piso y paredes de palma. El techo de yaguas, iguales en todo a muchas de las que hoy existen en los campos. Esto es lo que componían el caserío de la villa.

Se encontraba, además, una plaza en medio. Sus calles rectas, estaban cubiertas de yerba. En la plaza, veía la morada del gobernador Ponce. Era la más ventajosa en capacidad por ser la casa del rey y consistorial al propio tiempo, ostentando en días festivos el estandarte castellano.

En igual estilo, si bien con menos proporciones habían fundado, no muy lejos del pueblo de Aguada y hacia el Nordeste de la isla, la villa de

Sotomayor, en cuyos alrededores, ocurrieron algunos de los sucesos que voy a relatar.

El gobernador Ponce, continuando el sistema establecido en la isla española. El proceso el repartimiento de los indios de Borinquen en encomiendas.

Se duda de si su primer viaje a América lo hizo con Cristóbal Colón en su Segundo Viaje en 1493 o con Nicolás de Ovando en 1502.

En dicho segundo viaje de Colón, este se desplazó hasta una isla guiado por unos indios arahuacos que querían que Colón los protegiera de los indios caribes.

El 19 de noviembre de 1493, cuando los navíos entraron en Bahía Boquerón, los indios saltaron al agua y nadaron hacia la costa. Colón bautizó esa isla como San Juan Bautista y 18 años después Ponce de León bautizaría su villa portuaria, Cáparra, como Puerto Rico.

El Segundo Viaje de Colón, en el que se cree que participó activamente Ponce de León, sirvió para conquistar la isla de La Española, siendo el punto de inflexión la Batalla de la Vega Real. Tras el cese de Cristóbal Colón y de su hermano Bartolomé y por la muerte en el mar de Francisco de Bobadilla, Nicolás de Ovando fue nombrado gobernador de La Española en 1502.

Ponce de León llegó por primera vez al Nuevo Mundo con Nicolás de Ovando en 1502, desembarcando donde actualmente se halla Cockburn Town, en la isla Gran Turca, en las Turcas y Caicos, pero pronto se instaló en La Española.

En 1502 colaboró con Nicolás de Ovando y frenó una rebelión del pueblo taíno en la zona oriental de La Española.

Por esa actuación fue recompensado con el cargo de gobernador de la recién creada provincia de Higüey. En ese cargo, alquilaba indios para buscar oro o para trabajar en los abundantes cultivos de yuca.

Ponce de León se hizo rico sirviendo como gobernador y sobre todo gracias al cultivo de la yuca.

El puerto de Higüey, en el Paso de la Mona, era parada obligada para los barcos españoles que regresaban a Europa, ya que el pan que se hacía con la yuca se conservaba muy bien con humedad, era nutritivo y tenía muy buen sabor.

Debido a esta prosperidad, Ponce construyó una villa en Higüey que llamó Salva León y mandó traer a su esposa e hijos.

En 1502 había contraído matrimonio en Santo Domingo con una mujer indígena que servía de mesonera en Santo Domingo. Con su bautizo cambió su nombre a Leonor. Con ella tuvo tres hijas, Juana, Isabel y María, y un hijo llamado Luis.

Gobernador de Puerto Rico

En su habitación en Higüey, escuchó las historias de las riquezas existentes en Borinquén, la Isla de San Juan.

A partir de ese momento concentró todos sus empeños en poder acudir a ese sitio, siéndole concedido el permiso necesario.

El 12 de agosto de 1508 Ponce de León parte de Higüey para explorar Borinquén. Dio órdenes de plantar yuca en el caso de que las misiones de exploración en busca de oro fueran fracasando.

Fue recibido con los brazos abiertos por Agüeybaná, cacique taíno, y tomó rápidamente el control de la isla. Por este hecho, Ponce de León fue nombrado Gobernador de esta en 1509.

En 1506, tras la muerte en el Convento de San Francisco de Valladolid de Cristóbal Colón que había sido designado gobernador militar de sus descubrimientos. Las autoridades españolas rechazaron conceder el mismo privilegio a su hijo Diego.

A pesar de la oposición de Diego Colón, Ponce consiguió ser nombrado gobernador…

En 1508, Ponce de León fundó el primer sitio en San Juan, Cáparra, actual San Juan, y fundaría también una villa en San Germán. En Cáparra fijó el hogar para su familia, ordenó construir una fundición de oro, repartió trabajadores entre los seguidores españoles y estableció una hacienda en Toa.

Ponce de León, junto con otros conquistadores, forzó a los taínos a trabajar en las minas y a construir fortalezas. Numerosos taínos fallecieron a causa de la exposición a las enfermedades traídas por los marineros europeos y por la carencia de inmunidad ante esas enfermedades.

Aunque la Corona había seleccionado para entonces a Ponce de León para colonizar y gobernar la isla de San Juan, Diego Colón había presentado una reclamación en el tribunal superior de Madrid y había ganado sus derechos. Ponce de León fue retirado del cargo en 1511.

Sin embargo, para demostrar el favor real, Fernando el Católico envió a Ponce 30 hombres, religiosos católicos de Sevilla, ganado, caballos, y le otorgó a la isla su propio escudo de armas, el primero del Nuevo Mundo.

Para celebrar este gesto del Rey, Ponce llamó a Cáparra, su villa, Puerto Rico. Entre los comisionados por el Rey Católico, se encontraba el Capitán Don Diego Guilarte de Salazar, luego nombrado Regidor del Cabildo de San Juan, y héroe de la Batalla de Aymaco.

A la muerte del cacique indígena Agüeybaná, que dio su beneplácito a Ponce, le sustituye su hermano Agüeybaná II el Valiente, quien establece resistencia.

Los arahuacos se unieron a los caribes para luchar contra los españoles, paralizaron la producción de oro. Ellos mataron a la mitad de los españoles.

Después de esto, Ponce de León organizó una defensa, logrando derribar a Agüeybaná II. Esto provoco la huida de muchos indios.

Debido a la escasez de trabajadores, al notar que la producción brillante había llegado al máximo y al no desear servir a Diego, pidió un título al Rey Fernando para explorar las áreas al norte de Cuba.

Dicho título le fue dado gracias a la intervención a su favor de Bartolomé Colón.

El primer viaje y el descubrimiento de Florida

Ponce de León y sus exploradores en Florida buscando la Fuente de la juventud, según un dibujo romántico alemán del siglo XIX.

Expedición de Ponce de León en Florida, según un grabado de 1885

Corriente del Golfo. Cuando Ponce de León realizó la primera expedición europea a Florida también descubrió la corriente del Golfo, ya intuida por Cristóbal Colón.

Ponce de León fue a Salva León, donde equipó dos embarcaciones, la más grande a manos de Juan Bono de Quejo y la más pequeña a manos de un timonel llamado Antón de Alaminos, que había participado en el Cuarto Viaje de Colón y que era el que mejor conocía el Caribe. Las dos naves parten a San Germán, donde alistan el buque insignia, la carabela San Cristóbal de Juan.

En 1513 partieron las tres naves y navegaron por las Bahamas, llegando a la isla de San Salvador.

Sobre el 27 de marzo, Domingo de Resurrección, avistó una isla, pero no hubo posibilidad de atraque. El 2 de abril, Ponce de León se montó en un bote para dirigirse a tierra, que pensó que sería una isla muy grande.

Desembarcó y cruzó la playa. Desde lo alto divisó un paisaje plano y boscoso que se extendía hasta el horizonte.

Dicho desembarco debió producirse en la costa oriental de la península de Florida, en un punto aún contendido entre la playa de Melbourne, próxima a cabo Cañaveral, y la playa de Ponte Vedra, en el norte de Florida, cerca de Jacksonville.

Fue allí donde el 8 de abril reclamó toda esa tierra para España, y la llamó «Florida», debido a que era la festividad de la Pascua Florida.

Fueron navegando por la costa oriental hasta una zona por la que fluye ahora el río St. Johns. Este lugar lo llamó río de Canas. Es el actual cabo Kennedy.

Los nativos amistosos los invitaron a tierra. En una laguna con forma de cruz, que Ponce bautizó como río Crucis, dio orden de erigir un pilar de piedra labrada coronado con una cruz de madera y se pusieron a rezar.

Luego, sufrieron un ataque indígena que les obligó a huir. Decidieron seguir con la exploración y navegar hacia el sur. Fueron rodeando de los actuales cayos de Florida y remontando la costa occidental hasta el cabo Romano.

En dicha navegación hacia el sur, el 21 de abril, notaron una corriente que, a pesar de tener el viento a su favor. Esto no les permitía avanzar, sino que les hacía retroceder.

Los dos navíos que se encontraban más cerca de la tierra fondearon, pero la corriente era tan potente que hacía temblar los cables del cable.

Ese fue el descubrimiento de la corriente del Golfo, ya intuida por Cristóbal Colón. La corriente recorría el Caribe hacia el Atlántico y permitió a partir de ese momento una rápida ruta marítima de vuelta a Europa desde las posesiones españolas en América.

El 23 de mayo de 1513, se detuvieron cerca del actual Fort Myers. Alli, unos indios se acercaron. Uno de ellos sabía algo de español. Fue a lo mejor aprendido posiblemente de otros indios que habrían huido hasta allí. Él les avisó de que en la costa su jefe tenía mucho oro para comerciar. Sin embargo, una vez desembarcaron, sufrieron otro ataque indígena.

En Florida había apalaches, calusas y matacumbes, que se movilizaban mucho de un lado a otro. Los indios usaban flechas con puntas que eran anzuelos de pescar, o puntas normales impregnadas en sangre animal mezclada con veneno de cobra.

Regresó a La Habana y luego volvió de nuevo, deteniéndose en la Bahía de «Chequesta», Bahía Vizcaína, antes de regresar a Puerto Rico.

La existencia de un indio que hablaba español podría ser indicativa de que algún español había llegado antes a esa zona, aunque también es posible que estos indios fueran informados de la presencia española en la zona por otros que ya habían estado en contacto con ellos.

Existían leyendas de Cíbola, las Siete Ciudades de Oro y de la fuente de la eterna juventud en aquel entonces. Por lo tanto, es probable que influyeran en la exploración de Ponce de León.

Se dice que pasó desde entonces su vida buscando la fuente de la eterna juventud. Según leyenda, se encontraba en Florida, esa fuente.

Él nunca dijo nada de que buscara la fuente, si bien el explorador Hernando de Escalante Fontaneda en su obra Memoria de las cosas y costa y indios de la Florida, de 1575, afirmó que había ido a buscarla porque le habían hablado de ella indios de Cuba y Santo Domingo.

También el historiador "oficial", y nada fidedigno, Antonio de Herrera y Tordesillas, en sus Décadas, publicadas a principios del 1600, atribuye a Ponce de León esta búsqueda.

Se sabe que esas leyendas sí influyeron algo en otros conquistadores españoles en Norteamérica como Alvar Núñez Cabeza de Vaca, aunque esa influencia fue anecdótica.

En 1514 volvió a España y recibió comisiones para conquistar el Caribe, y la supuesta «Isla de Florida». Su expedición llegó a la isla de Guadalupe en 1515 pero cayó en una emboscada: cuando las mujeres bajaron a tierras junto a algunos hombres para lavar la ropa, los habitantes de la isla saltaron de improviso sobre ello y mataron a los hombres y capturaron a las mujeres.

Ponce no se atrevió a contraatacar desde los barcos y se fue para Puerto Rico donde se quedó hasta 1521.

Quizá animado por el éxito que había tenido Hernán Cortés en México en 1519, Ponce de León organizó en 1521 una expedición para colonizar La Florida con dos barcos que transportaban aproximadamente 200 hombres, incluyendo a sacerdotes, agricultores y artesanos, 50 caballos y otros animales domésticos además de instrumentos de labranza.

La expedición recorrió la costa suroeste de Florida, en alguna parte de los alrededores del Caloosahatchee River o Charlotte Harbor. Cerca de un gran campamento indígena en Bahía Espero comenzó a construir una colonia.

Durante 5 meses todo marchó adecuadamente, pero los colonos pronto fueron atacados por los calusa y Ponce de León fue herido por una flecha envenenada en el hombro. Otras fuentes apuntan a que realmente fue una herida de flecha en la pierna, que se le gangrenó.

Después de este ataque, él y los agricultores fueron en barco a La Habana, donde pronto murió a causa de la herida. Su tumba está en la catedral del Viejo San Juan, Puerto Rico, en un monumento fundado y costeado por el Casino Español de San Juan.

Los restos habían sido exhumados el 18 de junio de 1907 de la Iglesia de San José en San Juan y se custodiaron allí, en espera de la construcción de un mausoleo en la Catedral.

Celebración del Quinto Centenario de la Gobernación de Puerto Rico 2011

Vista trasera de la estatua de Juan Ponce de León en San Juan, Puerto Rico. Esta estatua fue realizada en 1882 en Nueva York usando bronce obtenido de cañones ingleses capturados después del ataque inglés a San Juan en 1797.

En el año 2011 se festejó el Quinto Centenario de la Gobernación de Puerto Rico, Juan Ponce de León fue el primer gobernador, con diversos actos tanto en España como en Puerto Rico y Estados Unidos .

En España, el 21 de enero de 2011 se celebraron diversos actos en Santervás de Campos y la Universidad de Valladolid con presencia del gobernador Luis Fortuño, el rector Marcos Sacristán y otras autoridades, así como del historiador István Szászdi, miembro de la Comisión del Quinto Centenario, y la profesora Mercedes Gómez, directora ejecutiva del Instituto de Cultura Puertorriqueña.

Celebración del Quinto Centenario del Descubrimiento de La Florida 2013

En Estados Unidos han tenido lugar diversos actos para homenajear el descubrimiento de la Florida por Ponce de León. Entre ellos se encontraba la tradicional simulación del desembarco en las dos playas donde se cree que Ponce llegó por primera vez a lo que hoy son los Estados Unidos. Alguna de estas representaciones ha tenido interpretando a Ponce de León a un descendiente directo del conquistador.

El buque escuela de la Armada Española Juan Sebastián Elcano atracó en las costas de Miami en un acto donde participó el ministro de Asuntos Exteriores español, García Margallo, que con representación estadounidense del Secretario de Estado de Florida, Kent Dentzer, realizó una ofenda floral a un monumento a Ponce de León.

Tomás Regalado, alcalde de Miami, también estuvo presente en los actos de conmemoración, tanto en Madrid como en Florida.

Cinco españoles aprovecharon la presencia del buque Juan Sebastián Elcano para jurar bandera frente al ministro de Asuntos Exteriores.

CAPÍTULO 7

Sitio Sagrado

Un sitio sagrado Taíno en Puerto Rico amenazado por la privatización

El campo de pelota ceremonial de Caguana, en Puerto Rico, un lugar sagrado para los taínos está amenazado por un traspaso de propiedad y una privatización.

Ahora, el Senado de Puerto Rico se prepara para votar una resolución conjunta que amenaza con privatizar el sitio.

El yacimiento se construyó a partir de canchas de pelota revestidas de piedra. Se cree que las canchas se utilizaban para jugar al batey.

Se dice que el juego del batey se originó en Mesoamérica. Se cree que se jugaba en Cuba, Jamaica, las Bahamas, las Islas Vírgenes y La Española.

Se cree que se jugaba así: con dos equipos de igual número lanzando una pelota entre ellos. Otro equipo estaría a la espera para realizar más observaciones.

Se cree que el recinto sagrado del Juego de Pelota Ceremonial sirvió también para celebrar bailes ceremoniales, rituales religiosos y otras reuniones.

En el interior del sitio se mantiene un pequeño museo. El museo alberga artefactos taínos, exposiciones arqueológicas y un botánico que exhibe las plantas que los taínos cosechaban para alimentarse.

Muchos continuaron expresando sus preocupaciones antes de la votación en el Senado, que tuvo lugar este martes.

El Instituto de Cultura Puertorriqueña es el propietario del sitio desde 1955. A partir de entonces, empezaron a restaurar y preservar el sitio.

Aunque el futuro del sitio parece estar aún por decidir, la resolución afirma que la búsqueda se basa en un interés de desarrollo económico:

"Las acciones que se consideren necesarias y convenientes para alcanzar el máximo uso potencial [del sitio] en aras del desarrollo económico de la región y su municipio", dice la resolución.

Perseguir el sitio para el desarrollo económico privatizado muestra una intención de monetizar aún más el terreno bajo medios que el Instituto de Cultura Puertorriqueña no había estado experimentando.

La perspectiva amenaza con una nueva gestión para el sitio desde la mentalidad de un negocio en ciernes y no de un hito histórico.

CAPÍTULO 8

El Taíno en el Puerto Rico de hoy

Los taínos hablaban arahuaco. Quinientos años después los puertorriqueños utilizamos cientos de palabras de esa lengua para identificar un mundo de cosas: ríos, islas, playas, comidas, montañas, música, barrios, bebidas, fauna, flora, utensilios y clima.

Esta lengua enriqueció mucho el español que hablamos hoy, y al darle su sabor lo hizo único y especial. Una muestra interesante de esa rica influencia es el hecho de que cinco siglos después, 36 de los 78 municipios que forman Puerto Rico llevan oficialmente un nombre de origen Arauco.

Se conoce el origen del nombre de la mayoría de nuestros pueblos, pero hay varios que pueden tener más de una teoría que explique ese origen. Para incluir en este artículo todos los pueblos con nombre de origen taíno, seleccionamos alguna de las más aceptadas por los historiadores municipales y/o nacionales.

Por ejemplo, Comerío, aunque presentamos aquí la teoría de que era un cacique, existe otra en relación con un negro esclavo que forzaron a cruzar el río. Marcamos con un asterisco los pueblos que mencionamos que, a su vez, tienen varias teorías que tratan de darnos luz sobre su origen. Comenzamos.

De los 36 municipios, 16 honran la memoria de 15 caciques y 1 cacica: Arecibo =Arasibo Bayamón=ayamong Caguas=Caguax Canóvanas=Canovanax Cayey, Coamo, Coamex, Comerío*,

Humacao =Macao, Jayuya, Luquillo=Yuquibo Morovis* y Orocovis=Orocovis Naguabo=Daguao Utuado=Otoño Mayagüez Yagüe y Loíza Yaiza.

De éstos hay cuatro de los que conocemos su significado: Cayey, "lugar de agua en la montaña"; Coamo, "lugar llano y extenso"; Utuado, "montaña tras montaña"; Mayagüez "lugar de aguas puras y claras". De éstos hay tres que fueron excelentes guerreros y les crearon grandes problemas a los conquistadores españoles: Macao (Humacao), Daguao (Naguabo) y Yukibo (Luquillo). El 21% de los pueblos del Puerto Rico del siglo 21 tienen nombre de jefes indígenas.

De los 20 municipios restantes, 11 eran nombres con los que los taínos identificaban lugares, muchos de ellos relacionados con el agua. Aguadilla (Guardilla), "jardín"; Aibonito (Jatibonicu), "río de la noche"; Ciales* (Cibales), "lugar pedregoso"; Guánica, "he aquí un lugar de agua"; Guayama* "nuestro camino"; Guaynabo, "sitio de mucha agua"; Toa Alta, "tierra fértil en la altura"; Toa Baja, "tierra fértil en la bajura"; Vieques (Biequé), "isla o tierra chiquita"; Yabucoa, "lugar de agua en la costa"; Yauco, "lugar de yuca".

Los últimos nueve que completan esta lista, heredaron nombres con los que los indígenas identificaban cosas en específico: nombre de un fértil valle interior, Gurabo (Burabo o Turabo); dos nombres de árboles, Ceiba "árbol de gran tamaño", y Moca; dos nombres de ríos, Guayanilla* (Guadianilla) y Maunabo (muy rico en oro); nombre del Sol, Camuy*; y un pueblo con un nombre originado en una leyenda, Maricao, "el sacrificio de María".

Dos pueblos de Puerto Rico tienen nombres indígenas, pero curiosamente de origen caribe y no taíno, éstos son Manatí (vaca marina) y Sabana Grande "llanura extensa".

Si en el año 2008 existen 36 de los 78 municipios del país con nombres indígenas, eso representa el 46.15% del total, o sea, quinientos años después casi la mitad de nuestros pueblos tienen nombres indígenas. Evidencia de la presencia taína en nuestra vida actual. Si la pregunta es rica herencia indígena, la contestación es Puerto Rico.

CAPÍTULO 9

Los Taínos y su Estilo de Vida

Los taínos vivían en comunidades de gran tamaño llamadas yucayeques. Ellos establecían los yucayeques en los valles cerca de los ríos, porque esto les facilitaba pescar para conseguir sus alimentos, así como asearse.

También les permitía moverse de un lugar a otros montados en sus canoas. Las canoas eran unas pequeñas embarcaciones o botes, preparados con madera, que se impulsaban utilizando remos hechos de ramas de los árboles.

Un yucayeque podía contener más de cincuenta viviendas de diferentes tamaños. Estas comunidades eran gobernadas por un jefe al cual se le llamaba cacique.

Se podía reconocerse al cacique porque, a diferencia de los demás taínos, éste utilizaba en su cuello una especie de medalla de oro a la que llamaban "guanín". El guanín era símbolo de distinción y autoridad.

Lo interesante de ser el cacique era que podía ser un hombre o una mujer. Tenían la responsabilidad de repartir los alimentos. Las cosechados eran bien importante para toda la tribu. Por esa razón el cacique organizaba las actividades religiosas y preparaba la defensa del yucayeque.

Era el cacique quien se reunía con los demás caciques de la Isla para hacer alianzas y tomar decisiones. Este tenía muchas personas a su servicio.

El nombramiento del cacique se hacía en base a herencia. La hermana mayor del cacique era quien daba en herencia a su hijo mayor el cacicazgo.

Me explico, el sobrino del cacique se convertía en el sucesor del actual, al éste fallecer. Pero si la hermana no tenía hijos, entonces se escogía a uno de los mejores guerreros, nitaínos, para este puesto.

El cacique dormía en una casa de forma rectangular, hecha con troncos de árboles, ramas y hojas, llamada caney. Su casa era la más grande del yucayeque. Era la única casa de esa forma geométrica. Las otras casas eran en forma circular.

Dentro del caney, se encontraban hamacas para descansar. Las mismas estaban hechas de fibras de maguey y de algodón.

También había vasijas con diseños de animales, y de cemíes. Pero, a diferencia de las demás viviendas, también había una o varias pequeñas sillas de patas cortas llamadas dujos. El _dujo_ era el asiento donde se sentaban los caciques en actividades especiales.

Los nitaínos ayudaban al Cacique a tomar decisiones para el yucayeque, pero también eran los que defendían la comunidad de los indios caribe.

Al igual que el cacique, estos disfrutaban de ciertos privilegios que no tenían los demás.

Los nitaínos eran quienes organizaban las obras de construcción, ceremonias especiales, cacerías e, inclusive, la guerra. Para defenderse, utilizaban el arco y la flecha, y cuchillos preparados con piedras.

Los nitaínos también representaban al cacique en la organización y la supervisión de las naborias en la agricultura.

Los naborias eran la fuerza laboral. Estos cazaban animales para comer, tales como, aves, jutías e iguanas. Las jutías eran animales parecidos a los ratones, pero más grandes.

Los indios recogían caracoles, ostras, almejas y cangrejos en las playas. Ellos pescaban utilizando redes, anzuelos y arpones. Atrapaban tortugas a orillas del mar, esperando a que éstas salieran del agua a poner sus huevos en la arena.

Las naborias, además, trabajaban en la agricultura para alimentar a la población. Las naborias tenían la habilidad para poder hacer conmutación con otros yucayeques.

Estos Tainos cultivaban yuca, yautía, batatas, ají, piña, maíz, maní y plantas medicinales. Estos productos se cultivaban en unos espacios de tierra que llamaban <u>conucos</u>. Los conucos eran plantíos formados con pequeñas montañas de tierra.

Ellos sembraban las semillas utilizando una herramienta puntiaguda larga, llamada <u>coa</u>. Con la <u>coa</u>, hacían pequeños hoyos en la tierra para colocar las semillas.

Todo hacía muy ordenado. Estaban sembrados en hileras y la separación de una siembra a otra tenía la misma medida.

Uno de los cultivos más importantes para los taínos era el de <u>la yuca</u> ya que, entre otras cosas, con este vegetal era que preparaban el pan que utilizaban para alimentar a su gente, al que llamaban <u>casabe</u>.

Extraían el vinagre para cocinar, y con el casabe fermentado hacían una bebida para refrescarse, al igual que con el maíz.

También eran quienes preparaban las herramientas, armas para defenderse y cazar. Preparaba el arco, la flecha y macanas, utilizando piedras, madera, caracoles, huesos, y hasta las espinas del pescado, entre otros.

Hacían los utensilios que utilizaban las mujeres para cocinar y preparaban instrumentos musicales con frutos secos, tales como las maracas.

Las naborias, construían las viviendas a las que llamaban bohíos. A diferencia del caney, los bohíos eran una especie de casas de forma circular, con ruedas de troncos de árboles, palmas, ramas y hojas.

No tenían divisiones, eran de una sola habitación para toda la familia. En su interior colgaban hamacas para descansar, pero también se encontraban vasijas con adornos, representando animales, y cemíes.

Además de bohíos, sabían construir puentes sobre ríos, muelles y torres, para proteger a su yucayeque.

Por su parte, las mujeres sembraban y recogían los frutos, y estaban encargadas de la educación de los menores.

También eran quienes preparaban los alimentos y inventaban los envases trabajando en alfarería para ser utilizados en su mismo yucayeque o para cambiarlo con otras tribus. Además, preparaban cestas y trabajaban como artesanas.

Se han encontrado vasijas decoradas con figuras de forma geométrica, tales como círculos, triángulos, puntos y líneas, y con figuras de animales como aves, murciélagos, ranas y tortugas, entre otros.

Algunas de estas vasijas eran ollas, vasos y platos hechos de barro, como el burén. Utilizaban el fruto de la higüera para hacer vasijas que utilizaban para cargar agua o la jataca.

A diferencia de los demás taínos, que estaban desnudos, las mujeres casadas eran las únicas que utilizaban una especie de falda o delantal de algodón, amarrado a la cintura, que llamaban nagua.

Los niños, por su parte, acompañaban y ayudaban a sus madres en sus tareas, hasta tener la edad suficiente para ir de caza o de pesca con sus padres. Estos, desde pequeños, mostraban gran habilidad para cazar cotorras.

CAPÍTULO 10

Esclavos Africanos en Puerto Rico

Los esclavos africanos comenzaron a compensar la pérdida de mano de obra indígena, pero sus números fueron proporcionados al interés comercial.

España estaba perdiendo su poder imperial en el caribe. Poco a poco se fue reduciendo el explota miento de personas. España pronto comenzó a darse cuenta de que Puerto Rico ya no tenía riquezas.

La historia de Puerto Rico estaba cambiando con la migración de africanos. Estos hombres eran los llamados libertos, que acompañaron a los conquistadores españoles que eran invasores.

Los españoles esclavizaron a los Taínos que eran habitantes nativos de la isla. Muchos de ellos murieron por los abusos de los españoles. Esto presento un problema para el gobierno real de España. Todo lo que hacían se basaba en la esclavitud para sus operaciones de minería y construcción de fuertes.

Los españoles tenían que buscar una solución para tener personas en las minas y seguir con las labores de los indios hacían….

España comenzó en importar esclavos africanos del oeste. Como resultado, la mayoría de los pueblos africanos que entraron a Puerto Rico lo hicieron por migración. Esta migración fue forzando al comercio Atlántico de esclavos. Estos eran procedentes de muchas diversas sociedades del continente africano.

Cuando las minas de oro en Puerto Rico se declararon agotadas, la corona española ya no glorificaba a Puerto Rico como alta prioridad colonial….

Puerto Rico fue utilizado como base militar para apoyar a las flotas de guerra. Los africanos que venían de las islas poseídas por Gran Bretaña y Francia, fueron instruidos y dirigidos para que se fueran a Puerto Rico.

La Constitución Española del 1789, permitió a los esclavos en Puerto Rico para ganar o comprar su libertad; sin embargo, esto no fue así. No tenían ningún interés para ayudar al esclavo. Solo empeoro la situación. La expansión de las plantaciones de caña de azúcar condujo a la demanda de esclavos y su población aumento dramáticamente.

La administración colonial se apoyó mucho en la industria de esclavizar a los africanos y a los negros criollos. Los utilizaban para obras públicas y defensas.

Sobre todo, en puertos y en las ciudades. Eran solo una pequeña población colonial que había ocupado los esclavos, pero los maltrataban hasta peor que los indios.

Finalmente, en marzo 22 de 1873, se abolió la esclavitud en Puerto Rico. Los africanos aportaron mucho con la música étnica africana, arte, lengua y fortuna. Ellos contribuyeron enormemente a la cultura puertorriqueña.

Otras islas, proyectados por los mercados agrícolas intensos, como Cuba, Santo Domingo y Guadalupe, fueron atraídas por el comercio de esclavos de Puerto Rico. En estos lugares, los colonizadores habían desarrollado plantaciones de azúcar grande con capital para invertir en el esclavo Atlántico.

La administración colonial dependía fuertemente de la industria de los esclavos africanos y negros criollos. Se utilizaban para obras públicas y defensas principalmente en las ciudades y puertos de la costa.

La menor población colonial no tenía industrias significativas o grandes producciones agrícolas. Sin embargo, habían esclavizado y comunidades libres presentaron alrededor de los pocos asentamientos costeros, particularmente en San Juan. También fueron formando comunidades Afro- criollo duraderas.

Mientras tanto, en el interior de la isla, algo extraño estaba ocurriendo. Fue donde comenzó un desarrollado de un grupo mixto e independiente. Toda la isla dependía de ellos.

Ayudaron a mantener la economía. Esta población en su mayoría sin supervisión suministra aldeas y caseríos con la comida. Este grupo de personas eran muy inteligentes. Fijaron el patrón para lo que más tarde se conocería como la cultura del jibaro puertorriqueño.

A finales del siglo XVI, el imperio español estaba aumentando las incursiones de competidores europeos; la administración colonial de las Américas cayó en una "mentalidad de búnker".

¿Qué es una «mentalidad de búnker»? Es una actitud de extrema actitud defensiva y auto justificación basada en un sentido a menudo exagerado de ser persistente ataque de los demás.

En esos momentos, los españoles estuvieron que utilizar imperiales estratejias y planificadores urbanos. Ellos habían rediseñado asentamientos de puerto en puestos militares con el objetivo de proteger a reivindicaciones territoriales españolas.

Además, tenían que garantizar el paso seguro de la flota del rey en el Atlántico de la Península Ibérica.

San Juan, en ese tiempo, sirvió como un importante puerto de escala para las naves que condujeron a través del Atlántico por sus poderosos vientos. Convoyes de las Indias occidentales juntaron a España con otras islas. Ellos navegaban entre Cádiz e indias del oeste español. Puerto Rico se convirtió en la Colonia del gobierno más importante del Caribe. San Juan transformo en el sitio más fuertemente fortificados en el Caribe Hispano. San Juan ganó el nombre de la «ciudad amurallada».

¿Porque La Ciudad Amurallada?

"La Ciudad Amurallada"
"Ciudad Capital"
San Juan

Los españoles pusieron muchos fuertes para proteger la ciudad... Hoy en día, la isla todavía tiene varias fortalezas y paredes, como La

Fortaleza, el Castillo San Felipe del Morro, y el Castillo San Cristóbal. Fueron diseñados para proteger el pueblo y el puerto de San Juan de los ataques de los competidores europeos españoles.

En el 1625, durante la batalla de San Juan, el comandante holandés Boudewijn Hendricksz probó límites de las defensas parecidas a nadie más. Aprendió de los fracasos anteriores de Francis Drake. Él también evitó los cañones del castillo de San Felipe Del Morro.

Hendricksz entró rápidamente sus diecisiete barcos en la bahía de San Juan. Luego, ocupó el puerto y atacaron la ciudad mientras la gente se adelantó para protegerse detrás de zanjas y altas murallas del Morro.

Muchos historiadores consideran este evento el peor ataque en San Juan. Aunque los holandeses incendiaron el pueblo, no pudieron conquistar el Morro. Sus baterías golpeaban sus tropas y naves hasta que Hendricksz reconoció que era una causa perdida.

La expedición de Hendricksz finalmente ayudó a empujar la protección para toda la isla. Había construcciones de defensas para el cerro de San Cristóbal. Puerto Rico cayó realmente bajo las reglas estrictas de España.

La administración y la gente pronto se ordenaron para prevenir el desembarco de los invasores en la artillería del Morro. La planificación urbana respondió a las necesidades de mantener la colonia en manos españolas.

Al final de los siglos 16 y 17, España concentró todos sus esfuerzos coloniales en las colonias más prósperas de continentales del Norte, centro y Sur América. Con la introducción de la dinastía de Borbón que vivía en España en la década del 1700.

La isla de Puerto Rico inició un cambio gradual hacia la atención más imperial.

Más carreteras comenzaron a conectar sitios interiores previamente aislados a ciudades costeras. Los asentamientos costeros como Arecibo, Mayagüez y Ponce comenzaron a adquirir importancia propia, separada de San Juan.

A finales del siglo XVIII, flotas mercantes de diferentes grupos o nacionalidades amenazaron las regulaciones apretadas del sistema mercantilista. Dio vuelta a cada colonia únicamente hacia la metrópoli europea y limitado contacto con otras naciones.

Los barcos de los Estados Unidos se unieron con el comercio español. Superaron y con ello vino también la explotación de los recursos naturales en la isla.

Esclavistas, que habían hecho pocas paradas en la isla anteriormente, comenzaron a vender más de sus esclavos africanos para el cultivo de plantaciones de azúcar y café.

El creciente número de guerras Atlántico en el que las islas del Caribe desempeñaron papeles principales, como oído de Jenkins, la guerra de siete años y las revoluciones atlánticas aseguró Puerto Rico creciendo la devoción a Madrid.

En el momento cuando los movimientos independentistas en las colonias españolas más grandes lograron éxito, nuevas olas de emigrantes criollos leales comenzaron a llegar en Puerto Rico. Ayudaron a inclinar el equilibrio político de la isla hacia la corona.

En el 1809, para asegurar su vínculo político con la isla y en medio de la guerra de la independencia europea, la Junta Central Suprema, concede en Cádiz reconocer a Puerto Rico como una provincia de ultramar de España.

Dio a los residentes de la isla el derecho a elegir a representantes para el Parlamento español recientemente montado Cádiz Cortés, con igual representación a Península Ibérica, Mediterráneo Baleares y provincias españolas marítimas Atlántico las Islas Canarias.

Ahora, echemos un vistazo a algunas personas importantes que ayudaron a la isla a ser reconocido de muchas maneras...

Ramón Power y Giralt

¿Quién era Ramón Power y Giralt?

Capitán Ramón Power y Giralt
7 de octubre de 1775 –10 de junio de 1813

Él era conocido como Ramón Power. Según el historiador puertorriqueño, Lidio Cruz Monclova, fue también uno de los primeros nativos puertorriqueños.

El negocio con España el poder igualdad y representación de Puerto Rico ante el gobierno parlamentario de España. Ramón Power y Giralt, fue el primer representante parlamentario español de la isla de Puerto Rico, murió después de unos tres años en las cortes de España.

Las reformas constitucionales y parlamentarias estaban vigentes desde 1810 a 1814 y otra vez desde 1820 a 1823. Dos veces se revirtieron durante la restauración de la monarquía tradicional por Ferdinand VII.

Inmigración y comercio reformas en el siglo XIX aumentaron étnica de la población europea a la isla y la economía. También se amplió huella cultural y social española en el carácter local de la isla.

En Puerto Rico, estaban ocurriendo pequeñas rebeliones de esclavo a lo largo de los años. Una rebelión planeada y organizada fue Marcos Xiorro en el 1821. Marcos Xiorro, un esclavo africano, planeo y conspiro una rebelión de esclavos contra los propietarios de una plantación de caña de azúcar y el gobierno Colonial español.

Aunque la conspiración no tuvo éxito, alcanzo el estatus fabuloso en-tres los esclavos y es parte hoy en día del folclore de Puerto Rico.

Durante los cuatro siglos de dominación española, se transformó el paisaje físico y cultural de la isla. Este fue el momento cuando fueron introducidos el conocimiento europeo, costumbres y tradiciones. Iglesias católica y el idioma español era la característica más importante de esa época especial...

En el 1898, tras la guerra hispanoamericana, España cedió la isla a los Estados Unidos bajo los términos del Tratado de París...

CAPÍTULO 11

El Crisol Del Caribe

¿Por qué Puerto Rico a veces se le llama el crisol del Caribe?

Puerto Rico es una isla tropical con diversos orígenes étnicos. Podemos decir que es el crisol del Caribe.

Por ejemplo, el francés, holandés, irlandés, italiano y británico estaban entre los muchos que intentaron conquistar este lugar celeste. Ellos, sin embargo, dejaron sus culturas que se mezclaron con los ya existentes en la isla.

¿Qué es el Caribe?

¿Cómo puedo describir el Caribe? Solo puedo decir que tiene un cielo y una tierra de admiración. Es solo un paraíso lleno de hermosas playas, gente maravillosa y amable. La historia de este paraíso es increíble...

Mi isla favorita en el Caribe es Puerto Rico. ¿Por qué Puerto Rico? Porque es el lugar donde nací. Estoy orgullosa de mi mezcla única de antecedentes culturales.

Independientemente de nuestra composición multiétnica, la cultura en común por la mayoría se conoce como la cultura puertorriqueña. También es una cultura occidental en gran parte derivada de las tradiciones de los inmigrantes europeos occidentales.

Todo esto comenzó con los primeros colonizadores españoles, junto con otros europeos que llegaron más tarde como los corsos, irlandeses, alemanes, franceses y la cultura de África occidental que ha sido influyente.

La mayoría de los puertorriqueños se considera ser de ascendencia española-europea mezclada. Estudios de muestra de ADN recientes han concluido que los tres componentes más grandes del perfil puertorriqueño genético son de hecho indígena taína, europea y africana.

En la actualidad, Puerto Rico es un territorio de los Estados Unidos ubicado en el Caribe nororiental. Incluye una isla principal y un número de pequeñas islas. La ciudad capital y más grande es San Juan. El territorio no observa cambio de hora, y sus idiomas oficiales son el español, que es predominante e inglés...

PUERTO RICO HOY EN DIA

Los puertorriqueños son ciudadanos de los Estados Unidos. El puertorriqueño no tiene voto en el Congreso de Estados Unidos, que gobierna el territorio con plena jurisdicción bajo la ley de relaciones federales de Puerto Rico del 1950.

Como territorio de Estados Unidos, los ciudadanos estadounidenses que residen en la isla no pueden votar por el presidente y vicepresidente de los Estados Unidos.

Sin embargo, el territorio opera bajo una Constitución local, permitiendo a sus ciudadanos elegir a un gobernador.

Un referéndum del 2012 mostró a una mayoría 54% del electorado no estuvo de acuerdo con "la forma actual del Estado territorial," con un estado completo como la opción preferida entre los que votaron por un cambio de estado.

Tras esta votación, la Asamblea Legislativa de Puerto Rico promulgó una resolución concurrente para solicitar el presidente y el Congreso de los Estados Unidos para poner fin a la situación actual y para comenzar el proceso para admitir a Puerto Rico a la Unión como estado.

A partir de 2016, Puerto Rico sigue siendo un patrimonio común de los Estados Unidos.

El pueblo tuvo el derecho para emitir su voto hasta las 3:00 p.m., y en menos de tres horas tras el cierre de los colegios, se informó que la estadidad prevaleció ante las otras fórmulas de estatus incluidas en el plebiscito dispuesto por la Ley para la Descolonización Inmediata de Puerto Rico, Ley 7 de 2017.

La Ley 7 de este año, explica que el secretario de Estado notificará al Congreso y al presidente de los Estados Unidos sobre el desenlace de la consulta.

¿Tienes pregunta sobre el Referéndum?
Aquí trate de contestar....

El referéndum 2017 ofrece cuatro opciones.

Estadidad, independencia, libre asociación y "Estado Territorial". Si la mayoría de la gente votó por la independencia, libre asociación, una segunda votación hubiera sido celebrada para determinar la preferencia: plena independencia como una nación o estado libre asociado con independencia, pero con una "libre y voluntaria asociación política" entre Puerto Rico y los Estados Unidos.

La "White House Task Force" en Puerto Rico, ofrece los siguientes detalles:

La asociación libre es un tipo de independencia. Un pacto de libre asociación establecería un acuerdo mutuo que reconoce que los Estados Unidos y Puerto Rico están estrechamente relacionados en formas específicas que se detallan en el Pacto. Pactos de este tipo se basan en la soberanía nacional de cada país y cada nación puede rescindir unilateralmente la asociación.

El Pacto de libre asociación habría cubierto temas como el papel de los E.E.U.U. militares en Puerto Rico, el uso de la moneda de los Estados Unidos, tratado de libre comercio entre las dos entidades, y si los puertorriqueños son ciudadanos los estados unidos.

Gobernador Ricardo Rosselló estaba fuertemente a favor de la Estadidad para ayudar a desarrollar la economía y ayudar a "resolver nuestro dilema colonial 500 años... Colonialismo no es una opción...

Es una cuestión de los derechos civiles... 3.5 millones los ciudadanos que buscan una democracia absoluta," dijo a los medios de comunicación.

Los beneficios del estado incluyen un adicional $ 10 billones al año en fondos federales, el derecho a votar en las elecciones presidenciales, mayor seguridad Social y Medicare beneficios y el derecho de sus administraciones y municipios para declararse en bancarrota. Este último está actualmente prohibido.

Aproximadamente al mismo tiempo como el referéndum, se esperaba que los legisladores de Puerto Rico votan sobre un proyecto de ley que permitiría al gobernador para redactar una Constitución y celebrar elecciones para elegir senadores y representantes al Congreso federal.

Sin importar el resultado del referéndum, acción por el Congreso de Estados Unidos sería necesario implementar cambios en el estado de Puerto Rico bajo la cláusula Territorial de la Constitución de Estados Unidos.

El referéndum fue boicoteado por los principales partidos contra estado por varias razones. Una razón es que el título de la votación afirmó que Puerto Rico es una colonia.

El Partido Democrático Popular, PPD, históricamente ha rechazado esa noción. Del mismo modo, en la opción para mantener el statu quo, la balota también afirmó que Puerto Rico está sujeto a las energías plenarias del Congreso de Estados Unidos, una noción que también históricamente rechazada por el PPD.

Asimismo, en la opción de 'independencia y libre asociación', la votación afirmó que Puerto Rico debe ser una nación soberana para entrar en un pacto de libre asociación con Estados Unidos. Los partidarios del movimiento de libre asociación rechazan esta noción.

Nuestras Tradiciones
Los Tres Reyes Magos

La talla de santos en madera es una de las tradiciones populares más antiguas de Puerto Rico. Es muy común en las Promesas de Reyes que los asistentes lleven figuras de los Tres Reyes Magos.

En Puerto Rico, al igual que en los demás países latinoamericanos y en España, el 6 de enero se celebra el Día de Reyes, tradición me-diante la cual se conmemora la Epifanía, o la visita de los Reyes Ma-gos para adorar al recién nacido niño Jesús.

La festividad tiene gran importancia cultural en Puerto Rico, ya que antiguamente durante la temporada navideña este era el día princi-pal de fiestas. Tal es su importancia, que en Puerto Rico se acuñó el verbo reyar, el cual significa salir en grupos a pedir aguinaldos, o regalos.

Tradicionalmente, se han identificado a los Reyes con los nombres de Gaspar, Melchor y Baltasar.

En Puerto Rico, se dice que estos son las tres estrellas que forman el cinturón de la constelación de Orión, visible durante los meses de invierno en el hemisferio norte. Quienes guardan una especial devoción a los Tres Santos Reyes celebran la tradición de la Promesa de Reyes.

La Promesa de Reyes es la costumbre de invocar a los Santos Reyes Melchor, Gaspar y Baltasar, para su intervención en un momento de necesidad, para la solución de alguna situación que está fuera de su alcance. A cambio de la petición concedida, quien celebra e invita, hace un pacto o compromiso de pagar esa promesa.

La Promesa de Reyes se asemeja a un rito de la Iglesia Católica cono-sido como el rosario cantado. En este tipo de rosario, se intercalan canciones entre los distintos rezos.

Las Promesas de Reyes, además de celebrarse en los hogares de quienes guardan devoción hacia ellos, también se han comenzado a celebrar en algunas instituciones culturales.

En estos casos, además de la presencia de los familiares y conocidos de quien guarda la promesa, también asisten personas que no necesariamente conocen al organizador personalmente, sino que se enteraron de la celebración y, ya sea en solidaridad o por el valor de la experiencia cultural, deciden unirse a la actividad.

Si usted se encuentra en Puerto Rico alguna vez durante la temporada navideña, intente averiguar dónde se estará celebrando una Promesa de Reyes.

Independientemente de sus creencias, la experiencia de poder vivir una de las tradiciones populares puertorriqueñas más antiguas es una oportunidad única de sumergirse en la música y cultura del país más allá de lo que la mayoría de los turistas conocen y lo acompañará por el resto de su vida.

CAPÍTULO 12

El Jíbaro de Puerto Rico

Jíbaro es un término comúnmente utilizado en Puerto Rico para referirse a los campesinos que habitan en las montañas puertorriqueñas, pero en los tiempos modernos ha adquirido un significado cultural más amplio.

La Historia del término Jíbaro

En Puerto Rico, la cultura jíbara tiene sus orígenes en la india cultura taína. Este término se refiere actualmente a "La Gente del Monte", que surgió en el siglo XVI con la mezcla de los indios taínos precolombinos indio y el conquistador europeo, de origen español, en las montañas centrales de la isla de Puerto Rico.

Algunos elementos de la cultura jíbaro todavía son visibles hoy en día. Por ejemplo, cuando Luis Muñoz Marín fundó el Partido Popular Democrático (PPD) en el año1938, el partido adoptó el sombrero de jíbaro, la pava, como su símbolo.

El sello PDP muestra la pava con las palabras "Pan, Tierra, y Libertad". Además, cada Navidad, los puertorriqueños utilizan los instrumentos jíbaros, música y gastronomía para celebrar estas fiestas.

El uso moderno de la palabra Jíbaro en Puerto Rico

Jíbaros en la moderna cultura de Puerto Rico tiene una connotación más positiva, asociado al orgullo, a una ideología cultural como pioneros de Puerto Rico.

El término también tiene una <u>connotación negativa</u>. Un jíbaro puede significar alguien que se considera ignorante o impresionable debido a la falta de educación formal.

A pesar de esta connotación negativa, la imagen del jíbaro representa a la ideología de un tradicional puertorriqueño: trabajo duro, simple, independiente y prudentemente sabio.

Coloquialmente, en la escultura, jíbaro sirve como una representación de las raíces del moderno pueblo de Puerto Rico, y simboliza la fuerza de los valores tradicionales de vivir con sencillez y el cuidado adecuado de la patria y la familia.

Jíbaro es un término de uso común en Puerto Rico para referirse a los campesinos que habitan en las regiones montañosas de la isla, cuya cultura y forma de vida aun a la llegada de los militares estadounidenses en 1898, guardaba mucho de la cultura originaria de los inmigrantes de las Islas Canarias, España.

Pero en la actualidad ha adquirido un significado cultural más amplio. En Cuba se utiliza la palabra "guajiro" con idéntico significado.

Jíbaro es un término de uso común en Puerto Rico para referirse a los campesinos que habitan en las regiones montañosas de la isla, cuya cultura y forma de vida aun a la llegada de los militares estadounidenses en 1898, guardaba mucho de la cultura originaria de los inmigrantes de las Islas Canarias, España.123 Pero en la actualidad ha adquirido un significado cultural más amplio. En Cuba se utiliza la palabra "guajiro" con idéntico significado.

Uso moderno del término Jibaro

Jíbaro en la cultura de los años '90 era utilizado como un término despectivo de una persona pobre de origen campesino que no tiene un gran conocimiento de cultura o un lenguaje muy vulgar en cuanto a vocabulario.

Actualmente este término se ha ampliado de manera extrema, significando persona que nació en el campo o en la montaña. La persona puede ser denotada jíbaro/ jíbara, si es una persona que trabaja en agricultura o sembrando en campos abiertos o familiares. Actualmente existen muchos pueblos así en Puerto Rico.

En Cuba jíbaro significa "salvaje" y se utiliza principalmente para acentuar esta característica en un animal, así, por ejemplo, los perros y cerdos asilvestrados que habitan en los montes son denominados perros y cerdos jíbaros respectivamente, sobreentendiéndose que no tienen ningún tipo de dependencia con los humanos.

Igualmente, tres poblaciones cubanas llevan por nombre "El Jíbaro", dos ubicadas en la zona oriental y una en la central.

En Colombia y Venezuela se les dice jíbaros a los narcotraficantes, siendo particularmente en Colombia una denominación para los dealers o vendedores de drogas al detall. Estas últimas definiciones pueden ser adscripciones peyorativas hacia lo que es jíbaro,

CAPÍTULO 13

El Nacimiento

En aproximadamente 11:30 p.m. Sábado, 15 de enero del 1949, Guadalupe y su madre, Dolores, estaban disfrutando de una brisa agradable, cuando de repente; escucharon a lo lejos a Digna...

Guadalupe miro a su madre y dijo, "Ya llego la hora de que tanto esperábamos". Aunque Guadalupe sólo dio a luz a Vicente Pagan, mi tío más joven, estaba muy ansiosa por ayudar a su madre con el nacimiento de su primera nieta.

Se levantó de su silla y caminó muy rápido al cuarto de Digna. Digna era joven y saludable; sin embargo, ella estaba muy nerviosa porque esto iba a ser su primer bebé. Pregunto por su esposo, pero estaba en un velorio de uno de sus vecinos que habían fallecido ese mismo día.

Mamá Dolores, una partera con licencia, había asistido a muchas mujeres con sus partos. Fueron un montón de niños que había recibido; pero este parto era diferente porque iba ser su bisnieta. Ambas mujeres prepararon el cuarto para la de bienvenida del bebé. Digna no tenía miedo porque sabía que Guadalupe y Dolores estaban listas.

Ambas tenían la experiencia y siempre estaban en servicio 24/7 para ayudar a la comunidad antes de que el médico llegara a las casas.

Guadalupe se sentó junta a Digna y sosteniendo su mano, le contaba historias sobre todos los nueve bebés que había dado a luz y su última fue a sólo dos meses atrás. Con historias y mucha atención, sólo le tomó a Digna cerca de dos horas para dar a luz a una hermosa niña, Norma Iris Pagan Morales.

Mamá Dolores estaba cansada, pero no pudo resistir de sostener a su bisnieta. El bebé se limpió y se colocó al lado de su "Mamí".

Digna no podía creer que esta hermosa criatura era su hija. Su esposo Juan llegó corriendo a la habitación y empezó a llorar cuando vio a su esposa y a su hija.

Al día siguiente, un médico vino a ver a la madre y a la niña. Estaban en excelente estado. La recién nacida pesó 8 libras y era de 19 pulgadas de largo. El doctor fijó la hora exacta, fecha y nacimiento del bebé. Él se aseguró de que tenía toda la información necesaria que se documentaria en el acta de nacimiento...

Digna y Juan decidieron nombrar la bebé Norma porque en aquel momento todos en Puerto Rico escuchaban por la radio a una novela muy popular que se llamaba, "Norma".

El segundo nombre "Iris" porque sus ojos brillaban con tanta belleza. Era como un arco iris después de la lluvia. Ella fue recibida por nueve tíos. Así que, Norma Iris Pagán Morales, era la bebé más afortunada. Era la primera nieta en el lado de su padre. La gran familia de su madre también estaba presente en el día que llego Norma Iris Pagan Morales a sus vidas.

Sus padres han estado viviendo con sus familiares desde que se casaron. Ahora con el nacimiento, tenían que pensar en conseguir su propio hogar. Estaban viviendo con sus familiares porque padre e hijo estaban en la Guardia Nacional. Digna no quería estar sola mientras Juan estaba sirviendo a su país.

Cuando Guadalupe supo que Juan y Digna estaban planeando en mudarse, ella empezó a llorar. Quería añadir una habitación a su casa porque estaba acostumbrando a estar con Norma. Cada mañana, Guadalupe cuidaba a su hijo menor Villen y a Norma. Cada uno tenía sus tareas en esa gran familia feliz.

Juan era muy firme con su decisión de mudarse a su propia casa. Mis abuelos estaban muy tristes, pero al mismo tiempo feliz por mis padres. Como él trabajaba con ingenieros, no tenía ningún problema en conseguir permisos para construir.

Permítanme también mencionar, que mi papá, Juan, también era un plomero y electricista con licencia.

Un par de semanas después de que yo, Norma Iris Pagan Morales, naciera, mi padre y sus amigos comenzaron a construir una casa justo al lado de mis abuelos, Julio y Guadalupe.

Cuando se terminó la casa, tuvieron una gran reunión familiar. Fue doble celebración porque vino familia de mi madre. Vinieron a verme y también para felicitar a mis padres con su nueva casa. Fue una fiesta que duro todo el día para la familia Morales y Pagán.

Mi madre estaba muy feliz conmigo. Ella disfrutaba decorar su casa propia...

Yo estaba creciendo muy rápido. Cada mes mi mamá me llevaba al doctor para un chequeo de rutina. Cuando tenía seis meses de edad, el doctor les dijo a mis padres que yo estaba listar para dejar a la leche materna.

Mi abuelo, Julio, nos visitaba todas las tardes. También me cantaba. Lo disfruté mucho. Eso es lo que me dijeron por supuesto...

Cuando tenía dos años, mi madre comenzó a sentirse mal por las mañanas. Ella fue al doctor y él le informó que estaba embarazada. Ya tenía un mes de embarazo. Ella se sintió muy feliz porque ya yo estaba creciendo demasiado rápido y necesita un hermano o hermana para jugar.

Mi padre se puso muy contento al escuchar la noticia; sin embargo, le dijo a mi madre que esperaba que fuera un niño. Mi abuelo se puso muy emocionado cuando se enteró de que iba a ser abuelo una vez más. Se dirigió a la barra de la esquina y les compró bebidas a todos. Papá Julio no le importaba si era un niño o niña. Sólo quería a un nieto sano.

CAPÍTULO 14

Padre e Hijo Luchando Por La Misma Causa

En la primavera del 1950, el ejército de la Guardia Nacional estaba entrenando a cada soldado más duro que nunca. Todo el mundo sabía que pronto la Guardia Nacional se movilizaría.

Mi madre y mi abuela estaban tristes durante esos días porque sabían que todos los miembros de la familia se tenían que ir a Corea.

Mi madre estaba embarazada de su segunda hija y tenía que estar con la familia de mi padre. Ella estaba avanzada con su embarazo. Ya no podía trabajar alrededor de la casa. Mi abuela, Guadalupe, la dejaba descansar porque pronto iba a nacer mi hermana. Esta vez, mi abuela, Guadalupe y mi bisabuela Dolores, tenían un mal presentimiento acerca de esta niña.

Mi madre siempre estaba demasiado cansada y no quería comer. Supongo que estaba enferma porque no podía ver a mi padre. El y mi abuelo tenían que permanecer en la base. Estaban en entrenamiento en la Guardia Nacional. Pronto tenían que salir con destino a Corea.

En octubre 20 de 1950, mi madre comenzó a tener contracciones. Duraron más horas de lo que se esperaba. Ella dio a luz a otra niña, mi hermana Adelin. Mi abuela Lupe y bisabuela Dolores estaban felices porque la bebé era pequeña pero saludable.

Mi madre quería saber del paradero de mi padre. Mi padre y mi abuelo no podían salir de la base. El entrenamiento era en Lucille Field base hoy se conoce como Fort Allen en Juana Díaz, Puerto Rico.

Mi padre y abuelo estaban felices porque el bebé estaba bien. Ambos querían ir a la casa, pero todos los pases fueron denegados. Mi padre se puso furioso. Sólo quería un pase de una hora para ver a su esposa y su hija. La respuesta del comandante fue no.

Mi padre decidió saltar la verja. Por lo tanto, cuando su unidad entró en receso, empezó a caminar muy rápido. Había campos de caña de azúcar y fincas antes de llegar a la carretera principal. Tan pronto como llegó a la calle, un coche se detuvo y para sorpresa de mi padre, era su comandante.

El jefe lo miró y le dijo que entrara al coche. Mi padre se sorprendió porque él fue escoltado a Ponce para ver a mi madre y mi hermana.

El comandante le dijo que permaneciera el resto de la noche, pero que regresara a la base al día siguiente. Mi madre estaba contenta cuando vio a mi padre. Adelin ya estaban al lado de mi mamá cuando mi papá llegó. Toda la familia paso una noche maravillosa.

Durante los siguientes meses, las cosas estaban muy mal. Un montón de soldados fueron enviados a Corea. Mi abuelo y mi padre estaban esperando sus órdenes. Nuestra nación se enfrentaba unos momentos bien críticos de esa época. Puerto Rico estaba esperando y dispuestos a combatir en Corea.

Yo me siento orgullosa de decir que mi padre, CSM Juan José Pagán Rodríguez, de la Guardia Nacional de Puerto Rico y mi abuelo, Sargento Julio Pagán Torres, ya fallecido, estaban entre los valientes soldados que lucharon por nuestro país en uno de los más sangrientos conflictos.

Para entender la conmoción que estaba sucediendo en los Estados y Puerto Rico, le doy algunos datos de lo que nuestros soldados se enfrentaban durante ese tiempo...

Julio 1, del 1950, la División 24 de infantería del ejército se convirtió en la primera tropa de Estados Unidos para llegar a Corea. Fueron trasladados desde Japón pasando por el puerto de Pusan. Las tropas tomaron posiciones en Taejon, unas 75 millas al sur de Seúl.

Un par de días más tarde julio 19, del 1950, el 25 de infantería llegó seguido por la 1ra Brigada Marina y la 2ª división de infantería a fines de julio.

Las cosas estaban empeorando en Corea que en julio 20, de 1950 las caídas aumentaban. Más de 2,400 hombres y 30% notificaron muerto. Taejon cayó debajo de los brazos del enemigo. Todos los americanos y el resto del mundo estaban alarmados. Esto quiso decir que muchos iban ser llamado para servir en las fuerzas armadas. Los Reservistas y la Guardia Nacional iba ser movilizada.

Puerto Rico, una Hermosa isla en el Caribe, y una pertenencia común de los Estados Unidos, se estaba preparando. No había cultural o barreras del idioma para eso hombres valientes. Los "Boricuas" fueron bien entrenados. Tres miembros de mi familia estaban en la Guardia Nacional.

Ellos sabían que faltaba poco tiempo para la guardia ser activada. Los tres estaban listos para servir a su nación. Eran Sgto. Julio Pagán Torres, mi abuelo, asignado a 65 infantería 4 ametralladora 30 calibres, Sgto. Juan J. Pagán Rodríguez, mi padre, asignado a 65 infantería pesada Co. Mortal y el más joven, mi tío, Cabo Julio Pagán Rodríguez asignado a la artillería.

Al principio de septiembre, las nuevas tropas estaban listas para el combate en unidades, Fue movilizada la Guardia Nacional de Puerto Rico el septiembre 10 de 1950. Cada familia Boricua estaba preocupada porque sus seres queridos se irán a una tierra desconocida. Muchos nunca habían estados en el extranjero. Ahora, tienen que enfrentar muchas dificultades.

No pasó mucho tiempo para una familia humilde en Ponce, escuchar las peores noticias. Sus hijos y esposos iban a salir con rumbo a Corea. Esto era terrible porque todos los tres soldados fueron asignados a infantería o artillería. Las mujeres estaban devastadas cuando escucharon las noticias por la radio.

El Sgto. Julio Pagán Torres y el Sgto. Juan J. Pagán Rodríguez recibieron sus órdenes. La unidad, del 65 de infantería se está movilizando. Cabo Julio Pagán Rodríguez no era llamado en este momento.

El 65 de infantería fue dividido. Eso significaba padre e hijo se separaron. La 296 infantería fue enviada a Tortuguero. Fueron divididos en tres grupos, 2 a Juana Díaz y 3 a Cayey.

CAPÍTULO 15

Esperando lo Peor

La Guardia Nacional de Puerto Rico comenzó a dar órdenes. Nadie tenía tiempo para hacer preguntas. No importaba si había un solo superviviente en la familia. Los hombres tenían que viajar al extranjero y luchar por su país.

El Sgto. Juan J. Pagán Rodríguez estaba dispuesto a luchar; sin embargo, él tenía una esposa joven y dos niñas pequeñas. Sgto. Julio Pagán Torres tenía también más jóvenes. Tenían un gran problema. También era una posibilidad que el Cabo Julio Pagán Rodríguez podría ser llamado a servicio activo. Querían servir, pero tenían una familia.

Al día siguiente, padre e hijo decidieron hablar con su comandante. Al comandante le pareció bastante inusual de que dos miembros de la misma familia fueran llamados para servicio activo.

Él escuchó su petición y escribió toda la información dada por mi padre y mi abuelo. Les dijo que el Sgto. Juan Pagán Rodríguez fue elegido para ir a Corea y que el Sgto. Julio Pagán Torres permanecerá en Puerto Rico.

Lo que sigue, no sólo los pondrán a llorar, pero también los pondrán a pensar…

En noviembre del 1950, el Sgto. Juan J. Pagán Rodríguez les dijo adiós a su amada esposa y a su familia. Tenía sólo 22 años, pero estaba plenamente consciente de su compromiso. Su padre le prometió que se haría cargo de toda la familia. El Sgto. Juan J. Pagán Rodríguez sólo dijo: " bendición papito" y entro en la guagua…

Muchos Boricuas también salían de Puerto Rico. Esto fue el día más triste de toda la isla. Fue muy difícil decir adiós. El 65 de infantería ya había enviado soldados a Corea. Los primeros soldados de la infantería hicieron historia en toda la nación. Eran conocidos como "Los Borinqueneers". El regimiento 65 de Infantería comenzó la invasión enero 31 de 1951.

La familia del Sgto. Juan José Pagán Rodríguez estaba muy confusa durante esta crisis. ¿Por qué? Justo después de que el Sgto. Juan J. Pagán Rodríguez saliera de Puerto Rico, su padre, el Sgto. Julio Pagán Torres, recibió nuevas órdenes. Esas órdenes decían que él iba salir para Corea en diciembre de 1950.

Este fue el peor regalo de Navidad que alquilen podía recibir. El Sgto. Julio Pagán Torres fue enviado a Corea. Le dijo a su esposa, Guadalupe, "No te apures, todo va a salir bien". Él no podía mira a su yerna, Digna. Ella estaba sosteniendo a su hija menor Adelin.

Digna estaba muy triste para decir adiós. Sgto. Juan J. Pagán Rodríguez salió de la isla meses antes y nadie sabía de su paradero. Las muchas visitas a la Cruz Roja fueron hechas en vano. Sgto. Julio Pagán Torres fue incluso a su comandante para una respuesta de su visita anterior.

El comandante pidió disculpas por el tremendo lío y declaró que lo lamentaba. Sgto. Pagán Torres le preguntó sobre sus órdenes. El comandante le dijo que fueron revocadas porque llegaron tarde a Washington. La comunicación era muy lenta en esos tiempos...

Malas vibraciones en las líneas de fuego…

El Sgto. Juan J. Pagán Rodríguez ya estaba peleando en Corea. Llegó a Corea en enero de 1951 y en ese momento estaba impaciente. Había estado lejos de su familia durante casi dos meses y no había recibida ninguna noticia.

Fue difícil recibir algo donde el estaba estacionado. Su nueva familia adquirida era sus amigos y compañeros BORICUAS. Todos ellos estaban esperando cualquier tipo comunicación de Puerto Rico.

En Ponce, Puerto Rico, las cosas no estaban bien. Con el sostén de la familia afuera, no era fácil criar a todos esos hijos. Guadalupe y Digna estuvieron que ir a la Cruz Roja. Querían oír noticias de sus esposos.

La Cruz Roja aseguró que padre e hijo estaban bien. Le facilitaron alimentos y dinero de emergencia. Digna estaba realmente preocupada porque la hija más pequeña, Adelin, estaba muy enferma. Adelin era una niña frágil y necesita atención médica.

La Cruz Roja al ver al bebé, la envió a los mejores médicos. La niña fue bien atendida y recupero dentro pocos meses. A finales de febrero, las tropas fueron enviadas al frente una vez más...

EN COREA

Una mañana, el Sgto. Juan José Pagán Torres fue ordenó con su tropa a un área designada. El Sgto. Pagán Torres se lo informó a sus hombres y comenzaron a caminar. Era un día frío y mucha nieve en el suelo.

Los soldados todavía estaban tratando de acostumbrarse a ese mal clima. Estaban todos melancólicos porque extrañaban su soleado y caliente Puerto Rico. No fue fácil mantener a esos soldados motivados. No sabían nada de sus familias durante meses.

Cuando comenzaron a caminar, El Sgto. Pagán Torres comenzó a hacer chistes. Los soldados se sentían a gusto. Llegaron a su punto de destino. Hubo muchos heridos y otros estaban sufriendo del frío. Sgto. Pagán Torres y su tropa relevaron a aquellos hombres.

El fuego nunca cesó. Sgto. Pagán Rodríguez estuvo en su puesto durante casi una semana. Todos los soldados en esa área tenían mucha hambre y también sus uniformes estaban bien sucios.

El Sgto. Juan J. Pagán Rodríguez todavía se mantiene luchando a pesar de que él no había recibido ninguna noticia de Puerto Rico.

De repente, recibió un mensaje. Se le ordenó que se reportara al comandante. El joven sargento se sorprendió, pero al mismo tiempo estaba feliz de tomar una ducha y cambiar su uniforme. Él fue escoltado a su superior y para su sorpresa...

Sgto. Julio Pagán Torres lo estaba esperando. Ningunas palabras podían describir la emoción que sentían aquellos dos seres humanos.

Lágrimas de alegría se rodeaban hacia abajo de sus caras. Sgto. Pagán Rodríguez pregunto a su padre sobre la familia. ¿También estaba confuso con la llegada de su padre... ambos... en Corea?...

El comandante del 65 de infantería les dijo a ambos padre e hijo que tendrían que esperar por nuevas órdenes. También les dijo que se irán para Puerto Rico pronto...

Esas órdenes nunca llegaron. El Sgto. Juan J. Pagán Rodríguez una vez más fue separado de su padre...

Pasaron un par de días...

El sargento Juan J. Pagán Rodríguez y sus hombres iban a otro campamento.

Tenían un par de jeeps con un montón de provisiones. Sgto. Pagán Rodríguez veía una tropa adelante de él. Iban para el mismo sitio. En ese momento, el Sgto. Juan Pagán Rodríguez recibió la sorpresa de su vida. Su padre, Sgto. ¡Julio Pagan Torres fue uno de esos hombres! Llamó a su padre y ambos se montaron en el mismo jeep.

Una vez que llegaron a su área designada, los llamó su nuevo comandante. Esta vez les dio órdenes escritas. Fue la mejor noticia que recibió el Sgto. Pagán Rodríguez. Iban a su casa y su padre se iba con él sano y salvo.

Sgto. Pagán Rodríguez y Sgto. Julio Pagán Torres no querían ser parte de la gran recepción que le tenían en Puerto Rico...

Eran el primer padre e hijo con el mismo uniforme y luchando por la misma causa, pero sólo querían ver a su familia.

Se fueron a Ponce sin ser visto. Un taxista fue el único testigo cuando llegó a su casa. Había unos pocos reunidos al frente de la casa. Ninguno de ellos estaba consciente de que un taxi se había detenido allí.

Los dos sargentos bajaron del taxi muy reservado y abrieron la puerta. Digna y Guadalupe empezaron a correr cuando los vieron. Fue un gran día para la familia Pagán.

Sargento Julio Pagán Torres y Sgto. Juan J. Pagán Rodríguez fueron los primeros padre e hijo para servir a la nación. Estaban en combate junto y junto regresaron a Puerto Rico.

La guerra de Corea trajo a soldados puertorriqueños su mayor visibilidad, mejores premios y muchas pérdidas. Había 43, 434 puertorriqueños en esta guerra y 39, 591 de ellos eran voluntarios.

El 65 de infantería fue elegido para proteger la nación. Ellos recibieron reconocimientos por su valentía. También fueron los últimos soldados de abandonar la zona de combate...

Algunas balas estaban volando por encima de ellos cuando estaban abordando la nave para evacuar...

Un gran saludo a nuestros héroes «BORICUA» nunca los olvidaremos. CSM Juan J. Pagán Rodríguez estaba muy orgulloso de ser soldado durante el conflicto de Corea...

Mi Héroe

Cuando se convirtió en un NCO...
Usted aceptó muchas responsabilidades
Cuando se convirtió en un padre...
Usted aceptó muchas responsabilidades
Eres un guía ejemplar,
Un entrenador y un padre amoroso...
Mi héroe...
Estoy aquí sentada pensando,
Tantos pensamientos me vienen a la mente...
Mi padre y el soldado...
Ocupado con su familia
Ocupado con su tropa...
Dos tareas estrechamente relacionadas
Es fuerte ser un "Army Non-Commissioned Officer"
La sabiduría de muchos años te hizo un gran líder...
La sabiduría de muchos años te hizo un padre ejemplar...
Te Saludo querido Padre...
Te Saludo por todos los años que dedicaste a nosotros
Y a nuestra nación...
Que Dios los bendiga...
¡Y que Dios bendiga América siempre!

Mi Padre

Fuiste uno de los primeros que me vio nacer...
Yo no sabía al principio, que eras mi padre
y más tarde te convertiste en mi héroe...
Fuiste uno de los primeros que me hechizó con tu mirada
Siempre te elegí sobre mis peluches...
Me gustaba cómo me cogías...

Me levantabas por encima de tu cabeza
y volaba como un ave...
Cuando empecé a crecer,
Me enseñaste a levantarme y andar.
Usted me guio tan cuidadosamente para que no callera.
Una vez que empecé a caminar por mi cuenta,
Usted se quedaba parado cerca en caso de que me callera...
Si me caía, me levantaba y me limpiabas las lágrimas
Me daba un beso para que mi dolor se alejara...
Una vez que llegue a adolescente,
No necesitaba su ayuda para caminar,
Pero necesitaba su amor y su tiempo.
Jugamos béisbol y si no podía correr las bases,
Me levantaba y corría conmigo...
Siempre me hacía sentir especial
Usted me enseñó a luchar y no tener miedo de nada.
Me ayudaste a comprar mi primer auto en mi rango de precio
Y también me mostró cómo cambiar las gomas...
Yo era la única de mis amigas que sabía hacerlo
Hiciste casi cualquier cosa para verme feliz...
Usted siempre me animó a intentar mi mejor esfuerzo.
Usted me apoyo ciento diez por ciento...
Me he dado cuenta de que soy mucho como tú
Me ayudaste a darme cuenta
Que el sentido común no es tan común
También me enseñaste a ser astuta
Siempre he seguido en tus pasos de ser inteligentes
Me enseñaste cómo tratar a las personas
y cómo conseguir lo que quería...
Cada vez que alguien me dice: "eres igual que tu papá"
No pudo evitar una sonrisa...
No eres solo mi papá, eres mi héroe...
Recuerdo muchas noches…
Cuando permaneciste hasta tarde
ayudándome con mi trabajo de la escuela
Yo odiaba matemáticas,

Pero hiciste que álgebra y geometría fuera simple...
Estoy grande ya, sin embargo,
Todavía necesito tus abrazos de oso amorosos
Y tus palabras de sabiduría.
No olvides que siempre seré tu niña
Y siempre vas a ser mi padre amoroso y héroe
Te amo papá

CAPÍTULO 16

El bautizo

En octubre del 1952, la familia Pagán estaba celebrando una vez más. Mi padre y mi abuelo regresaron de Corea sano y salvo. También, muchos de sus amigos cercanos estaban entre los héroes durante el conflicto coreano.

Mis padres decidieron hacer una gran fiesta porque todos sus amigos y familiares están unidos como en los viejos tiempos. Ya que mi hermana y yo no estábamos bautizadas, decidieron tener el bautizo el mismo día. Yo tenía 3 años y mi hermana de 2 años.

Aunque era muy joven, recuerdo la ceremonia en la iglesia, la fiesta y los invitados. Mi hermana no recuerda nada.

Lo que muy bien recuerdo de mi bautizo fueron los trajes hechos por mi abuela Mamá Lupe. Los vestidos eran todo en satín. Los zapatos eran blancos con un lazo al lado. Mi hermana y yo parecíamos dos hermosas princesitas de un cuento de hadas.

En la iglesia San Conrado en Ponce, Puerto Rico
Los Poemas de Bautizo

La admisión de las niñas recién bautizadas, Adelin y Norma en la familia cristiana. También transmitían felicitaciones a los padres y padrinos.

Había un poema dicho durante la ceremonia de rituales. Al final de la ceremonia, otro poema para los padrinos. Este poema se trataba específicamente de la relación entre padrinos y ahijados. También puede ser un mensaje sobre el deber de los padrinos o el honor de ser padrinos.

He oído esa historia de mi mamá y abuelas.

En La Fiesta

Lo que recuerdo de la fiesta fue el asado de un cerdo. Mi padre contrató a un par de hombres para hacer el asado. Mis dos abuelas estaban demasiado ocupadas saludando a los invitados. Mi madre ocupada con mi hermana y conmigo.

Mi primo, Luis Antonio, estaba encargado de hacer el helado. Lo bueno de esta fiesta era que toda la familia participó en todo.

Recuerdo a mi padre cortando grandes bloques de hielo para los refrescos, cerveza y jugos. Mientras él estaba poniendo el hielo en cubos de hierro enorme, se cortó la mano. Había sangre por todo el lugar. Le dijo a mi abuelo que era sólo un arañazo y siguió con su trabajo.

Eran tan lindo eso tiempos….

Una cosa que ocurrió fue cuando estábamos abriendo los regalos.

Recibimos unas muñecas bien grandes. Eran idénticas con traje rosita y un cabello rubio. A mí me gustaron muchísimo, pero a mi hermana le dio miedo. Esas muñecas tenían una mirada extraña. Tenían unos ojos bien grandes. Les diré luego que paso con las muñecas.

También recibimos libros para aprender a leer inglés. Nosotros éramos unas niñas muy especiales porque nos gustaba jugar con libros y bloques que tenía el alfabeto. Yo como siempre era la maestra. Mi hermanita repetía todo lo que yo le decía. Ella aprendió a leer a los 3 años. Tenía que ser así por yo era su profesora…

Mis abuelos nos regalaron un lindo juego de cuarto con dos camitas bien linda. Ellos dijeron que éramos muy grande para dormir en cunas de bebes.

Pues sí, fue un día precioso. Nunca lo olvidare…

CAPÍTULO 17

Creciendo en Puerto Rico

Pasaron los años, y yo fui creciendo muy rápidamente. Me estaba convirtiendo en una niña muy responsable. Yo siempre estaba dispuesta ayudar a mi madre con mis hermanos...

A finales de 1954, mi familia se estaba expandiendo. Tenía dos hermanos y una hermana. Mi madre necesitaba ayuda de sus suegros, pero eso no era suficiente.

Ambas abuelas, Guadalupe y Ceferina me enseñaron a cocinar y limpiar. Incluso, yo había inventado mis propias recetas con la ayuda de mi bisabuela Mama Dolores.

Durante el 1957, mis padres compraron una casa más grande todavía cerca de mis abuelos. Estábamos bastante contentos...

Yo me pasaba mucho tiempo jugando con mi hermana Adelin. Cuando Juan estaba aprendiendo a caminar, Julio estaba aprendiendo a comer arroz y habichuela.

Jugué mucho con otros parientes. Mis tíos, en el lado de mi padre, eran cerca mi edad. Siempre me hacían reír porque mis tíos intentaron enseñarme cosas de nenes y mis tías estaban tratando de enseñarme como a jugar con muñecas.

Antes que se me olvide, les tengo que decir que paso con las muñecas lindas que recibimos en el día de nuestro bautizo. Pues como Adelin le tenía miendo, mi madre decidió guardarlas hasta que estábamos más grande.

A mí no me interesaba mucho jugar con muñecas porque yo quería hacer lo mismo que mis tíos....

Una tarde mi madre estaba limpiando nuestro cuarto. Miro hacia una tablilla alta donde tenemos peluche y las muñecas. Las bajo y nos llamó. Adelin ya tenía 4 años, pero todavía le daba miedo esas muñecas. Cuando mi tío Villen oye lo sucedido, empezó a decir que tenías que hacer algo.

Entre Villen y yo cogimos una de la muñeca y comenzamos a abril por el medio. Queremos saber que tenía adentro. También le sacamos los ojos. Que paliza recibimos cuando mis padres vieron lo que hicimos.

Después de la paliza, Villen y yo estábamos contentos porque destruimos una de las muñecas. Nunca pudimos coger la otra...

Tantas cosas nos pasaron cuando viamos en Puerto Rico....

Recuerdo una vez que mi tía Ana Dolores y yo le suplicó a Mama Lupe que nos dejara un gallinero para convertirlo en una casita de muñecas. . Había uno vacía en el patio. Por lo tanto, mi abuela estaba ocupada como siempre. Ella realmente no estaba escuchando a mi tía y a mí. Ella nos dijo que cogiéramos cualquiera de las jaulas y la dejara trabajar en paz.

Corrimos afuera y comenzamos a limpiar el lugar. Yo estaba barrido mientras mi tía iba dentro de la casa a buscar unas sillas pequeñas. Colocamos las lindas sillitas con mesas en un rincón. Mi tío Villen instalo alfombras.

Mi tío Moncho comenzó a pintar el exterior de la casita. Estaba empezando a parecerse a una casa de muñecas. Mi otra tía Lucy ya estaba viviendo en Nueva York, pero le dijimos que nosotras nos encargaremos de sus muñecas.

Cuando terminamos la casa de muñecas, todos salimos a admirar nuestro trabajo. Todos estuvimos de acuerdo que hicimos una obra maestra.

Mi tío Kike no sabía acerca de nuestro proyecto ni mi padre. Llegaron con algunos pollos y no dijeron nada a nadie. Estaba oscureciendo y mi padre me llevó a mi hermana y a mí a nuestra casa...

Al día siguiente, mi hermana y yo nos levantamos bien temprano. Hibamos a llevar nuestros juguetes favoritos a nuestra casa de muñecas. Mi madre nos dio unas almohadas y otras cosas para la casita.

Cuando mi hermana y yo llegamos, a la casa de mi abuela, nos enojamos mucho. Encontramos a mi tía Ana Dolores llorando. Moncho y Villen estaban también muy molestos.

Los pollos que mi padre y Kike trajieron la noche anterior destruyeron todo. Había desperdicio de aves alrededor de la pequeña casita.

Mi abuela comenzó a gritarnos y a regañarnos. Ella nos dijo que no teníamos nada que hacer en una jaula de pollos. Le acordamos que ella nos dio permiso para utilizar todo lo que queríamos en el patio.

Mi abuela se disculpó y les pidió a mi padre y a mis tíos que nos hicieran una casa verdadera de muñecas. Esta vez nos hicieron nuestros propios planes de propiedad de la casita. Quedo bien linda nuestra casita de muñecas.

Mi abuelo limpio los muebles y una vez más Villen y Moncho pintaron todo.

Mi tía, mi hermana y yo, hicimos sándwiches y limonada para celebrar la apertura de nuestra nueva casa de muñecas. Realmente fue un trabajo bien hecho...

CAPÍTULO 18

La Visita septiembre 1959

Todo iba bien para la familia Pagán, sin embargo, Juan quería más. Él estaba en la Guardia Nacional y tenía un buen trabajo con el gobierno. Lo que realmente quería era ir al extranjero. Él se mantuvo hablando y toda la familia insistió en que no tenía que dejar nuestra hermosa isla, Puerto Rico.

Una tarde de otoño, tuvimos una visita familiar del lado de mi madre. Era su hermano mayor. Vino para una corta visita de Nueva York. Estaba feliz de vernos a todos.

Cuando mi tío estaba a punto de irse, mi padre le comento que quería mondarse para Nueva York. Mi tío escuchó atentamente. Le dijo a mi padre que era una gran idea. Mi padre todavía estaba en la Guardia Nacional y era un plomero licenciado. Estaba preparado para trabajar en cualquier lugar.

Mis padres no dudaron en dar el gran paso. Pensaron sobre sus cuatro hijos. Éramos todavía muy pequeños, y no íbanos a tener ningún problema aprender un segundo idioma.

Tengo que admitir que me emocioné cuando me enteré de la buena noticia. Todos nosotros estábamos haciendo un montón de preguntas. La mejor pregunta fue sobre el viaje en avión...

El 9 de septiembre del 1959, mis padres prepararon nuestras maletas. Nos dijeron que mi tío Kike iba a llevarnos al aeropuerto....

Durante ese tiempo, no había una autopista. Estuvimos que tomar la antigua carretera hacia el aeropuerto. El vehículo que pidió prestado mi tío era un convertible. Mi tío Villen, Moncho y Kike estaban felices de estar con nosotras hasta el último minuto.

Fue un viaje a agradable de Ponce a San Juan. Mi tío Kike acababa de conseguir su licencia de conducir, por lo tanto, él estaba volando por las calles. Disfrutamos mucho del paseo, pero cuando llegamos al aeropuerto, mis padres y abuela comenzaron a gritarle a mi tío Kike por exceso de velocidad...

Fue muy triste despedirnos de la familia. Yo no podía decirle adiós a Mamá Lupe. Ellos permanecieron en el aeropuerto hasta que nosotros entramos al avión.

Una vez en el aeroplano, mi padre estaba disgustado porque la azafata quería ponernos en diferentes secciones del avión.

Mi papá le dijo a la señorita que teníamos las entradas con números de asiento. Cada uno de nosotros tenía nuestro propio asiento. La razón de la confusión fue que el vuelo estaba demasiado lleno. Había gente con los mismos números de asiento. Tomó un tiempo para nosotros sentados juntos, pero lo hicimos.

Era difícil dormir debido al movimiento del avión. Las señoras sacaron sus rosarios y comenzaron a rezar. En ese momento yo tenía mucho miedo. Pensé que nos íbamos a morir.

CAPÍTULO 19

Perro de Piedra

En una zona, en Puerto Rico, no muy lejos del Castillo de San Jerónimo, podemos ver una estructura hecha de coral que, para quienes no lo sepan, ha sido punto de inspiración para muchos relatos puertorriqueños.

A este objecto se le conoce comúnmente como el perro de piedra.

Según la leyenda, el castillo era usado por los soldados españoles como fuerte para protegerse de los ataques de los piratas.

Generalmente habían estado ahí varios soldados, ya que los corsarios podían arribar en cualquier momento. Uno de los militares más jóvenes era un chico de nombre Enrique, al que sus compañeros querían y respetaban, debido a que su niñez había sido muy distinta a la de ellos.

Me refiero a que la mayoría de los militares, habían pasado gran parte de su adolescencia en colegios en donde se les enseñaban estrategias de combate. Sin embargo, Enrique era un muchacho que había labrado el campo hasta que decidió enlistarse en el ejército.

A menudo se le podía mirar sólo, recargado en una zona del castillo, anhelando encontrar a un compañero de aventuras.

Una tarde mientras caminaba por las estrechas calles de la capital portorriqueña, es decir, San Juan, unos chillidos llamaron poderosamente su atención. Desenvainó su espada y se enfiló hacia dónde se encontraba un callejón oscuro.

En el momento en el que estuvo lo suficientemente cerca, pudo notar que los lamentos provenían de un perrito que se encontraba herido de una pata.

No te preocupes amiguito. Te llevaré a casa y pronto estarás como nuevo.

Así lo hizo y el can poco a poco fue recobrando su forma física. Luego de que se curaron las heridas del cachorro, éste seguía fielmente a Enrique a donde quiera que fuera.

Lógicamente eso provocaba que algunos de sus compañeros se burlaran de él. Inclusive, el general encargado de cuidar el castillo le cuestionó una vez:

¿Cómo se llama el perrito Enrique?

Su nombre es Amigo, mi general.

Poco tiempo después, llegó una orden firmada por el rey de España en donde se indicaba, que era necesario que se enviaran a soldados a Cuba. Uno de ellos, fue precisamente Enrique.

Con lágrimas en los ojos se despidió de su amigo canino diciéndole:

No te preocupes. Me voy sólo por unos meses. Regresaré antes de que te lo imagines. Mientras tanto, mis compañeros cuidarán de ti.

El barco del soldado zarpó y en ese instante el can se echó al agua y nadó hasta llegar a un arrecife de coral en donde permaneció hasta que perdió de vista el navío.

Desafortunadamente, la nave en donde viajaba Enrique fue emboscada por unos bucaneros y todos los tripulantes murieron. No se hablaba de otra cosa en el Castillo de San Jerónimo, que no fuera aquella tragedia.

Por más extraño que parezca, de algún modo Amigo entendió que su amo no volvería nunca más a pisar tierras borinqueñas.

Fue entonces cuando el perrito se echó a nadar y regresó al arrecife de coral. Vale la pena destacar que permaneció ahí vigilante hasta que murió, recordando la última vez que había visto a Enrique.

La sal de mar y otros elementos naturales comenzaron a cubrir el cuerpo del can. Con el paso en los años, el coral también lo cubrió por completo, haciendo que su silueta permaneciera intacta.

CAPÍTULO 20

El Coquí

Según la tradición portorriqueña, en algún momento de nuestra historia, el mundo era la suma de todo, hasta que el Dios supremo Yocahú, tomó la decisión de separar de una vez y para siempre a la tierra del agua.

Algunos animales duraron en la superficie, mientras que otros migraron a lo más profundo del mar. Por su parte, otro superhombre a quien los isleños conocen como Yukiyú había pasado gran parte de su vida planeando la manera de recrear al paraíso.

Luego de muchísimo esfuerzo, formó a la "isla del encanto" y de inmediato comenzó a llamar a distintas especies para que la poblarán. No obstante, una de sus mayores preocupaciones era que no encontraba a la criatura idónea que le sirviera como guardiana de aquel lugar.'

Llegó a un punto en el que casi renunció de esa idea y pensó en dejar a la isla como las otras que ya existían en la Tierra…

Sin embargo, en ese exacto momento escuchó el canto del Coquí, una ranita pequeña de ojos negros, a la que le encantaba esconderse entre las hojas de plátano para no ser vista por los devastadores.

Ven pequeña, no tengas miedo. Esta isla es tuya. Protégela y cuídala. Indicó Yukiyú.

CAPÍTULO 21

El Pozo de Jacinto

Jacinto era un pastor. Él era muy celoso de su trabajo. Por esa razón, el dueño de una de las haciendas más importantes de Isabela, Puerto Rico, le había encargado que cuidara y protegiera a su ganado.

Se podría decir que ese trabajo era bastante sencillo, ya que las vacas casi nunca le daban ningún problema. No obstante, había una que eternamente era muy inquieta y se escapaba del corral con suma facilidad.

Esta situación enojaba a Jacinto, pues había veces en las que regresaba a su hogar a altas horas de la noche, debido a que no podían encontrar rápidamente a la vaca.

Una tarde el cielo se oscureció de repente y el pastor pensó que era el momento preciso de llevar a sus vacas de regreso a la hacienda.

Algo que no he mencionado hasta el momento es que, desde hacía un tiempo, siempre llevaba a la "res rebelde", atada a su brazo con una fuerte soga, para evitar que se volviese escapar.

De pronto, la tierra se iluminó con una luz muy fuerte y enseguida sobrevino un sonido ruidoso. Dicho trueno hizo que la vaca saliera despavorida sin control, arrastrando al pobre de Jacinto por todo el lugar.

El animal jamás se calmó y continuó corriendo hasta que llegó a un quebrado y dado que el terreno se encontraba flojo por la lluvia, resbaló y tanto la bestia como el pastor cayeron al acantilado muriendo al instante.

Mientras tanto, a la mañana siguiente el hacendado gritaba sin cesar: ¡Jacinto! ¿Dónde estás? Tráeme mi vaca ahora mismo ladrón.

Al no recibir respuesta, el hombre se fue caminando hasta que llegó a la orilla del acantilado. Ahí pudo escuchar la voz de un hombre y los mugidos de una vaca.

Se asomó y vio sorprendido que los restos del animal y del pastor habían caído dentro de un pozo de piedra. Sin prestarle atención al hecho de que los lamentos que había oído antes provenían justamente de los espíritus de estos, dio marcha atrás y regresó a su hogar, maldiciendo al campesino que le había hecho perder a una de sus reses por descuidado.

A partir de ese momento, la leyenda dice que cualquier persona que se acerque al pozo y grite al menos tres veces ¡Jacinto, quiero mi vaca! Hará que el mar se enoje y el espíritu del campesino comience a perseguirlo.

Capítulo 22

La Garita del Diablo

Entre mitos y leyendas de Puerto Rico, hay uno que no puede faltar en las colecciones. Estoy hablando de la leyenda de la garita del Diablo.

Hace varios siglos, los pueblos de la ciudad de San Juan eran frecuentemente atacados por barcos piratas. Esto hizo que las autoridades construyeran varias torres de vigilancia. Estas mismas fueron colocadas en zonas valiosas de la muralla que protegía esa localidad.

A esas torres se les conocía comúnmente como garitas. Por cierto, un método que tenían los militares para evitar dormirse durante sus guardias era que cada hora uno de los soldados gritara…

¡Soldado! ¿Estás alerta?

Alerta estoy. Respondía el más cercano.

De entre todas las garitas, había una que se hallaba en la zona más solitaria de la muralla. Esta era defendida por el soldado más valiente, por cierto, de apellido Sánchez, al que sus compañeros bautizaron como "flor de azahar".

Los pétalos de la flor de naranjo son blancas y justamente le concedieron dicho nombre a ese sujeto, debido a que su tez era tan clara o más que ellos.

Una noche, uno de los soldados se encontraba esperando a que Sánchez le regresara el saludo. Sin embargo, el único sonido que se pudo escuchar fue el viento.

Cuando salieron los primeros rayos del sol, una patrulla se dirigió hasta la garita del militar, en donde asombrados todos los hombres que fueron en la expedición encontraron que en la torre no había nadie.

Solamente encontraron el rifle, su uniforme sin un solo arañazo y su cinturón. La gente de la ciudad empezó a decir que el Diablo se lo había llevado al infierno.

Otra versión de este mismo cuento nos dice que no hubo ninguna intervención del demonio, sino que fue decisión del propio Sánchez el abandonar el ejército.

Él quería casarse con una bella joven llamada Diana.

Ella era mestiza y no permitían esa clase de matrimonio en aquel tiempo.

Luego le diré mas cuentos de La
Garita del Diablo.

CAPÍTULO 23

La Llorona

Esta historia ha formado parte del imaginario colectivo puertorriqueño durante décadas.

Según con lo que me contaron mis abuelas, por Ponce, deben tener mucho cuidado al llegar cerca del Rancho Siete. Esto era un sitio muy famoso de baile. Muchos jóvenes se reunían ahí.

Pues frente a en ese sitio se aparece una mujer a todos los automovilistas.

No importaba si estos eran chóferes del transporte público o gente que va transitando por las calles en su carro. Cualquiera que sea el caso, el fantasma se paraba en el medio de la carretera y les dice que la lleven a algún sitio.

Si no aceptaban, era probable que a los pocos kilómetros se les explotaba una goma de su auto. Sin embargo, en el caso del que decide subirla a su auto, de inmediato la bella mujer se transforma en una criatura horrible quien comienza a llorar de manera desconsolada.

El sonido de su llanto hace que los hombres pierdan la concentración y se estrellaban. Hay quienes afirman que se trata ni más ni menos que la Llorona, una mujer que busca desesperadamente a su hijo perdido.

CAPÍTULO 24

Dolores la Bella

Dolores estaba muy celosa porque Amparo tenía un montón de amigos. Él se quedaba solamente seis meses en Puerto Rico y los otros seis en el mar.

Realmente no conocía bien a este hombre. Él no le prometió casarse con ella. Su única cloración fue que él estaba enamorado de ella. Era difícil confiar en alguien como Amparo Manfredo...

En una de su visita a Puerto Rico en 1904, Dolores le dijo a Amparo que estaba embarazada. El sólo la miró. Permaneció el tiempo suficiente para darle al bebé su nombre.

Amparo Manfredo Jr., nació el 10 de junio de 1904. Él era un niño muy sano. Dolores estaba feliz de convertirse en madre, pero estaba confundida porque Amparo Manfredo Sr. desapareció de su vida para siempre...

Una vez más, Dolores Rodríguez Quiles estuvo que iniciar una nueva vida y esta vez con un niño.

Poco a poco Dolores olvidó ser española o que tenía familiares en España. Comenzó a pensar sobre su futuro.

"Bomba y plena "estaba en su mente...

Dolores siempre estaba pensando en bailar. Ella tenía la capacidad de trabajar en cualquier empresa, pero no quería. Su mente estaba más atraída a teatros, bailes y cantos. Con mucha tristeza, siguió trabajando en una empresa mercantil en el puerto de Ponce.

Una tarde, Dolores estaba mirando por la ventana de su oficina. Ella vio un par de vagones artístico. Los vagones tenían todo tipo de carteles publicitarios.

Tenía escrita que eran un teatro y que buscaban artistas. Eso artistas llegaron de diferentes partes del mundo. Ella era muy curiosa. Se alegro muchísimo cuando vio a los bailarines.

Dolores pensó que era más fácil bailar que estar sentada en una oficina todo el día. Corrió por las escaleras rápidamente. Una vez afuera, se reunió con el director del grupo. Ella le dijo que era una bailarina. La saludo y le informó que la audición iba a celebrarse en la tarde.

Cuando Dolores se estaba preparaba para bailar, José Mercusi estaba también preparándose para llevar a cabo su presentación. José era el bailarín principal del teatro. Ese teatro este compuesto por bailarines y actores de España y algunos locales.

Cuando las bailarinas del balé español se unieron con el "mestizo", en la isla todo cambio. Esto hizo un enorme cambio porque cuando el español y el mestizo trabajaron juntos la música, canciones, bailarines y el ritmo era espectacular.

Aquí es donde el tono caribeño surgio. Los bailes fueron cambiando según se iban integrando más españoles con los mestizos.

Yo me siento orgullosa de decir que mi bisabuela Dolores Rodríguez Quiles, era parte de ese cambio en nuestros bailes folclórico.

Tradicional, folklórico y música popular cambió cuando el español mezclo con el africano. No se encuentra muchos sobre la música antigua en Puerto Rico. Nuestra cultura de la música en Puerto Rico durante los siglos 16, 17 y 18 se documentaba mal.

Ciertamente incluye música de la iglesia española, música de banda militar, El "Jíbaro" eran los campesinos de Puerto Rico. Los "Jíbaros" o campesinos nunca constituyeron más de 11% de la población en la isla, sin embargo, contribuyeron algunos de las características musicales más dinámicas de Puerto Rico.

En el siglo XIX la música puertorriqueña comienza a surgir en luz natural histórico, con notación géneros como la "danza" que fue más reconocida mucho mejor que los géneros populares.

En aquel tiempo, la música del "jíbaro" y "bomba y plena" no eran realmente documentada o reconocida como música. Supongo que fue debido a su origen. La "danza" vino de la España y la música del Jíbaro y "bomba y plena" de los mestizos...

Contribución de los africanos a nuestra música

Los africanos de Puerto Rico utilizan tambores hechos de madera tallada, cubierta con un cuero crudo sin tratar, por un lado, comúnmente hecho de piel de cabra.

Una palabra popular derivada del criollo para el diseño de este tambor fue "shukbwa", que significa literalmente 'tronco de árbol'. En otras islas como Guadalupe, este tipo de tronco hueco se llama "bwa fuyé".

Los pasos de los bailarines de balet clásico también cambiaron con el tiempo...

La Música jíbara

Los "Jíbaros" son pequeños agricultores de principalmente de ascendencia española. Constituyeron la abrumadora mayoría de la población puertorriqueña hasta mediados del siglo XX.

Tradicionalmente, la música jibara se reconoce como iconos románticos de cultivo de tierras, trabajo y autosuficiencia. Estos jibaros maman a la música y los bailes. Sus instrumentos eran parientes españolas. Como la "vihuela", y el "cuatro" que se desarrolló de cadenas solo cuatro a cinco pares. También es el menos conocido "tiple".

Un grupo típico jíbaro cosiste un "cuatro", una guitarra y el instrumento de percusión como el "guiro" raspador y el bongo.

Letra de música "jíbara" es generalmente en la forma de la "décima", que consta de diez octosílabas líneas en el esquema de rima abba, accddc. Forma de la "Décima" deriva de España del siglo 16. Su raíz en varios lugares de América Latina especialmente Cuba y Puerto Rico es donde se canta en diversos estilos.

Una cantada "decima" se podría ser compuesta previamente. Esta fue derivada de una publicación por algunos literatos, o idealmente, improvisado. Es especialmente en la forma de una "controversia" en el que dos cantantes o poetas ingeniosos se insultan uno al otro.

Mientras cantan, o discuten sobre algún tema social, le están dando un mensaje al pueblo.

Entre las "décimas", improvisadas animadas pueden ser tocadas con el "cuatro". Esta forma de música es también conocido como "Tipica" así como "Tropical". Las décimas se cantan en melodías comunes. Casi siempre con patrones acompañamiento de cuatro estandarizados.

A continuación, verá la estructura de la "decima".

Se agrupan en diferentes grandes categorías, seis por ejemplo, seis fajardeño, el seis chorreado y Aguinaldo.

Aguinaldo:

Hay diferentes tipos de aguilando: "Aguinaldo Corocoreño" desde el pueblo de Orocovis

El "Aguinaldo Cayetano" de la ciudad de Calléis tradicionalmente, los seis podrían acompañar bailando, pero esta tradición ha desaparecido en gran parte excepto en festivales y espectáculos turísticos. M

Explicación del "Aguinaldo"

El "Aguinaldo" se canta más característico durante la temporada navideña, cuando grupos de "fiesteros" o "parranderos" van de casa en casa. Los jíbaros son los que van cantando. Los textos de "Aguinaldo" generalmente no siempre son sobre la Navidad.

Nuestros aguinaldos son diferentes a los de los angloamericanos villancicos. Son generalmente cantados por una sola persona y con cantando a coro.

En general, la Navidad es un momento de nuestra música tradicional, seis y aguinaldos, es más probable ser oído.

Afortunadamente, muchos de nuestros grupos puertorriqueños se dedican a la preservación de la música tradicional. Por esa razón, nuestra música continúa.

La música jíbara llegó a comercializarse en grabaciones comerciales en el siglo XX, y cantante de época como" Ramito", Flor Morales Ramos, nació en 1915 y murió en 1990.

Todos estos tipos de música están bien documentados, sin embargo, los jíbaros se estaban convirtiendo en una especie en peligro de extinción. Todo esto paso, porque la agroindustria ya es del pasado. Las urbanizaciones han ayudado a reducir drásticamente el número de pequeños agricultores en la isla. Muchas canciones de "jíbaro" se perdieron con los cambios de la migración a Nueva York.

Nuestra música «Jíbara» en general ha disminuido, aunque se conserva su lugar en la cultura local, especialmente en tiempo de Navidad y reuniones sociales especiales. Hay muchos que tocan el cuatro, algunos de los cuales han cultivado técnicas únicas.

Mis bisabuelos eran conscientes del cambio en los bailes y las melodías a lo largo de toda la isla. Ambos sabían cómo componer, cantar décimas y a bailar la "danza" y "bomba y plena"

Pasaron los años…

Ya José y Dolores se fueron poniendo mayores... Comenzaron a trabajar en otros lugares...

José Mercusi trabajaba como guardia de seguridad en los campos de caña de azúcar en la "Matilde". Trabajaba turnos de noche y era imposible conseguir un buen descanso. Siempre estaba de mal humor.

Dolores, por otra parte, mantuvo su otra ambición en su vida. Ella siguió trabajando en los hospitales cercanos. En los hospitales, Dolores adquirió muchos conocimientos y se graduó como partera.

José tenía otras cosas en su mente...

Un domingo por la mañana le dijo a Dolores que planchara su mejor ropa. Era una chaqueta y pantalones blancos. Ella limpio y plancho ese traje con mucho amor. En aquellos tiempos, se utilizaba una plancha con carbón.

Yo creo que la plancha pesaba más que ella. Con el calor de Puerto Rico, no era fácil planchar un traje blanco. La pobre mujer lo hizo para tener contento a su esposo.

¡No vas a creer lo que sucedió después! Por la tarde, los rumores alrededor de la vecindad fueron terribles. Estaba comentando que José se casó con Lorenza Sabater...

Dolores estaba muy enfurecida porque ella estaba bien enamorada de ese hombre. Tenían una hija, Guadalupe y un hijo Rufino. El nunca admitió que eran del. Nunca le dio su apellido...

Por ahora, Dolores tenía tres hijos. El niño más mayor era Amparo Manfredo Jr. La joven Guadalupe Rodríguez y Rufino Rodríguez eran el producto de José con Dolores...

Les tengo que contar, que después de unos meses, Lorenza Sabater, dejo a José Mercusi. Ella se fue a vivir a Nueva York porque Conoce otra persona....

José Mercusi se quedó en Puerto Rico con su hija Rita Mercusi. José continúo trabajando en la Matilde como guardia de seguridad. Él también fue parte de la construcción de carreteras en Puerto Rico.

Cuando mi padre era joven, trabajaban con ingenieros. Él le comento a su jefe que su abuelo hacia bolitas y estacas para marcar las calles. José era el mejor en todo Puerto Rico. Con esa estaca y ese bolito se podía marcar el punto más importante de las carreteras.

El Ponce by pass fue unos del proyecto que mi padre hizo con los ingenieros. José Mercusi salía de trabajar por las mañanas en la hacienda Matilde y se ponía a hacer eso bolitos para los ingenieros.

También José Mercusi tenía una buena mano para la agricultura. Pues sembraba habichuelas y otras cosas y las llevaba a la plaza del mercado. Tenía mucha habilidad con los negocios. Se mantuvo trabajando por muchos años.

Su hija Rita ya estaba casada con un tío mío, Pedro Morales Figueroa. Esa parejita de recién casados decidió mudarse para Nueva York. El pobre anciano, José Mercusi, sé quedo sin hogar. Mi abuela Guadalupe, se lo llevo para su casa y lo cuido hasta que falleció....

Nada detuvo a Dolores Rodríguez. Ella continúo tomando clases en el "Hospital de Damas" en Ponce. Este hospital fue fundado en 1863 como el "Santo Asilo de Damas" por la hermana Francisca Paz Cabrera. Se conocía también como "Siervas de María", desde 1891.

Dolores ya estaba terminando con sus estudios en los hospitales. Llego a trabajar en hospital Dama...

Dolores siempre estaba ansiosa por aprender más. Ella fue aprendiendo de las mejores enfermeras en el hospital. También ella se involucró con asistir partos y ayudar a los enfermos antes de llegar el doctor.

Así fue cómo ella comenzó a estudiar para sus licencias como una «partera» ‹ Dolores Rodríguez Quiles se graduó como partera. Ella asistió a enfermeras y médicos en el hospital con el fin de ser certificada.

El hospital fue situado en el centro de Ponce, pero en el 6 de mayo de 1973 se trasladó a su actual ubicación en una nueva torre de 10 pisos en el lado norte del "by pass "en Ponce. La ubicación original de Damas, como les informe se llama el actual hospital, es ahora el hogar de Parque Urbano Dora Colón Clavell.

Dolores siguió teniendo pacientes. Ella siempre quería ser libre por eso no le importaba casarse. Pues su último compañero fue Chito Lugo. Procrearon dos niños hermosos Constancia Rodríguez su hijo, Ramon Lugo.

Como los anteriores, ese hombre se fue. Lo curioso fue que Don Chito le dio el apellido al varón, a Ramon Lugo. Lo más grande, que todavía no lo puedo creer, fue cuando Don Chito Lugo se enfermó, lo cuido su hija, Constancia.

Hoy, estamos todos juntos celebrando su cumpleaños Dolores cumplió 100 años. Mi bisabuela miró a todos nosotros. Ella estaba feliz de ver a sus hijos, nietos, bisnietos, y demás familiares y dijo: "Mira lo que empecé, esta hermosa familia. Estoy tan orgullosa de ser parte de sus vidas."

Empezó a contarnos sus historias...

Mamá Dolores nos contó de su vida artística. Ella cantaba y bailaba en el "Juan Francisco Sabater Night Club". Ella trabajaba allí sólo los fines de semana, porque ella estaba cuidando de los enfermos durante la semana.

A veces digo que mi bisabuela nació antes de su tiempo. Mamá Dolores tenía la habilidad de convertirse en una gran doctora. Ella también asistía a el doctor que venía a la comunidad una vez al mes.

Una tarde, mientras esperaba para el médico, Dolores decidió escribir en su diario que fue lo que hizo durante el día. Ese informe se lo tenía que entregar al médico cuando llegue a visitar a sus enfermos.

Pues comenzó escribiendo una cura para las úlceras de estómago. Ella explico cómo la "Yerba mora", una planta cultivada en todo Puerto Rico puede curar cualquier virus estomacal.

Le cuento esto porque había un hombre que se quejaba por más de una semana sobre de un dolor en su estómago. Dolores le dijo que tenía que hacer. Le explico cómo hacer un l té de la planta verde. Ese té tenía que endulzarlo con miel.

Cuando el doctor llegó a visitarlo, el dolor se había desaparecido. El médico le informó que fuera al hospital para algunos análisis. Él lo hizo y fue diagnosticado libre de virus o úlcera estomacal.

Mamá Dolores era un ángel. Ella no le cobraba a nadie por sus servicios. Sólo les deseaba una buena salud. Hay tantas historias sobre esta maravillosa mujer.

Mamá Dolores vivió en Puerto Rico durante la época española y durante la invasión de los americanos...

Mama Dolores vio muchos cambios en esta hermosa isla...

Durante las tres primeras décadas después de la invasión americana, el gobierno de Estados Unidos hizo esfuerzos para americanizar su nueva posesión, incluyendo conceder la plena ciudadanía de los Estados Unidos a los puertorriqueños en 1917 y teniendo en cuenta una medida que haría el idioma inglés oficial de la isla.

Además, durante la década del 1930, un movimiento nacionalista dirigido por el Partido Popular Democrático ganó amplio apoyo en toda la isla, y más asimilación de Estados Unidos se opuso con éxito.

En 1948, los puertorriqueños puedan elegir a su propio gobernador.

En el 1952, el Congreso estadounidense aprobó una nueva Constitución de Puerto Rico que hizo a la isla una Commonwealth Autónoma de Estados Unidos, con sus ciudadanos conservar la ciudadanía americana.

La Constitución fue formalmente adoptada por Puerto Rico el 25 de julio de 1952, el 54 aniversario de la invasión de Estados Unidos.

Los movimientos de la estadidad de Puerto Rico, junto con menos movimientos por la independencia de Puerto Rico, han ganado seguidores de la isla.

Sin embargo, los referéndums populares en 1967 y 1993 indican que la mayoría de los puertorriqueños todavía apoyan su estatus especial como un estado libre asociado de Estados Unidos.

Mamá Dolores me decía las diferentes formas en que los americanos y españoles gobernaron a esta isla. También me dijo acerca de nuestros antepasados. Fue tan triste escucharla. Lágrimas fueron rodando por sus mejillas mientras me contaba cómo ella lo tenía todo y como lo había perdido todo por el cambio de gobierno...

MAMA DOLORES RODRIGUEZ QUILES gracias por todos tus consejos. Qué lástima que no viste los logros que yo estoy reliciando...

Mi bisabuela murió a los 110 años, en Julio 10, 1972.

CAPÍTULO 25

El Proceso de la Vida

En el siguiente, voy a explicar;

1.   «¿Qué es el proceso de la vida?»
2.   Poemas dedicados a mi madre querida---Digna Morales Figueroa
3.   La relación envejecimiento y enfermedad...

El proceso de vida

Muchas personas no quieren enfrentar el hecho de que están envejeciendo. Envejecer es sólo un proceso y debe ser apreciado.

Cada año se celebramos el cumpleaños. Un cumpleaños es el proceso de envejecimiento. Muchos dañan este proceso al no cuidar de su salud. Cuando comen bien o hacen ejercicio correctamente, están cuidando el proceso de la vida.

El envejecimiento es un proceso natural de la vida. Comienza el momento que nacemos. Curiosamente, la mayoría de nosotros vivimos bajo la ilusión que nosotros y nuestros seres queridos nunca van a hacer viejos.

Cuando llega la vejez, a menudo no estamos preparados. Los jóvenes ayudan a cuidar al viejo. Aquellos que necesitan ser atendidos por primera vez, pasan un tiempo fuerte porque no aceptan que necesitan ayuda. Esta condición es un producto de nuestra cultura que hace todo lo posible para ocultar la pérdida de la juventud.

Esta es la realidad. Es el comienzo de una relación sana de la vida, envejecimiento y después la muerte.

Dementia

Madre querida, estaba tratando con demencia
Fueron tiempos difíciles
Tu estabas atrapada en las paredes de la prisión
Esa prisión era tu mente....
Tú la mujer inteligente....
Ya no existía....

La Historia de Mi Madre

La tranquilidad después de la tormenta. Llovía en Ponce y ahora está tranquilo. El agua escurre por el tubo y las gotas todavía están salpicando.

Estoy relajada. Dormí bien, mejor que cualquier noche durante las últimas semanas. Un cálido resplandor, una paz interior me llena. Estoy contenta y muy feliz. He decidido mudarme con mis padres...

En enero del 2011, me mudade con mis padres. Mi Madre estaba muy feliz con mi decisión.

Tenía un efecto extraño de saber que mi madre tenía Alzheimer. No entiendo por completo lo que el doctor me estaba diciendo, pero tras el primer choque de la noticia, hubo un momento de tristeza y miedo.

Luego, sentí una repentina ola de paz y serenidad cuando comencé a conseguir un montón de información acerca de la enfermedad.

Tratar ayudar a mi madre con esta enfermedad no era fácil. Mi papá también está muy enfermo de diabetes, problemas cardíacos, artritis y muchos otros problemas médicos que vienen con la edad.

Él estaba allí en la misma casa, pero no fue de mucha ayuda. Tengo hermanos que creo que no les importa. Muchas veces llamé a mi hermana y ella no dijo nada acerca de venir a Puerto Rico para darme una mano. Yo tenía un trabajaba a tiempo completo y no fue fácil ir a trabajar con una sonrisa.

Yo era instructora en la Guardia Nacional de Puerto Rico y siempre hice mi trabajo. Me reportaba a mi trabajo a tiempo. Nunca con excusas que tenía que cuidar a mis padres.

Muchas veces llegue a mi casa del trabajo y encontraba mi papá en el piso. Mi mamá lloraba porque no sabía lo que estaba sucediendo. Estaban todo el día sin comer a pesar de que le deje comida en la nevera.

Después de ese incidente, decidí retirarme. Fue una decisión triste, pero mis padres siempre fueron primeros en mi lista.

Los primeros signos de que algo andaba mal con mi madre eran fuertes. Ella se enojaba mucho. Se iba a casa de los vecinos sin decir nada. Luego, se perdía caminando por calles familiares.

Su primer pensamiento después de ser diagnosticada con esa enfermedad fue no hacer nada. Solo quería estar sentada como un vegetal.

"Puedo comenzar a vivir mi vida porque no me estoy muerta," ella me dijo en la sala una tarde. Yo me sorprendí y segui hablando con ella.

Toda mi vida cambiada después de que me mudé con mis padres. Me aseguré estar siempre a su lado cuando ella iba a ver a su médico.

Su doctor de cabecera me dio una lista de especialistas. Eran todos muy serviciales. Nos convertimos en un equipo. Su médico de atención primaria fue el mejor. Me dijo un día que, si otros cuidaran padres así, estarían en mejores condiciones.

Irónicamente, existen ventajas en la enfermedad de Alzheimer. Mi madre se enfocó más en lo que era importante. Permaneció en contacto con todo el mundo que le encantaba. Al principio, tenía miedo de lo que podrían decir sus amigos. Siempre estuve ahí con un poco de humor, y respondieron con su apoyo.

Ella todavía tenía muchos altos y bajas, que ella no admitia. Esta enfermedad nunca me dejó de no llevar a mi mamá de compras o un baile.

De hecho, en sus buenos tiempos, ella estaba haciendo planes sobre las próximas fiestas o eventos en familia. El medico estaba contento con algunos de los avances que mi madre estaba haciendo.

Por desgracia, quiero señalar que, la incidencia de los aumentos de la enfermedad de Alzheimer pasa por la edad. Aproximadamente la mitad las personas que alcanzan los 80 pueden padecer de Alzheimer. Estadísticas de la Asociación de Alzheimer confirman este hecho.

"Esta catástrofe se podría haber evitado, con más investigaciones. Hay una respuesta por ahí.

Por ahora, solo tenemos que esperar. Tenemos que prepararnos con cualquier información. Hace toda la diferencia estar preparados y planificar el resto de la vida de cualquier persona.

Yo me preparare; mental, física, emocional y espiritualmente, para poder ayudar a mi madre. Ella está consciente en sus días bueno de lo que estaba pasando.

Tan pronto como comenzó su medicación, detuvo el progreso. En cuanto a la función cerebral, en relación con el mundo, ella todavía estaba en el rango normal, porque yo comencé a supervisar su comportamiento.

Mi madre hacia ejercicios con su mente jugando dominó con mi papá y yo. Ella ejercitó su cuerpo haciendo zumba.

Mi madre, la madre de tres, abuela y bisabuela, todavía hizo sus tareas. Ella no se pierde nunca más cuando visita a sus vecinos.

Ella me decía «es extraño, pero desde que me diagnosticaron con Alzheimer, he hecho una gran diferencia en mí para lo mejor.

¿Ella me preguntaba "me voy a morir? ¡Y entonces me decía, Y qué!" Estoy lista...

Ella me confeso, "Cuando era más joven, estaba siempre esperando o alcanzar diversos objetivos en la vida, en lugar de vivir en el momento".

Ella siempre me decía que yo era la razón de estar viva. No hubo nunca un momento aburrido cuando yo estaba con mi madre...

Mi querida madre murió el 16 de diciembre del 2013 a la edad de 83. Echo de menos a mamá y a veces me siento como si ella está todavía conmigo. Cuando eso pasa, me sonrió y sigo haciendo mi rutina diaria...

Actualmente estoy jubilada y disfrutado la vida. Mi papá todavía vive conmigo. Se le han ido todos sus dolores. Vamos a caminar todos los días. Siempre lo tengo ocupado. Está comiendo muy sano. ¡A los 88 años, mi papá se ve muy bien!

Poemas para Mí querida Madre

LA DESPEDIDA DE MI QUERIDA MADRE

DIGNA MORALES FIGUEROA

25 de agosto del 1930-16 de diciembre del 2013

El alba llegó cuando estaba a tu lado...
Aunque estaba preparada,
Fue fuerte comprender que tu mi madre querida
Tu espíritu, el soplo, tu alma,
Habían volado alto esa tarde
Del 16 de diciembre del 2013
Te quedaste para siempre dormida.
Siempre estuve a tu lado...
Yo en tu cuarto con mi padre.
Como siempre solitos contigo.
Tú quieta, inerte, para siempre dormida.
Cerrando tu boquita, acariciando tus manitas,
Mi padre y yo te abrazamos para cubrirte toda.
El llanto, la tristeza larga, el hueco y el vacío,
El dolor que se apodero de tu cuerpo y mente,
Nublando los pensamientos para convertirte
En un ser frustrado e impotente.
La noche nunca se acababa
Escondida detrás de la luna gimiendo
Los días que siguieron fueron todas pesadillas,
Mi llanto se hizo lluvia torrencial,
Mi voz quejándose de espanto,
Sonido de quebranto,
Mi pluma callada,
Y todos los te quiero que muchas veces te dijiste
Vinieron como ecos
A resonar constantes en mis oídos.
Madre te has marchado, aunque estaba preparada
No estaba lista para tu partida
Madre te fuiste dejándome desolada,
Como explicarte mis suspiros por ti
Las veces que me llamaste

y yo siempre estuve todo el tiempo para escucharte.
Nunca estuve apurada con mis proyectos
Nunca estuve ocupada con mi trabajo
Tú siempre fuiste primero...
Esa tarde del cielo bajo de una nube blanca
De algodón y caramelo,
Un ángel bello vestido de mujer.
Vino a secar mis mejillas de las lágrimas,
Que por ti lloraba madre querida.
Y un desesperante cosquilleo en mi cuerpo
Hizo el recorrido sutil de tus dedos amorosos
Tocaste mi rostro, me tomaste las manos,
y tu voz ronca me repetía:
"no tengas nunca miedo,
Siempre estaré a tu lado".
Tus manos que fueron las primeras manos
Que me tocaron cuando nací,
Tus manos que siempre me acariciaron con ternura
Que solo tiene una madre,
Tu compasión por mi dolor
Cada vez que llorando te contaba
Lo duro del camino, y todo lo que tenía que afrontar.
Cuantas veces tus manos cansadas acariciaron con ternura
Mi rostro de niña
Cuantas veces me dijiste "tú puedes"
Tus versos maravillosos como los del mejor poeta
Encontraron refugio en mis letras,
Ahora que haz partido reparaba tantas cosas
Que no había acaso comprender.
Madre mis noches se han hecho largas y solitarias
Madre no tengo a quien contarle muchas cosas,
Empiezo a caminar a tu cuarto
Y entonces recuerdo que ya no estas...
Te extraño tanto, tanto...
Me haces tanta falta
Eres irremplazable.

Y ahora aprenderé a buscarte
En los ojos de mis hermanos,
Y de tus nietos,
Podre encontrarte en mis sueños,
Reconocer tu fragancia,
Recuerdos que están guardados
Para siempre en el huerto de mi alma.
Y otra vez la niebla de la noche
Cubrirá mis ojos tristes y cansados,
Y al contemplar el cielo
Al temblar mi frágil corazón partido
Te buscare en las nubes blancas.
Y pasaran muchos de años
Muchos de días, miles de noches.
Y te seguiré buscando en los recuerdos,
Pasaran muchas de noches en que dormida
Iremos de compras a las tiendas,
Al cine, y a la playa,
Cantaremos muchas canciones,
Cocinaremos juntas, y discutiremos,
Y haremos todas las cosas
que hacen las madres Con sus hijas.
Y volveremos algún día a estar juntas
Como cuando me cargabas en tu vientre.
Emprenderé cuando el tiempo me llegue
El vuelo que me acerque a tu lado
Estaremos juntas por fin
Madre e hija,
En paz, amor y armonía
Donde habitan nuestros sueños
Y residen nuestros más fervientes anhelos
Hoy descansas plácida al lado de mi abuela Ceferino
Tu madre...Mi hermano Julio y demás familiares,
Ustedes pueden escuchar nuestras voces
Y en la copa de un árbol celestial llevas
Tu piano con negras, blancas y corcheas

Que se funden en nuestras almas,
En la más hermosa melodía angelical.
Un concierto de sonrisas
Contagiando a las aves
Que emigran a donde levita
La inocencia de las mariposas invernales
y la luz brillante
De nuestras amadas estrellas.
Junto a muchos niños vestidos de blanco
Bonitos y angelitos celestiales
Bailando y perfumando todo,
Lo que sentimos tus tres hijitos por ti madre,
Que es tan cristalino y puro.
Hoy, 20 de diciembre del 2013...
En esta tarde triste de despedida,
Te queremos decir madre querida,
Que estamos destrozados y desgarrados
Por el dolor de tu partida,
Tú nos haces falta,
Todos juntos te prometemos
Convertirnos en hombre y mujeres Justos,
En hermanos amorosos y unidos.
Te llevare conmigo el resto de mi vida
Y sé que en la puerta del cielo
Nos estarás esperando....
Tu hija
Normy

Madre

Madre, fuiste mi fiel
Compañera y confidente
Incluso, en los momentos más difíciles
Siempre estuviste a mi lado
Usted dedicó su vida a cuidar
Y proveer para sus cuatro hijos

Tanto física como emocionalmente.
Siempre sabía cómo
Ayudarnos a superar nuestros problemas
Y prosperar a pesar de todas
Las situaciones que enfrentamos.
Tu amor es irremplazable,
Que hizo perder a la muerte una increíblemente
Experiencia dolorosa

Mi Querida Madre
DIGNA MORALES FIGUEROA

Cuando levanto la mirada hacia el cielo
Veo pájaros volando, veo nubes,
La luna, posiblemente el sol
Puedo describir muchas cosas...
Cuando levanto la mirada hacia el cielo
Te voy a contar lo que veo
Y te veo a ti, mi querida madre
Tú me está hablando
Tú me dice que no querías dejarme
Pero era el momento de tu partida
Fue difícil para ti
Pero lo tenía que hacer
y estás rompiendo tu corazón
Tú me dice que no debo estar triste
Porque finalmente, eres libre
Para encontrar tu lugar en el cielo
Tú siempre estarás en mi corazón
Estas ahí para guiarme cuando me siento perdida
Tu siempre estarás allí para consolarme
y para limpiar mis lágrimas
Tú siempre estará allí para compartir mi alegría
y reírte de los chistes que hago
Con el fin de sentir tú presencia
Yo sólo uso un poco de imaginación

Tú puedes estar en forma de una mariposa
o simplemente una pluma flotante
En diciembre 16, del 2013,
Muchos vinieron a decir su despedida
Pero para mí no era adiós
sí quiero verte, lo único que tengo que hacer
Es mirar hacia el cielo...

GRACIAS A MI QUERIDA MADRE

DIGNA MORALES FIGUEROA
agosto 25, 1930- diciembre 16, 2013
Yo pienso en ti cuando veo una flor,
Las olas del mar y su gran profundidad,
Eres un poder escondido, y muy hermosa.
Cuando sale el sol y cuando es hora de dormir,
Tú recuerdas siempre yo mantengo...
Muchas gracias, querida madre.
Pensaré en ti cuando veo la salida del sol,
Y cuando las nubes corren por el soplo de las brisas,
Luego, como los días finales del color muere,
Mis pensamientos, vienen
Y mi amor por ti crece más profundamente,
Gracias, querida madre.
Pensaré en ti cuando veo un árbol,
Y flores en el jardín…
Tú, que amabas tanto tu familia;
Era evidente, si,
Tú siempre sanabas nuestras heridas
Cuando nos caemos…
Muchas gracias, mi querida madre.
Creo que, cuando veo las estrellas por la noche,
Sus grandes extensiones en el espacio,
Veo a ti mí ángel brillando,
Tú tiempo en la tierra fue tal gracia
En mi corazón tienes un lugar especial

Gracias a ti, querida madre.
Pensaré en ti cuando tengo algún dolor,
Tantos años que usted cuido la casa,
Tantas cargas pesadas y trabajo por hacer,
Bajo tus alas crecimos rápidamente.
Gracias a ti, querida madre.
Creo que como me estoy poniendo vieja,
Mi cabello se cambia poco a poco,
Su valentía me ha hecho fuerte,
Lista siempre para enfrentar mis miedos,
El temor de la noche,
tu amor y dulces recuerdos
Me traen deleite.
Gracias, mi querida madre.
Creo que cuando llegue mi tiempo…
De ir a mí casa en el cielo,
Tú me estarás esperando
Nuestra verdadera familia
Estará allí esperándome contigo,
La suave influencia crecerá siempre,
Dejaste un legado precioso,
Para ayudarnos alcanzar nuestro destino.
Gracias, querida madre.
Te amo Madre querida…

Madre Querida
DIGNA MORALES DE PAGAN

Hoy es el día de la madre y te fuiste al cielo...
Recuerdo ese día claramente...
Estabas tranquila como siempre
Y no me diste ninguna advertencia...
Sólo una dulce sonrisa...
Nunca me dijiste "Me voy" no dijiste adiós
Un millón de veces te necesite,
Un millón de veces lloré

Y usted siempre estabas ahí...
Sé que algún día...
Estaremos juntas otra vez...
Si estuvieras aquí hoy,
estuviéramos preparando todo
Para celebrar el dia de las Madres...
Hoy, estoy sola y lo único que puedo…
Decirte es te amo mamá,
Nunca te olvidare madre querida

Nunca Te Olvidare

Lejos están aquellos días
Cantando alegre y Jugando con mis hermanos...
Tus primeras caricias,
Madre mía,
Que, desde niña, alegre me ofreciste
Nunca me olvidare...
En el cofre de mi corazón guardo
Aquel ramo de besos que me diste.
Extraño esos dulces consejos...
Extraño también tus regaños
Que tantas veces me diste...
Tú eres la encarnación de la belleza,
El perfume de todos los jardines
Nunca te olvidare, madre mía

CAPÍTULO 26

Mi Hermana

Mi querida hermana Adelin que amo con todo mi corazón… ¿Qué puedo decir de ella? Bueno, como cualquier familia normal, crecimos rodeados de padres adorables. Mi hermana es más joven que yo, pero siempre compartimos todo.

Cuando crecimos, seguimos compartiendo y estamos más juntas que antes. Nosotras hablábamos de chicos y amigos en general. Cuando llegó la hora de elegir una escuela secundaria, mi hermana fue a la misma que yo, Prospect Heights H.S. en Brooklyn, New York.

Yo la aconsejaba mucho. Ella era una niña muy dulce. Era lo contrario a mí. Supongo que yo era como una madre para todos mis hermanos.

Recuerdo una vez cuando una muchacha vino a nuestro bloque en Brooklyn. Ella estaba llamando a mi hermana. Mis padres no estaban en casa. Adelin bajo y se enfrentó con esas muchachas. Una de ellas era mucho mayor que nosotras. Ella vino para pelear. Yo estaba mirando todo por la ventana. Enseguida comencé a correr por las escaleras. Quería conocer a esa muchacha.

Esta joven vino aléjale algo a Adelin. Comenzó diciendo que dejara el novio de su prima. Le dije que eso a ella no le debe imputar. Mi hermana no tenía la culpa de que el novio de su prima ya no la quería.

Bueno, ¿adivinen qué? Ella se acercó mi hermana. Es cuando me puse bien enfurecida que me convertí en una niña anormal y lunática. Le advertí que no se acercara a mí hermana. Ella no escucho.

Mientras tanto, las otras muchachas alrededor del bloque vinieron adelante. Les dije que yo tenía todo controlado, pero que se quedaran cerca por si acaso necesitaba su ayuda.

Adelin sólo estaba allí llorando. Tomé un palo y comencé a darle golpes a las dos niñas. Las dos muchachas no podían defenderse. Estaban golpeadas gravemente. Se quedaron en el suelo por un tiempo. Dejé de luchar con esas niñas, se fueron sin decir una palabra.

Cuando la lucha terminó, nos fuimos a la tienda de la esquina para un helado. El dueño nos dio batidas gratis porque sabía que esas muchachas eran problemáticas. El bloque entero me felicito y las dos perdedoras se fueron a la calle de Bonds con su ropa rota y su cabello desordenado...

Ocurrieron un montón de situaciones donde tuve que ayudar a mi hermana. Yo siempre estaba allí... Las cosas no eran diferentes como adultas...

En la siguiente, verás que unidas estamos...

Yo siempre pensé que mi hermana y yo éramos parte de un plan celestial hecho por Dios...

Es fácil decir que una persona tiene una ventaja seria en la vida si provienen de una familia amorosa. Muchas personas todavía tienen éxito a pesar de que proceden de situaciones familiares menos que ideal.

Por nuestras necesidades básicas y saber que nuestros padres nos amaban, fue mejor para afrontar todos los retos de la vida cotidiana. Era mucho más fácil enfrentar cualquier obstáculo cuando estábamos creciendo.

Mi hermana y yo estábamos siempre buscando cosas diferentes para ayudar en la casa. Mi mamá no sabía cómo manejar simple problema. Ella lo único que nos decía era que teníamos que esperar a que nuestro padre llegara de trabajar. Nos cansamos de esa respuesta; por lo tanto, tomamos nuestras propias decisiones sin que lo supiera.

Realmente creo que Dios nos organizó en nuestra familia para que podamos crecer en felicidad y seguridad. A veces pienso que hemos aprendido amarnos unos a los otros desinteresadamente. Fue la clave para la verdadera alegría.

Nuestros vecinos no se sorprendieron cuando nos graduado de la secundaria con honores y seguimos estudiando en la a la universidad.

Mis hermanos y yo tuvimos un sueño. Ese sueño se hizo realidad. Fue terminar nuestra educación y prepararnos para el futuro.

Nuestra familia siempre fue primero. Tal vez fuimos uno de los afortunados que fueron criados en un hogar feliz y seguro con dos padres amorosos.

Es probable que, como adultos, quisiéramos el mismo ambiente feliz para nuestras familias. Hoy en día, vivir pacíficamente en una familia no es fácil. Para nosotros, los valores de la familia fueron número uno.

Los valores nos enseñaron por nuestros padres fortalecieron nuestra familia. Muchas personas que han vivido desastres nunca dicen, "Todo lo pensaban durante el terremoto fue como sobrevivir y en sus familiares".

Cuando crecíamos, nos hicimos una promesa y era siempre nos íbamos a ayudar uno al otro. Incluso, nadie se atrevía a molestarnos porque estuvimos ahí cada uno para el otro.

A veces nos hizo creer éramos actores en una especie de un película. Cada uno tenía un papel especial en nuestra película imaginaria. Analizamos todas las responsabilidades que cada uno de nosotros teníamos. Todos pusimos mucho esfuerzo para fortalecer nuestra familia.

Digo esto porque nos mudamos a Nueva York y mis padres no estaban realmente listos para sobre vivir allí. Las cosas eran muy complicadas en esa ciudad. En Puerto Rico, mis padres lo tenían todo. Siempre ayudábamos a nuestros padres por mantener un hogar tranquilo. Nunca nos quejamos de nada. Mi hermana y dos hermanos me ayudaron poner primero la necesidad la familia.

Nunca pedíamos juguetes ni ropa. Los cuatro aprendimos a reciclar a un muy joven. No nos importaba lo que tenían nuestros amigos. Nuestra casa era nuestro club y por eso era todo perfecto.

Recuerdo una Navidad que le dijimos a nuestros padres que éramos felices solo con gorras y guantes como regalos. Le prometí a mi hermana y hermanos que iba a guardar cada centavo para comprar lo que realmente queríamos sin que nuestros padres lo supieran. ¿Adivina qué? Lo hicimos bien. Ya que estábamos tan bien en la escuela, empezamos un negocio. Le dije a Papa John que necesitábamos una maquinilla para escribir nuestros trabajos de escuela.

Empecé a escribir los reportes de libro. Mi hermano Papo hizo la cubierta. Julio hizo ciertas escrituras y mi hermana juntaba todos los papeles. Hicimos un par de dólares semanalmente. Teníamos tanto dinero que compramos abrigos de cuero y botas. A veces Papa John querría que les prestáramos dinero. Por supuesto que se lo dimos, pero con intereses.

Cuando crecimos, nuestros hermanos se separaron un poco, pero mi hermana y yo seguíamos juntas…

El día de mi boda, mi hermana fue la que me dio el dinero necesario para la recepción. Ambas pagamos todo el evento. Incluso, le compramos a mi madre su vestido, zapatos y accesorios. Pagamos el alquiler del tux de mi padre.

Un par de años más tarde, mi hermana se casó. Una vez más ambas pagamos todos los gastos. Nunca molestamos a nuestros padres con nuestros problemas ni con gastos monetarios. Mi papá sólo pagaba las cuentas necesarias de la casa.

Si mi madre necesita algo, mi hermana y yo estábamos allí para comprarlo. Mi madre nunca pidio mucho. Mi padre estaba siempre contento porque él no tenía que darle nada a mi madre.

Cuando nos casamos, seguimos cuidado de nuestros padres. Se mudaron para Puerto Rico y por correo le enviamos paquetes y dinero…

Ya mi hermana se jubiló. Está viviendo muy feliz en Myrtle Beach, SC. Yo vivo en Puerto Rico con mi padre, pero hablo con mi hermanita tres o cuadro veces al día.

Lo más increíble es cuando ella se siente mal. Yo la llamo y le pregunto que le paso. A mí me duele si ella se caí. Si está contenta, también lo siento. Es bien extraño lo que nos pasa. A veces creo que somo como gemelas.

Ella y yo nos seguiremos ayudando, pero yo me sentiré mejor si ella se muda para mi casa en Puerto Rico.

CAPÍTULO 27

La Capilla del Cristo

La leyenda de la Capilla del Cristo dice que se fundó para honrar un milagro.

Esa leyenda, paso para los años 1750 más o menos, se había efectuado una carrera de caballos a lo largo de la calle Del Cristo.

Uno de los participantes no pudo detener su caballo y se cayó por el barranco.

Don Tomas Mateo Prats, era el secretario de gobierno para aquel tiempo. El invocó al Santo Cristo de la Salud y el joven que cayó por el barranco se salvó.

Por agradecimiento al Santo Cristo de la Salud, Don Tomas Mateo Prats ordenó construir la Capilla.

La verdad, no es esa. Estudios recientes hechos por Don Adolfo de Hostos confirman que el joven que cayó por el acantilado, si murió. Y que Don Tomas Mateo Prats ordenó erigir la Capilla para evitar tragedias futuras.

CAPÍTULO 28

El Pirata Cofresí

La nave "Ana," navegando de bolina y orza este, cuarta al nordeste, pueblo punta Borinquen e hizo frente a las embravecidas ondas del mar del Norte, dejando las tranquilas aguas del noroeste de la ensenada de Aguadilla.

"Aferra el freno y afloja foque y mayor", gritó Cofresí al segundo de a bordo; y echémonos mar afuera a ver si tenemos hoy buena fortuna a barlovento.

Las órdenes del pirata se cumplieron estrictas y la ligera nao empezó a navegar velozmente con todo su aparejo a vela llena. Las ondas se rompían impetuosas en su proa y azotaban con sus espumas blanquizcas la cubierta del barco. Las cuadernas de la goleta crujían de vez en cuando. Detrás iba quedando una estela de lechoso espumajo hirviente.

El horizonte estaba límpido, el cielo azul, y el brisote frescachón que soplaba del este estaba fijo. La isla se iba perdiendo de vista. De cuando en cuando una gaviota pasaba graznando sobre la embarcación: parecía un pañuelo blanco arrojado en el espacio.

"Pilichi", dijo Cofresí al grumete, con soberbio ademán, "vé a mi camarote y tráeme el anteojo. Me parece divisar algo en lontananza".

Y el arrogante marino ponía la mano horizontal sobre las cejas, como una visera, para enfocar bien su mirada de águila y escudriñar las lejanías del mar. Recibido el catalejo lo tendió diestramente y, cierto de lo que presumía, por sus ojos fulguró un relámpago, y gritó al contramaestre con voz llena de fanfarria.

"Hazte cargo del timón, Galache, que tenemos enemigos a la vista".

Era un brick danés que conducía mercaderías de Nueva York a San Thomas. Para tal época esa isla, con su puerto franco, era un depósito de grandes aprovisionamientos de telas, ferretería y artículos de lujo traídos de Europa y Norte América para surtir las Antillas y Venezuela.

Cada vez se distinguía más claro el confiado buque mercante. Cofresí pasó al entrepuente de delantera e hizo en su presencia cargar el cantero de bronce con un monedero de pólvora y abundante metralla.

Después se certificó que estaba fuerte el montaje de la cureña y firmes las gualderas. Entonces marchó a parte posterior donde reunió su gente, llamando a cada uno por su nombre, y les dio sus instrucciones.

Revisó duramente machetes y cuchillos. Hizo traer más armas blancas y ordenó ponerlas en un sitio especial en el espacio cerca del palo del gancho. Tranquilamente se puso a amolar, con sumo cuidado, su hacha de atropello.

La gente del barco, al divisar el velero, izó la bandera perra en señal de saludo. La velera "Ana" izó bandera de muerte, es decir, la bandera negra de los piratas. El brick ya no podía huir y afrontó el peligro.

El velero era muy ambulante y se habla apropiado directamente al enemigo. El barco estaba lleno en su carga. Su tripulación comprendió que tenía que verse con un barco pirata.

Pronto la borda del brick fue ocupada por diez rifleros alineados que hicieron fuego de fusilaría. Eran malos tiradores. Las balas atravesaron el velamen de la "Ana" y algunas se incrustaron en la obra muerta del casco.

Entonces las armas de fuego no eran de repetición; de modo que mientras las cargaban de nuevo los tiradores del barco, la velera se puso a doscientos pies de distancia y le lanzó una descarga de metralla con el pedrero de parte anterior.

El ruido del cañón impresionó a los marineros del brick y antes que pudieran disparar por segunda vez sus rifles, ya la "Ana" estaba al abordaje, apretada al buque contrario por costado.

Cofresí, hacha en mano, seguido de los suyos, saltó ágil y veloz al buque abordado y atacó cuerpo a cuerpo a los defensores del brick. Estos no estaban preparados para un combate al arma blanca.

Sonaron tres o cuatro tiros y quedó despejado el entrepuente. Los marineros del velero se refugiaron en las bodegas. Rápidamente se adueñó

Cofresí la nave dando muerte al piloto y a algunos marinos que quedaron sobre cubierta.

Después cerraron los huecos y quedó preso bajo cubierta el resto de la tripulación del brick. El capitán perro estaba junto al palo de mesana, en un charco de sangre, con la cabeza abierta de un hachazo.

Los cadáveres fueron arrojados al mar y empezó el fraude de la sobrecubierta. En seguida se despojaron las bodegas con suma precaución y se sujetaron bien los presos que iban apareciendo.

Luego de desojaron la nave se le dio perforación, y se desamarró el pirata para verlo hundirse. El brick dio una cabezada primero y se inclinó delante.

Después se fue sumergiendo poco a poco hasta que de repente desapareció bajo las aguas…

La "Ana" hizo entonces rumbo hacia la Isla, que se distinguía a sotavento, y manejó en demanda de punta San Francisco para ocultarse en Cabo Rojo.

El comercio de San Thomas estaba aterrado con los despojos de Cofresí. Por fin el gobierno de Washington intervino y dio orden al Consejo de castigar al pirata puertorriqueño.

Pronto llegó a conocimiento de Cofresí que un barco de guerra norteamericano había venido a ayudar a las autoridades de la Isla para capturarlo o destruirlo. Entonces abandonó sus excursiones por aguas del Atlántico y se pasó al mar Caribe.

Estando la "Ana" amarrada en el puerto de Bocas del Infierno, divisó en distancia una vela, y Cofresí con su velera nave salió prontamente a apresarla.

Pero esta vez fue por borra. Tan pronto estuvo a tiro de cañón recibió un balazo en el bauprés que le hizo comprender que se las había con un barco de guerra.'

No obstante, se le fue encima valentísimo y le hizo fuego de fusilería y cañón siendo recibido de igual modo. Viendo la superioridad del contrario viró de redondo y a todo trapo emprendió la huida. La goleta, descalabrada, izó la escandalosa sobre los cangrejos para escapar mejor, utilizando el viento de parte posterior que le soplaba.

Cofresí se puso al timón porque la "Ana" era una nave de buen gobierno y muy veloz, y dirigió la goleta paralelamente a la costa, bojeando el sur y burlándose de sus perseguidores hasta que la embarrancó en un bancal diestramente.

Echados un bote y una chalana al agua ganaron los piratas la playa, librándose del buque de guerra que no pudo alcanzarlos, ni maniobrar con sus botes por aquellos sitios inabordables.

Ya en tierra dividió Cofresí su gente en dos grupos, dándoles por punto de reunión la playa de Cabo Rojo. Antes enterraron lo que pudieron salvar de la "Ana." Cada grupo bien armado emprendió la fuga por distinta vía.

Como las Milicias Disciplinadas estaban patrullando por aquella costa, pronto los dos grupos tuvieron que batirse y abrirse campo a sangre y fuego, volviendo a subdividirse, fatigados y jadeantes, hasta que acosados por la caballería tuvieron que rendirse a sus perseguidores. El jefe pirata fue cogido después de reñida refriega, todo cubierto de heridas.

Roberto Cofresí y Ramírez de Arellano, natural y vecino de Cabo Rojo, era un joven altivo, de veintiséis años, robusto, valiente, audaz y de bravo aspecto. Unido a quince compañeros de la piel del diablo, eran el terror de estos mares antillanos con sus piraterías.

Para satisfacer a la vindicta pública y asegurar el reposo y tranquilidad de estas islas, fueron pasados por las armas en la mañana del 29 de marzo de 1825.

Un gentío inmenso presenció el horroroso espectáculo en el Campo del Morro. Un destacamento del Regimiento de Infantería de Granada formó el cuadro para conservar el orden.

Una descarga cerrada de un piquete de tiradores, a una señal sigilosa convenida, hizo que once de aquellos desgraciados pasaran a la eternidad. Los otros habían muerto en los combates sostenidos con las Milicias.

Satisfecha la curiosidad y llena de pánico esparció se la muchedumbre conmovida. Las tropas volvieron a sus cuarteles a redoble de tambor. Los cadáveres mutilados por la justicia humana quedaron expuestos al público por veinticuatro horas para escarmiento de malhechores.

Los hermanos de la Caridad, que no comulgan con el odio social, previo permiso del Gobierno, dieron sepultura a aquellos cadáveres en el cementerio de Santa María de la Magdalena.

Así terminaron el valiente Cofresí y sus intrépidos compañeros de correrías piráticas.

CAPÍTULO 29

Leyendas Misteriosas de Puerto Rico

Mi abuela siempre nos leía cuentos de Reinaldo Ríos. El dio a conocer varias leyendas urbanas de misterio que son poco conocidas en la isla.

En Lajas: Además del tema conocido de los ovnis, existe la Llorona, pero entre otras menos destacadas, el Unicornio azul, aparentemente visto en la Sierra Bermeja por un grupo de visitantes.

El Pie Grande (Bigfoot), que es legendario en zonas frías, en lo largo de la carretera 303, donde ubica la Ruta Extraterrestre se reporta esta criatura por parte de visitantes, probablemente sea que se ve en una dimensión paralela.

El Garadiabolo, aparente pez demonio o extraterrestre visto por primera vez en La Parguera en 1976.

Sabana Grande: Las almas en pena de fallecidos cerca de las instalaciones del Santuario de la Virgen, para muchos son espíritus que rondan buscando luz.

Guánica: Además de la Gárgola en la Central Azucarera, está la Pera, que es una luz que se presentaba en las noches y según narraban, tenías que salir corriendo sin mirar hacia atrás, porque te perseguía.

La novia de blanco de la cuesta de Josefina, que en la época colonial era una joven que se disponía a ir a la iglesia vestida de novia, se mata y al caballo relinchar, varios ciudadanos indican haberla visto. En el fuerte Capron, Castillo de origen español se sienten cadenas arrastrándose lo que muchos piensan se trate de los esclavos de la colonización.

Yauco: El Soldado decapitado que algunos indican sale precisamente cerca de donde el alcalde de Yauco, Abel Nazario, colocara las cámaras de tránsito, a lo largo de esa carretera.

El Ahogado que aparece cerca de los puentes de la represa en los barrios yaucanos. La Chica de la discoteca que alegan pide pon en las carreteras para asistir a las discos y una vez baila con el chico le lleva una prenda de ropa la cual aparece días después sobre lo que sería su tumba.

Guayanilla: En un barrio conocido se habla del hombre sin cabeza en un caballo, se oyen cadenas rodar.

Peñuelas: La luz rodante que era un Ovni que aparecía en las noches y otros asociaban con las apariciones marinas.

Mayagüez: La Comedia, maestra que se veía en una estructura que fue escuela de la época de inicios de 1900 donde menores iban en las noches alrededor de la escuela, y gritaban, "la Cometiza" refiriéndose a una maestra fallecida que alegaban se comía las tizas.'

Los Duendes mágicos, donde ciudadanos que tienen caballos con la cola grande dicen que en las mañanas aparecen sus animales sin cola, o en rizos.

San Germán: La Sangrona, una manera de llamar a una joven fallecida en las carreteras que solo sale pidiendo pon y dinero, donde seguido a ello su objetivo era inspirar el miedo a que se matara en la carretera los transportistas.

San Juan: El Comecogoyos, similar al aparente chupacabras oriundo de El Yunque. La Sirena Gris, cuentan navegantes que en los barcos de la colonización traían mujeres bonitas rescatadas en el mar para mestizarlas con los colonos.

Otras aún poco estudiadas que varios pueblos reclaman son: el jacho, el chupacabras, los poneros, y los guardianes de cementerios.

CAPÍTULO 30

Leyendas urbanas al estilo Boricua

En Puerto Rico, todos conocen el cuento de la Llorona, de las gárgolas y hasta del chupacabras y es que, a partir de diversos hechos reales, los residentes en cada municipio han desarrollado una serie de leyendas que son repetidamente divulgadas hasta convertirse en parte de la cultura popular del país. Metro consultó al ufólogo en temas sobrenaturales Reynaldo Ríos para que nos hable sobre el tema.

La Llorona

Existen diversas historias en torno a la Llorona. Según Ríos, es la historia de "una mujer que ahogó a sus hijos y arrepentida clamaba al cielo que la perdonara". El ufólogo destacó que el relato de la Llorona es muy conocido en países de Latinoamérica, como México y Guatemala.

Chupacabras

De acuerdo con Ríos, la historia del chupacabras viene desde la época de los taínos. "Hemos investigado y los taínos dibujaban una figura grotesca", destacó Ríos sobre la criatura que supuestamente se chupa la sangre de los animales y se ha visto en municipios como Moca y San Sebastián.

La gárgola

La leyenda de la gárgola surge de diversas querellas reportadas a la Policía sobre avistamientos de un pájaro gigante, informó Ríos, quien especificó que se le puso el nombre de gárgola por identificarlo de alguna forma. "Según mi investigación, se ha reportado en Guánica, Guayama, Cayey y Toa Baja", expuso el experto.

Desde finales de 2019, más de dos mil sismos han sacudido a la isla de Puerto Rico, generando caos y dejando a miles de personas sin hogar. Aunque los expertos aseguran que la cantidad y la frecuencia de los temblores ocurridos no es usual, es cierto que Puerto Rico está ubicado dentro de una zona sísmica, en la que dos placas tectónicas se mueven y se empujan unas a otras.

Sin embargo, el autodenominado ufólogo, Reinaldo Ríos, tiene otra explicación para estos devastadores fenómenos naturales. Se trata de una explicación tan descabellada que lo tuvimos que reconocer como el Genio Memorable de la semana.

La cuesta de Josefina

Según Ríos, esta leyenda surgió en Guánica, específicamente en la carretera 111 en dirección a Lajas. "Se dice que había una muchacha que corría a caballo vestida de blanco; el caballo relinchó, y ella cayó de espaldas y murió", sostuvo el ufólogo, quien relató que los ciudadanos alegan ver el celaje de la difunta.

La aparecida

El experto en fenómenos sobrenaturales afirmó que en Yauco se registró un suicidio de una mujer que se lanzó de un puente en el área de la represa de ese municipio y que personas que han transitado por la vía alegan que en las noches la mujer se les aparece.

Objeto volador no identificado

En 1988, se registró el avistamiento de un objeto volador no identificado (OVNI) en la carretera 111 en Cabo Rojo. Según Ríos, luego se indicó que era "aparentemente un avión del Ejército".

Sin embargo, luego del incidente se ha registrado un magnetismo mayor en la zona, aseguró el ufólogo.

CAPÍTULO 31

Cuentos en los caminos de Puerto Rico

Josefina

Josefina era una muchacha sencilla que había crecido bañada por las aguas del malecón de Guánica, Puerto Rico.

Su tez morena y sus negros rizos tenían cautivados a todos los hombres del pueblo. Pero Josefina, que había sido criada con la dureza de su abuelo, nunca había aceptado los piropos de cualquiera que quedara enamorado de su belleza taína.

Era una muchacha dulce, gozaba del cariño de los chiquillos del barrio que al verla pasar corrían a sus brazos para lo cual Josefina siempre tenía un cargamento de besos en pago.

Guánica era para entonces, un pueblo con pocos habitantes, la mayoría pescadores que pasaban las horas tirando sus redes mar adentro o disfrutando de algún trago en el malecón.

La serenidad de las aguas del malecón atraía a Josefina cada tarde. Solo alguna risa proveniente del bar rompía momentáneamente aquel dichoso retrato.

Recostada en la baranda, Josefina fue interrumpida por Dionisio, el hijo de uno de los importantes industriales de la región. Este sabiendo su facilidad para enamorar mujeres, se acercó al oído de Josefina y le dijo con franqueza: "Tu belleza es el único tesoro que me falta".

Josefina se sintió ofendida por la actitud machista de Dionisio y se alejó sin mirarlo. Esta acción incendió el deseo lúbrico del hombre, que se propuso en ese momento conquistar el amor de Josefina a cualquier precio.

Los meses pasaban y Josefina, no consentía ante ningún avance de Dionisio. El cegado por el capricho de poseerla no desistía. Sin embargo, Josefina ya había abierto su corazón a un humilde pescador llamado Saul.

El joven había conquistado a Josefina sin mayor esfuerzo, quizás porque el olor a salitre que preparaba su piel le recordaba a Josefina la belleza del mar.

Dionisio no tardó en enterarse de los amoríos de Josefina y al llegar a su conocimiento la noticia de que Josefina se casaría con Saul, sintió que su corazón se llenaba de odio hacia ella.

Transformado su capricho en el más negro desprecio, recurrió a un brujo negro de la región para que evitara el casamiento. El brujo le dio la solución más sencilla:

"Esta noche, cuando la luna llena se levante sobre tu cabeza llevarás al camino de la iglesia a tu caballo más querido y allí le cuchichearás al oído: Llévate para siempre a Josefina", luego, harás un corte en la oreja a la cual murmuraste. Antes de que la luna aparezca la siguiente noche deberás enviar a un peón a venderle el caballo a Saul a un precio razonable".

Así ocurrió esa noche y el caballo fue puesto en manos del ingenuo Saul al siguiente día. Pensó el enamorado que aquel decidido caballo sería un hermoso obsequio para su futura esposa.

No tardó mucho en entregarle a Josefina el caballo blanco ataviado con flores de flor del naranjo, como un regalo de bodas. Ella totalmente sorprendida por aquel hermoso obsequio le prometió a Saul llegar al siguiente día a la iglesia montada en el caballo blanco.

Llegado el día de la boda, Josefina se vistió con un sencillo vestido blanco que le había obsequiado su abuelo. Puso en su larga cabellera negra una flor de jazmín y unas botas gastadas para poder montar sobre su caballo.

De inmediato, emprendió su marcha hacia la iglesia del pueblo, era el día más feliz de toda su existencia. Las personas del pueblo aplaudían al ver pasar a la novia más enamorada del mundo.

A pesar de tanta felicidad, Dionisio la miraba con odio desde la entrada de su casa. Llegada al camino de la iglesia, fue entonces cuando él murmuró para sus adentros "Llévate para siempre a Josefina".

Accionado como por un disparo letal, el caballo se levantó violentamente sobre sus patas traseras y lanzó a Josefina sobre el pavimento. Su cráneo golpeó el suelo salpicando de rojo la flor de azahar que adornaba su cabeza. La luz en los ojos negros de Josefina se extinguió para siempre: había muerto.

El pueblo entero lloró a la hermosa novia que nunca llegó al altar. Se dice que Dionisio, arrepentido por lo que había pasado, ese día se ahorcó en la rama de un flamboyán. Todos pensaron que Dionisio se había quitado la vida invadida por la tristeza del rechazo de Josefina...

Relato creado por: Yolanda Rivera Matías

"La carretera que va de Guánica a Lajas, el tramo de la PR 116 que pasa justo de la cantera ha sido bautizada como la cuesta de Josefina, y es que cuenta la leyenda que a principios del siglo 19 cuando apenas la transportación era más en caballos, una tarde una joven iba vestida con su traje de novias montada en su caballo rumbo al altar de la iglesia rumbo a Ensenada.

El caballo relincha y ésta cae abruptamente de espaldas con su vestido de novia impactando el suelo muriendo al instante.

Desde ese instante fue bautizada la zona como la Cuesta de Josefina y es que en dicho trayecto las anécdotas son desde que oyen a altas horas de la noche un caballo relinchar poco usual en ese sector que los haya a esas horas, o hasta el desplazarse de celajes de una mujer vestida de blanco".

CAPÍTULO 32

El Chupacabras

El término chupacabras hace referencia a un críptido legendario, que se describe como un ser que ataca a animales de diferentes especies en zonas ganaderas o rurales.

El mito tuvo su origen en Puerto Rico en 1995, y desde entonces se han reportado diversos supuestos avistamientos en lugares tan lejanos a la isla como Maine y Chile.

Inclusive provenientes de países fuera del continente americano, como Rusia y Filipinas. La mayoría de los informes de avistamientos provienen de América del Norte como México y en América Central y América del Sur, especialmente en países como Costa Rica, Bolivia, Ecuador, Argentina, Brasil, Puerto Rico, República Dominicana, Honduras, Nicaragua, Colombia, Guatemala, El Salvador, Panamá, Perú, Chile, Uruguay, Venezuela, Paraguay y algunas zonas del Sur de Estados Unidos.

El nombre proviene de los supuestos hábitos hematófagos de la criatura, del que se cree que ataca a animales domésticos, especialmente cabras, succionando toda la sangre del cuerpo del animal. Las descripciones físicas de la criatura varían, pero comúnmente se describe como una criatura pesada, del tamaño de un oso pequeño y con una hilera de espinas abarcando desde el cuello hasta la base de la cola.

La gran mayoría de los supuestos avistamientos han sido descartados o nunca han podido ser confirmados debido a la falta de pruebas. En el caso de los supuestos avistamientos ocurridos en el norte de México y el sur de los Estados Unidos, se ha verificado repetidamente que las criaturas identificadas como chupacabras son en realidad perros u otros animales enfermos de sarna.

Biólogos y oficiales de manejo de vida silvestre describen al chupacabras como una leyenda urbana contemporánea.

La descripción más común del chupacabras es la de una criatura parecida a un reptil, de piel coriácea o escamosa, de color gris verdoso con manchas negras y de espinas afiladas a lo largo de la espalda y unos enormes ojos rojos que brillan en la oscuridad.

Se describe como un animal que mide entre un 1,20 a 1,50 metros de altura, y que al estar de pie o saltar guarda cierta similitud con un canguro.

La descripción actual del chupacabras es la de una raza extraña de perro salvaje. Esta variante es descrita comúnmente como carente de pelo y con una columna vertebral pronunciada, de cuencas oculares inusualmente profundas, colmillos y garras.

Se dice que la chupacabras vacía completamente de sangre, y en ocasiones de órganos, a sus víctimas, normalmente a través de tres agujeros en forma de un triángulo invertido.

Los primeros reportes de ataques ocurrieron en marzo de 1995 en Puerto Rico, cuando ocho ovejas domésticas fueron encontradas muertas, cada una con tres heridas punzantes en el área del pecho, por las que aparentemente había sido succionada toda la sangre del cuerpo.

Algunos meses después, una testigo declaró haber visto a la criatura en el pueblo puertorriqueño de Canóvanas, afirmando también que alrededor de 150 animales domésticos habían sido encontrados muertos.

Poco después de los reportes de Puerto Rico, empezaron a surgir reportes de muertes de animales en circunstancias supuestamente similares provenientes de otros países, como República Dominicana, Argentina, Bolivia, Chile, Colombia, Honduras, El Salvador, Nicaragua, Panamá, Perú, Brasil, Estados Unidos, Ecuador y México.

La creación del término chupacabras ha sido atribuida al comediante y empresario puertorriqueño Silverio Pérez, quien lo acuñaría al poco tiempo de haberse publicado los primeros incidentes.

El libro Journey to the Polar Sea, escrito por Sir John Franklin en 1823, dice: "Los melancólicos sonidos que se oyen en las silenciosas noches de verano, y que la ignorancia de los hombres blancos considera como los gritos del chupacabras, goat-sucker en inglés, son realmente, según mi informante, un indio, los lamentos de estos infelices seres" refiriéndose a los espíritus de determinados muertos.

Según esto, el mito del chupacabras tiene al menos doscientos años de antigüedad y fue llevado a América por los europeos.

Una investigación realizada por el autor Benjamin Radford llegó a la conclusión de que la descripción dada por la testigo original en Puerto Rico, Madelyne Tolentino, se basó en la criatura "Sil" de la película de ciencia ficción Species.

De acuerdo con el autor Scott Corrales, la criatura Sil es casi idéntica a la descripción de la chupacabras hecha por Tolentino, y supuestamente la testigo habría visto la película antes de reportar el avistamiento.

Corrales explica también que Sil y el chupacabras comparten varias características físicas, incluyendo las espinas de la espalda.

Radford concluyó que "la descripción más importante del chupacabras no es fiable". Este problema afecta seriamente la credibilidad del chupacabras como una criatura real.

Adicionalmente, los reportes de que a las víctimas se les había succionado la sangre nunca fueron confirmadas por una necropsia, la única manera de confirmar esta conclusión.

Un análisis realizado por un veterinario a 300 supuestas víctimas del chupacabras encontró que no habían sido desangradas.

Al parecer, los testigos interpretaron la falta de sangre en alguna área con una extracción de esta, cuando otra explicación puede ser que el animal que atacó a la víctima no mordiera una arteria principal, o que esta se desangrara internamente.

Radford dividió los reportes del chupacabras en dos categorías:

Los informes de Puerto Rico y Latinoamérica, donde a los animales se les ataca y, supuestamente, la sangre se les extrae. Los informes en Estados Unidos de mamíferos, la mayoría de los perros y coyotes afectados por sarna, a los que la gente llama chupacabras por su aspecto extraño.

Coyote con sarna, una explicación del posible origen del mito del chupacabras.

A finales de octubre de 2010, el biólogo Barry O'Connor, de la Universidad de Míchigan, llegó a la conclusión de que todos los informes de los chupacabras en los Estados Unidos eran coyotes infectados por el parásito Sarcoptos sabe, el ácaro de la sarna, cuyos síntomas podrían explicar la mayoría de las características del chupacabras: poco pelaje, piel gruesa y olor intenso.

O'Connor determinó que los ataques se produjeron "porque esos animales estarían tan debilitados que les resultaría difícil la caza. Por lo tanto, podrían verse obligados a atacar al ganado, más fácil que cazar un conejo o un ciervo".

Aunque varios testigos llegaron a la conclusión de que los ataques no podían ser obra de perros o coyotes porque la víctima no había sido devorada, dicha conclusión no es correcta.

De acuerdo con expertos, tanto perros como coyotes pueden matar una presa y no consumirla, ya sea por inexperiencia, lesiones o dificultad para matarla. La presa también puede sobrevivir al ataque directo, pero morir luego por hemorragia interna o un choque circulatorio.

La presencia de dos agujeros en la presa, correspondientes a colmillos, son de esperar ya que esta es la única manera que la mayoría de los animales carnívoros terrestres tienen de atrapar a su presa.

Cronología de los supuestos avistamientos 1995-1999

Los reportes de supuestos avistamientos de la criatura proliferaron a mediados de la década de los 90 en varios lugares Nayarit comenzaron a aparecer decenas de animales mutilados, así como en otros lugares de México, el sur oeste de los Estados Unidos y en China. Los primeros reportes provenientes de Puerto Rico sumaban más de 200 en el año de 1995.

2000-2010

En abril de 2000, en la ciudad minera de Calama, en el norte de Chile, se informó de un centenar de animales de corral desangrados o mutilados de forma muy extraña, situación que se mantuvo hasta casi finales de 2002.

Pronto se produjo una serie de denuncias recogidas por la prensa sensacionalista, provenientes de otros sectores del país, aunque nunca se pudo concretar nada extraordinario. Un campesino mató una huiña, provocando atención internacional, y otros confundieron el feto de un monito del monte con este ser. Surgió un mito urbano sobre que una supuesta misión de la NASA habría llegado al país para estudiar el fenómeno.

Tras muchas especulaciones los estudios terminaron indicando que los ataques solo se debieron a perros: "Tanto las huellas de pisadas como de pelos indicaron que eran perros domésticos".

En la primera mitad de 2002 se encontró ganado vacuno mutilado en varios puntos de Argentina, en la zona comprendida entre las provincias de Río Negro y Santa Fe.

Si bien se percibían ablaciones de los aparatos reproductivos de los animales, los medios asociaban los hechos con el fenómeno chupacabras o con ritos de sectas satánicas.

Pasó muy poco tiempo para que el Servicio Nacional de Sanidad y Calidad Agroalimentaria, SENASA, concluyera que las mutilaciones fueron llevadas a cabo por zorros o ratones hocicudos.

En julio de 2004, un ganadero mató a una criatura parecida a un perro sin pelo, a la que descubrió atacando a su ganado, cerca de San Antonio, Texas.

El animal, inicialmente nombrado la Bestia de Elmendorf, fue identificado más tarde como un coyote con sarna sarcóptica, luego de que su ADN fuera examinado por la Universidad de California en Davis. En octubre de ese mismo año, se encontraron otros dos cadáveres en la misma área. Biólogos de Texas examinaron muestras de ambos cadáveres y pudieron determinar que también se trataba de coyotes enfermos de casos muy severos de sarna.

En el Condado de Coleman, Texas, un granjero llamado Reggie Lagow capturó a un animal con una trampa que había montado después de que algunas de sus aves de corral habían aparecido muertas. La apariencia del animal fue descrita como una mezcla de perro sin pelo, rata y canguro.

Lagow puso el animal a disposición de oficiales a cargo de los parques y la vida silvestre de Texas para ser identificado, aunque más tarde declaró en una entrevista con John Adolfi que se había deshecho de la criatura dos días después de haberla encontrado.

A mediados de agosto de 2006, una mujer llamada Michelle O'Donnell, de Maine, fotografió a un extraño animal al lado de una carretera. O'Donnell recordaba haber visto al mismo animal rondando cerca de su casa una semana antes, y su esposo describió al mismo como una mezcla entre un roedor y un cánido.

El animal había sido aparentemente atropellado por un auto y no era identificable. Originalmente se informó que el cadáver había sido destruido por los buitres antes de que los expertos pudieran examinarlo, pero más tarde, oficiales de vida silvestre lograron tomar una muestra de ADN, pudiendo determinar que se trataba de un híbrido de lobo y perro.

En agosto de 2007, una mujer llamada Phylis Canion fue informada del hallazgo de los restos de un animal de apariencia extraña en Cuero, Texas, en el exterior de la propiedad de una vecina.

Canion se había dedicado durante las últimas semanas a intentar fotografiar o filmar una supuesta criatura extraña a la que creía responsable de la muerte de alrededor de 30 de sus gallinas a lo largo de varios años.

Canion también afirmó haber visto a tres criaturas similares a los restos descubiertos. Luego de fotografiar los restos de la criatura, Canion contactó a un taxidermista para disecar a la criatura, a la que posteriormente comenzó a exhibir en su casa.

Después de que la noticia alcanzara notoriedad nacional, expertos de la Universidad Estatal de Texas San-Marcos se ofrecieron a realizar pruebas de ADN a la criatura.

El análisis resultó en la identificación de la criatura como un coyote.

Canion, no satisfecha, contactó entonces a expertos de la Universidad de California en Davis para un segundo análisis. En esta ocasión, los análisis determinaron que la criatura era específicamente un híbrido: una cruza de coyote y de lobo mexicano.

De acuerdo con científicos y especialistas en vida silvestre, este híbrido no es desconocido y ha sido estudiado antes. En cuanto a la apariencia extraña del animal, se cree que el animal sufría posiblemente de sarna, lo que puede explicar la piel entre grisácea y azul del animal.

El poblado de Cuero volvería a ser el marco de otro avistamiento un año más tarde, en agosto de 2008, cuando Brandon Riedel, ayudante de sheriff del Condado de DeWitt, filmó a un animal no identificable en callejones de esta ciudad, con la cámara del tablero de su patrulla.

El animal era del tamaño de un coyote, pero carecía de pelo y tenía el hocico largo, así como patas delanteras cortas y patas traseras largas. El sheriff Jode Zavesky, jefe de Reiter, sospechó que se trataba de la misma especie de coyote identificada por investigadores de la Universidad Estatal de Texas-San Marcos en noviembre de 2007.

El vídeo fue mostrado en abril de 2011 en un episodio de la serie de televisión Faked or Fake: Paranormal Files, del canal de televisión Syfy, en el que un equipo de investigadores intentó recrear el vídeo del tablero usando un caballo miniatura y un perro xoloitzcuintle. Ninguno de los animales de prueba usados parecía coincidir con la criatura del vídeo.

El equipo también examinó una muestra de ADN tomada del supuesto cadáver de una de las criaturas halladas por un granjero local e identificada más tarde como un híbrido de lobo y coyote.

En septiembre de 2009, CNN transmitió un vídeo en el cual se hacía un acercamiento a un animal muerto no identificado. El mismo reporte afirmaba que la gente local había comenzado a especular sobre la posibilidad de que se tratara de un chupacabras.

Un taxidermista del Condado de Blanco, Texas, afirmó que uno de sus antiguos estudiantes le había proporcionado el cuerpo del animal, el cual supuestamente había sido descubierto por un primo de ese estudiante en un granero, y que al parecer había muerto luego de ingerir veneno para roedores.

El taxidermista expresó creer que se trataba de una mutación genética de coyote.

En julio de 2010, se reportó que oficiales de control animal le habían disparado y matado a un supuesto chupacabras en el Condado de Hood, Texas.

Sin embargo, un oficial de control animal de este lugar afirmó que científicos de la Universidad de Texas A&M llevaron a cabo pruebas de identificación en el cadáver, determinando que se trataba de un híbrido entre coyote y perro, con señales de sarna y de parásitos internos.

Un segundo supuesto chupacabras, que fue abatido a algunos kilómetros de allí, fue devorado por buitres antes de que pudiera ser recuperado para ser sometido a pruebas.

El 18 de diciembre de 2010, en el Condado de Nelson, Kentucky, un hombre llamado Mark Cothren le disparó y mató a un animal al que no pudo reconocer. Se tomaron muchas fotos de la criatura y la historia fue recogida por varias organizaciones de noticias.

Cothren describió a la criatura de orejas largas, bigotes, una cola larga y del tamaño de un gato doméstico. Cothren dijo haber hablado con el Departamento de Recursos de Pesca y Vida Silvestre de Kentucky, a quienes supuestamente entregó el animal para análisis posteriores. Supuesto chupacabras encontrado en la carretera estatal de Florida.

El 4 de julio de 2011, Jack Crabtree, de Lake Jackson, Texas, declaró haber visto a un supuesto chupacabras en su patio trasero. En un principio, Crabtree se mantuvo firme en su teoría original del chupacabras, pero después de que su historia fuera publicada por el periódico local y de que varios reporteros de otros medios reprodujeran la historia unos días más tarde.

Crabtree cambió de parecer rápidamente y aceptó la explicación de los expertos de que la criatura era probablemente un coyote con sarna, agregando que se había tratado de una broma que nunca creyó del todo. Su historia fue relatada por CNN y MSNBC.

El 15 de julio de 2011, la policía local logró capturar a la criatura que Crabtree había visto, y los expertos pudieron confirmar que se trataba definitivamente de un coyote con sarna.

En 2012 en Loma Hermosa, en Tepic, varios habitantes reportaron haber visto a una criatura pasar a gran velocidad por las calles del barrio.

A principios de septiembre de 2013, una familia de la ciudad de Rosario, en la provincia de Santa Fe, Argentina, reveló a los medios que poseía el cadáver de un animal pequeño que había sido hallado en la localidad de Vera, norte de Santa Fe, al cual no podían identificar.

Algunos habían relacionado con el mítico chupacabras. Tras la difusión de la noticia, el profesor Jorge Martí, jefe de Museología y Taxidermia del Museo de Ciencias Naturales Dr. Ángel Gallardo de Rosario, examinó el ejemplar y determinó que se trataba de un gato naturalmente momificado.

El 7 de septiembre de 2013, el canal de noticias FOX 2 News de San Luis, Misuri, publicó en su sitio web un reporte acerca de dos avistamientos. En el primero, una mujer había avistado a un "animal parecido a un pequeño perro gris" cerca de la puerta principal de Old Lake Hill Speedway en la misma ciudad.

Una semana antes, un cazador afirmaba haber matado a un chupacabras mientras cazaba mapaches. El Departamento de Vida Silvestre de Misisipi determinó que en este caso también se trataba de un perro con sarna.

Una pareja tejana que habitaba un rancho en el Condado de Victoria, relató a los medios haber disparado y matado a un chupacabras en su propiedad en la tarde del 23 de febrero de 2014.

Un biólogo de vida silvestre que trabajaba para el Departamento de Parques y Vida Silvestre de Texas habló también con los medios, rindiendo la siguiente declaración: "He visto ardillas, mapaches y coyotes de las mismas características en esta área.

El chupacabras es una criatura mítica que la mayoría de las personas ve, pero realmente se trata de sarna sarcóptica, la que es ocasionada por un ácaro que muerde a un animal. Este solo puede tratarse de un mamífero: perros, gatos, coyotes, zorros; y existe una versión de la cual los humanos también pueden contagiarse."

El 3 de abril de 2014, otra pareja tejana afirmó haber capturado a un chupacabras en Ratcliff, Texas, el 29 de marzo del mismo año.

Benjamin Radford, de Livescience, sugirió que el animal se trataba de un mapache afectado por sarna sarcóptica.

Leyendas parecidas

Una popular leyenda de Nueva Orleans hace referencia a un callejón popular entre las parejas de enamorados llamado Grunch Road, del que se dice está habitado por "grunches", criaturas de apariencia parecida a la del chupacabras.

En Filipinas, otra criatura legendaria llamada "Sigbin" comparte mucha de las descripciones del chupacabras. El descubrimiento de un gato-zorro en el sureste de Asia sugiere que los avistamientos de esta criatura podrían ser atribuidos a este animal, que permaneció sin descubrir por mucho tiempo.

CAPÍTULO 33

En la Cultura Popular

La popularidad del chupacabras ha dado como resultado la aparición de la criatura en diferentes medios de comunicación.

Al menos una novela de misterio publicada toma aspectos del mito como tema central de la trama.45 Otros tipos de libros incluyen aquellos que ofrecen una explicación científica del fenómeno.4647

Es el tema de la película de terror Guns of El Chupacabra, 1997, protagonizada por Scott Shaw y Julie Astrain.

Ed Lavandera,48 corresponsal de CNN, lo describe como "el Pie Grande de la cultura latinoamericana", y afirmó que "el chupacabras también simboliza el miedo a algo que no existe".

Luego del incidente en Cuero, Texas, la popularidad del mito del chupacabras recibió atención mundial. Phylis Canion, responsable de capturar al supuesto espécimen, aseguró haber enviado camisetas destacando el evento a lugares como Italia, Guam e Irak.

La publicidad que recibió la ciudad de Cuero luego de este evento ha llevado a algunos a sugerir que se cambie la mascota del pueblo. En julio de 2008 el programa Monster Quest, del canal History, presentó los restos hallados en Texas, y luego se determinó que pertenecían a un híbrido entre perro y coyote.

El grupo colombiano de merengue Los Bárbaros lanzó en 1995 su canción "El Chupacabras".

El grupo de rock galés Super Furry Animals incluye una canción llamada "Chupacabras" en su álbum Radiator de 1997.

La banda de rap chilena Tiro de Gracia lanza en 1997 su canción "Chupacabras", donde se le compara con superhéroes como Batman, Superman y Aquaman. ¡El sencillo fue incluido en el álbum Ser Humano!

En el capítulo 45 de la segunda temporada de la serie animada El laboratorio de Dexter, transmitido el 29 de octubre de 1997, el niño genio crea accidentalmente

'La Chupacabra', una criatura que devora todo a su paso y que se las arregla para llegar a Sudamérica. Dexter y DeeDee viajan hasta allí para encontrarla y detenerla.

La mitológica criatura es el marco de la historia de "El mundo gira", capítulo 11 de la cuarta temporada de la serie de ciencia ficción The X-Files, estrenado el 12 de enero de 1997.

No obstante, las extrañas muertes ocurridas en el episodio resultan tener una causa distinta.

En la serie animada Scooby-Doo, ¡en el episodio "Scooby-Doo! and the Monster of Mexico", 2003, el Chupacabras es presentado como un Pie Grande mexicano. Los efectos vocales fueron realizados por Frank Welker.

Aparece en Chupacabra: Dark Seas, 2005, protagonizada por John Rhys-Davies, Dylan Neal y Chelan Simmons.

En la serie animada The Grim Adventures of Billy & Mandy el Chupacabras hizo una aparición en el capítulo 6 de la temporada 4, estrenado el 24 de junio de 2005.

En una edición especial de Los Cuatro Fantásticos de Marvel Comics, lanzada el 28 de diciembre de 2008, se presenta a un grupo de chupacabras como antagonistas.

En el DLC "Undead Nightmare" del videojuego Red Dead Redemption se indica que la criatura parece un cruce entre una hiena y un jabalí y que tiene una gran agilidad. Registran al Chupacabras como una criatura cazable en el desafío 5 de cazador de zombis.

El Chupacabras aparece en la serie de televisión Ugly Americans.

En 2014, la cuarta temporada de la serie de TV estadounidense Grimm dedicó su octavo episodio a esta leyenda latinoamericana, titulándole precisamente "Chupacabra".

Aparece en la selva de Darién, en la república de Panamá, en la cinta de terror y suspenso Indigenous, 2014, del director Alastair Orr y escrita por Max Roberts.

Forma parte de la trama principal en la película de animación mexicana La Leyenda del Chupacabras, estrenada en Estados Unidos el 14 de octubre de 2016 y luego en México el 21 de octubre del mismo año.

Se trata de la cuarta entrega perteneciente a la serie de películas de Las Leyendas.

La serie mexicana de terror Lo que la gente cuenta, de TV Azteca, le dedica un capítulo a la criatura.

En la película Chupacabras vs. El Álamo, aparecen un grupo similar a los de un coyote, atacando a cualquiera que tenga la mala suerte de salir de noche o provocarlos.

CAPÍTULO 34

La Novia Frustrada

La novia frustrada por no cumplir su sueño de ir al altar, y la llorona desconsolada en busca de su hijo perdido, son solo algunos de los personajes tenebrosos de muchos de nuestros pueblos.

En ruta hacia Isabela por la carretera #2, entrando por la carretera 113 –también conocida como la Cuesta del Caño- se divisa una escultura tallada en piedra del rostro de un indio.

El arte, inspirado en la gallardía del cacique Mabodamaca y la batalla de 1511 contra las tropas del español Diego Salazar, se utiliza como punto de referencia para ubicar una de las leyendas más notorias del pueblo y que nada tiene que ver con el guerrero personaje.

En realidad, se trata de una misteriosa mujer que suele aparecer cerca de la medianoche por el área, y a la que hacen referencia como la novia difunta del Caño. Dicen que su silueta aparece flotando por el área.

"Muchas personas dan fe de eso", responde Miguel "Mike" Mercado, original del pueblo costero. "Cuando uno entra por Isabela, se te aparece, como a las 11:00, de la noche", asegura, y aprovecha para narrar que toda gira en torno al típico cuento de la novia que no pudo cumplir su sueño de ir al altar.

"Días antes de casarse, ella y su novio se fueron para Quebradillas a bailar", narra, haciendo eco de relato difundido por años. De regreso, "tuvieron un accidente trágico por esa área, y mueren ambos.

Cuenta la leyenda que a esa hora de la noche, se aparece, vestida de novia, pidiendo pon para que la lleven a bailar. Muchas veces solo se le ve el torso. Otras veces, se ve completa".

Pero al parecer, el encantamiento no solo tiene que ver con su aparición, sino con la supuesta fuerza que ejerce para que algunos autos confronten desperfectos mecánicos en la estrecha carretera.

¿Pero usted la ha visto?

"Nunca. Pero hay mucha gente a la que, curiosamente, se les dañan los carros ahí mismo. A mí me pasó, precisamente como a esa hora. Se apagó. Pero cuando voy a intentar prenderlo de nuevo, entonces prende. El carro no falla en todo el camino, pero cuando llega ahí, empieza a parar. Eso les ha pasado a muchos".

Como esta, nuestra Isla cuenta con decenas de historias de apariciones que van pasando de generación en generación y que pasan a formar parte de nuestro libro de leyendas urbanas.

¿Los personajes más típicos? Las novias frustradas de no haber cumplido su ilusión de dar el sí, y las lloronas que vagan buscando a su hijo perdido.

¿Los lugares? Por supuesto, tramos solitarios a altas horas de la noche, donde difícilmente alguien pudiera escuchar un grito de auxilio.

CAPÍTULO 35

Las Almas Perdidas del Túnel

A principios de siglo XX, hubo un accidente de tren en el túnel de Guajataca, en Quebradillas, en el que murieron decenas de personas. Hay gente que asegura, hoy, que aparecen espectros de almas perturbadas, y que se escuchan voces dentro del túnel.

La Mujer del Cementerio

En el sector La Trompeta, por donde pasa una parte del lago Carraízo, se habla de una mujer que pide pon para que la lleven hasta el cementerio Buxeda. Luego, desaparece.

El bebé Siniestro

Dicen que en el puente Mavillas, en Corozal, cerca de la medianoche, se escucha a un bebé llorando. Según la leyenda, en el siglo pasado, un borracho que viajaba a caballo escuchó el llanto de la criatura y quiso descubrirlo para ayudarlo.

Presumió que lloraba por hambre, así que decidió mojar en el río un pedazo de pan que traía en su bolsillo, de manera que el bebé pudiera ingerirlo. Pero en su intento de darle de comer, se encontró con que el bebé tenía colmillos afilados y comenzó a reír macabramente. Se dice que el hombre dejó de beber tras el susto. Otros aseguran que esta leyenda tuvo lugar en la carretera #14 de Aibonito a Coamo.

El Jacho Centeno

Uno de los personajes más populares, y muy conocido por nuestros abuelos, es este.

Se trata de un campesino del centro de la Isla, algunos aseguran que de Orocovis, que vivió a mediados del siglo XX, y que solía pescar para alimentar a su familia.

Cargaba consigo una cruz de madera. Cuentan que una vez, de regreso a su casa en la noche, prendió un hacho, o 'jacho', como algunos lo pronunciaban, pero se consumió antes de que pudiera llegar a su residencia.

Así que, con el último fósforo que tenía, prendió la cruz, animoso por una "voz" que lo convencía a hacerlo. Dicen que logró llegar a su casa, pero pocos días después, enfermó y murió.

Como castigo por su falta, fue forzado a regresar a la tierra a buscar las cenizas de la cruz que quemó. Por décadas, residentes alegan haber visto a lo lejos resplandores en lo alto de la montaña que evocan al infortunado personaje porque su alma no descansa en paz.

La Dama del Baile

En la década de los setenta se difundió el caso de una joven en Yauco, otros ubican la leyenda en Aibonito, a la que un joven le ofreció pon, y que estaba parada cerca de un cementerio.

El muchacho le preguntó a dónde se dirigía, y ella dijo que a su fiesta de graduación. El joven accedió a acompañarla. Se dice que bailaron toda la noche y, luego, el chico le ofreció llevarla de vuelta a su casa.

Al despedirse, puesto que la sentía muy fría, le dejó su abrigo con la idea de buscar la prenda de vestir al día siguiente. Cuando el joven fue al otro día a la casa, lo recibió una señora mayor que le dijo que la persona que describía era su hija, pero había fallecido hacía unos años.

Le enseñó fotografías y el joven confirmó que era la misma muchacha. Cuando fue al cementerio para visitar la tumba de la mujer, encontró el abrigo sobre la lápida.

El fantasma de La Cadena

Hay quienes hablan sobre una persona, a veces hacen referencia a una mujer; en otras, a un hombre, que pide transportación en el tramo conocido como la cuesta La Cadena, entre Añasco y Aguada. Entra al automóvil y luego de varias millas, desaparece.

CAPÍTULO 36

La Cultura Indígena en Puerto Rico

Cuevas, senderos, tumbas y petroglifos cuentan la historia de los orígenes culturales de la Isla.

El pueblo taíno pobló la mayor parte del Caribe y algunos territorios adyacentes durante la era precolombina, mucho antes de la llegada de los españoles y otros a Puerto Rico.

Los indígenas de la Isla tenían un reino estructurado jerárquicamente, en el que cada yucayeque o pueblo tenía un cacique, líder, que gobernaba y guiaba a su clan.

Las naborias, o la clase obrera; los nitaínos, el subjefe; y los bohíques, que eran los sacerdotes y curanderos, siguieron a su líder y ayudaron a construir y mantener la estructura social.

Como parte de sus creencias religiosas, las deidades estaban muy presentes en la naturaleza. Por ejemplo, Yocahú fue su supremo creador.

Las tradiciones se conservaban a través de bailes ceremoniales o areitos y narraciones orales que se desarrollaban en el batey, que era la plaza ceremonial que también se utilizaba para los deportes. La población era muy hábil en la caza y la agricultura y fabricaba sus propios utensilios con madera o rocas talladas, mientras que la ropa o las hamacas se fabricaban con algodón.

Después de la llegada de los nuevos conquistadores a la Isla a fines del siglo XV, los indígenas fueron esclavizados y la mayoría de ellos murió por enfermedades o explotación.

A pesar de todo esto, los taínos dejaron un profundo legado en la cultura puertorriqueña. Los taínos llamaron a su hogar Borinquen, que significa "tierra del Señor valiente". Hoy en día, los habitantes de la Isla llevan con orgullo el título de Boricua, un homenaje a sus ancestros y cultura tradicional de la Isla.

La Ruta Taína es un recorrido informativo que destaca el papel que tuvo esta etnia en el patrimonio de Puerto Rico. De norte a sur y atravesando las zonas montañosas centrales, la ruta ofrece un vistazo a los centros ceremoniales, tumbas, cuevas y petroglifos de los taínos. En el camino, descubrirás que la contribución de los nativos al vocabulario, la cocina y las obras de arte de los locales es innegable.

Vistas espectaculares de la costa norte rodean esta cueva ubicada en una reserva natural en Arecibo, a 45 minutos de San Juan. Se cree que este era el lugar donde los taínos se reunían para alabar a sus dioses, por lo que no es de extrañar que tenga algunas de las concentraciones de petroglifos más altas de la Isla.

Es un sitio que es un poco difícil de consentir. Prepárate para caminar por senderos rocosos con algunos cambios de elevación para acceder a la impresionante caverna y los acantilados. Cuevas del Indio en Arecibo.

CENTRO CEREMONIAL INDÍGENA CAGUANA
Utuado

Uno de los sitios arqueológicos taínos más esenciales de la Isla y un verdadero testimonio del legado indígena se encuentra en el Centro Ceremonial Indígena Caguana en Utuado, a una hora y media de San Juan en la Cordillera Central de la Isla.

Los bateyes, 10 plazas, 21 petroglifos y utensilios elaborados por los taínos se pueden apreciar durante tu visita. También puedes explorar el río cercano y la reserva natural.

Mientras estés en Utuado, haz una parada para visitar el cementerio indígena Joya de Santana para observar las antiguas inscripciones en las piedras del río Jauca, o los petroglifos a lo largo del Río Grande de Arecibo, y echa un vistazo al monumento al cacique Don Alonso en la plaza pública del pueblo.

Centro Ceremonial Indígena de Tibes
Ponce

Continua por la ruta para hacer una parada en Ponce, a una hora y media de San Juan en el lado costero sur de la isla, en el Centro Ceremonial Indígena de Tibes, donde aún más detalles sobre la vida durante los Igneri, pre-Taíno, y las culturas taína están en exhibición en dos plazas ceremoniales y siete campos de pelota. Sepulturas, petroglifos y otros artículos como cemíes (figuras talladas de divinidades taínas), collares y navajas de piedra también forman parte de la exhibición.

PIEDRA ESCRITA EN JAYUYA

En medio del Río Saliente en Jayuya, a casi dos horas de San Juan en la región montañosa de la Isla, se encuentra uno de los petroglifos más admirados de Puerto Rico. La Piedra Escrita es una gran roca tallada que contiene muchos tipos diferentes de formas, como caras, espirales e incluso un coquí. Los visitantes pueden nadar y jugar en el agua, así como tener contacto directo con la roca. No hay tarifa y un área recreativa cerca del río está abierta durante todo el año.

SOL DE JAYUYA

Jayuya tiene muchas otras joyas taínas que no debes perderte durante tu visita. El Sol de Jayuya, que forma parte del Mural Tallado de Zamas ubicado en Cerro Puntas en el barrio Zamas, es uno de los petroglifos más antiguos y representa signos o símbolos religiosos como el dios del sol.

Mientras estés en la ciudad, haz una parada en el Museo del Cemí, una estructura en forma de cemí ubicada en el barrio de Coabey donde puedes disfrutar de muchas piezas arqueológicas prehistóricas, así como fotografías. La entrada al museo tiene un costo de $1 por persona y está abierto de 9:00a.m. a 4:00p.m. toda la semana.

CAPÍTULO 37

Jíbaro y Taíno de Puerto Rico

Las comunidades Jíbaro y Taíno de Puerto Rico buscan reconocimiento y retornar sus tierras ancestrales.

Las comunidades Jíbaro y Taíno no están reconocidas por el gobierno de Puerto Rico. Pero dos organizaciones dedicadas a preservar sus respectivas historias y tradiciones están trabajando para lograr reconocimiento como grupos indígenas, así como acceso irrestricto a sus tierras ancestrales.

Martín Veguilla es el líder del Consejo Taíno Guatu-Ma-cu-A Borikén, una organización sin fines de lucro dedicada a la preservación de la cultura Taína. La legislación actual de Puerto Rico no reconoce a ninguna organización indígena, por lo que el consejo está clasificado por el Departamento de Estado de Puerto Rico, como una organización religiosa, lo cual le permite realizar ceremonias espirituales y hacer presentaciones públicas.

Para llegar al Centro Ceremonial Indígena Caguana, en el pueblo de Utuado, se debe cruzar la región occidental de la cordillera central de Puerto Rico. Es un viaje caluroso y húmedo que conduce al otro lado de las montañas. Los únicos sonidos que se oyen son los trinos de las aves y el fluir del río Tanamá.

Pero allá, Uahtibili Báez Santiago dice que la tierra es sagrada. Báez es el líder del Movimiento Indígena Jíbaro-Boricua, una organización sin fines de lucro que educa a la gente acerca de la historia del pueblo Jíbaro en Puerto Rico. Báez señala que, según la historia oral que le han legado, la tierra en donde se encuentra el centro alguna vez les perteneció.

"Exactamente aquí. Era de nosotros, de nuestras familias", señala Báez. Hoy en día, estas tierras forman parte de un parque nacional gestionado por el Instituto de Cultura de Puerto Rico.

Uahtibili Báez Santiago camina por el Centro Ceremonial Caguana, en Utuado, Puerto Rico. Báez es líder del Movimiento Indígena Jíbaro-Boricua, una organización sin fines de lucro que educa a las personas acerca de la historia del pueblo Jíbaro en Puerto Rico. En el hombro, lleva parte del atuendo que usan los Jíbaros.

Como resultado de esto, el Movimiento Indígena Jíbaro-Boricua, un grupo de unos 200 miembros, debe solicitar permiso, con un mes de anticipación, para realizar prácticas espirituales tales como bautizos y otras ceremonias en este lugar. Por esta razón, el grupo está haciendo una petición al gobierno de Puerto Rico para que se reconozca el centro como un templo.

Pero para Báez y otros miembros del grupo, el reconocimiento es algo más que obtener acceso irrestricto a las tierras.

"Si reconocen que esto es un Templo pues entonces sí existimos indígenas" dice Báez. De acuerdo con los líderes del grupo, los Jíbaros y Taínos dos grupos distintos con lazos ancestrales con Puerto Rico, no están reconocidos actualmente como pueblos indígenas por el gobierno de la isla.

"Eso es lo que nos enseñaron a nosotros en El Movimiento Indígena Jíbaro-Boricua señala que desciende de antepasados Mayas Kan' Xibalo.

Los miembros del Consejo Taíno Guatu-Ma-cu-A Borikén, otra organización sin fines de lucro, dicen que descienden de los Taínos, una comunidad encontrada por Cristóbal Colón en sus viajes a América hacia fines del Siglo XV.

Ernie Xavier Rivera Collazo, profesor de historia y arqueología en la Universidad Interamericana de Puerto Rico, que funciona en la ciudad suroeste de San Germán, dice que muchas personas asumen que, en el país, los pueblos indígenas fueron exterminados durante la conquista española que comenzó en 1493.

La escuela" dice Rivera. Pero, pese a lo que dicen los libros de historia, Rivera señala que las pruebas arqueológicas muestran que los pueblos indígenas de la isla seguían resistiéndose al mandato colonial incluso después de 1700, lo cual contradice la idea de que fueron exterminados en el siglo XV.

Esa resistencia, dice Rivera, continúa actualmente con esas comunidades que buscan lograr autonomía en Puerto Rico.

Juan Carlos Martínez Cruzado, biólogo especializado en evolucionismo molecular, dice que un estudio que efectuó en 2002 reveló que 61% de los 800 puertorriqueños que participaron en este tenían ADN mitocondrial que confirmaba sus ancestros indígenas.

De acuerdo con Martín Veguilla, líder del Consejo Taíno Guatu-Ma-cu-A Borikén, la legislación actual de Puerto Rico no reconoce, actualmente, a ninguna organización indígena. El consejo está clasificado como una organización religiosa por el Departamento de Estado de Puerto Rico, para que el grupo pueda efectuar sus ceremonias espirituales y hacer presentaciones públicas.

Doris O'Neill Cruzado, que se identifica como abuela indígena Taína, lleva a cabo ceremonias para educar a las personas acerca de la cultura Taína. Para O'Neill, la falta de información en torno a la historia de los Taínos es culpa del gobierno por no reconocer la historia indígena del país.

Veguilla, a quien el consejo denomina <u>Cacike Caciba Opil Veguilla</u> que significa <u>jefe Piedra Sagrada del Espíritu</u>, señala que se ha logrado organizar una comunidad fuerte y comprometida para la preservación de la cultura Taína.

Añade que las conferencias que efectúa el grupo han ayudado a los esfuerzos para que se les devuelva algunos de los restos óseos de sus antepasados que actualmente están en manos del Instituto de Cultura de Puerto Rico, de modo que el grupo pueda enterrarlos con una ceremonia tradicional Taína.

Báez señala que <u>el movimiento Jíbaro</u> está trabajando actualmente con La Organización de las Naciones Unidas para la Educación, la Ciencia y la Cultura m, UNESCO, y la Iglesia Nativa de los Estados Unidos para convencer al gobierno a fin de que reconozca el Centro Ceremonial Indígena Caguana como un templo.

Báez indica que el grupo ha solicitado al Departamento de Educación de Puerto Rico que modifique el programa de estudios de historia para que se incluya la historia del pueblo indígena de la isla posterior al Siglo XV.

Báez espera que, mediante una mayor visibilidad de su cultura y defensa de su identidad, el grupo pueda lograr, finalmente, reconocimiento para poder recobrar sus tierras y autonomía.

"Nosotros queremos que sepan que es un país milenario, ancestral. Que la gente que vivimos aquí somos los descendientes ancestrales", dice Báez. "No nos extinguieron"

CAPÍTULO 38

Herencia de Los Taínos

En la cultura puertorriqueña existen muchas costumbres, vocabulario, objetos y expresiones de la vida cotidiana cuyo origen se vincula a la cultura taína.

Es evidente que los taínos y sus antecesores, que vivían en Borinquen, actual Puerto Rico, desde mucho antes de la intervención española en 1493.

Convivieron con la conquista y civilización española desde 1508, legaron múltiples elementos adoptados tanto por españoles como por africanos esclavizados que han sobrevivido el paso del tiempo, a pesar de la desaparición física del pueblo indígena.

La sociedad taína comenzó a desintegrarse tan pronto llegaron los españoles al Nuevo Mundo. Las enfermedades, el trato cruel que sufrieron en las minas de oro, las bajas producidas en confrontaciones con españoles y la emigración a islas vecinas, contribuyeron con la disminución de la población nativa.

Paralelo a eso se manifestaba el mestizaje entre indios, españoles y africanos. El censo de 1802 es el último que registra datos con una columna separada para indios, seguramente mezclados. Registra 2,300, desglosados en 200 hombres, 800 mujeres, 700 hijos y 600 hijas. Sin embargo, su herencia sobrevive en el espíritu de muchos habitantes de Puerto Rico y sus elementos culturales.

Durante el primer siglo de conquista y colonización, el español utilizó y adoptó una serie de conocimientos, hábitos y técnicas propios del indígena antillano.

Desde el primer viaje, Colón admiró las destrezas y conocimientos de navegación del indígena, incluso tomando a siete de ellos como guías.

El propio Colón escribió en su "Diario" que los indígenas antillanos eran de muy sutil ingenio. En consecuencia, los nautas antillanos fueron decisivos en los primeros años del descubrimiento europeo y la exploración.

La primera palabra americana incorporada al castellano fue "canoa", una embarcación indígena de remos, muy estrecha, que se convirtió también en medio de transporte para los conquistadores. Este tipo de embarcación se continúa utilizando en la actualidad -con diversos propósitos- mayormente en ríos y lagunas.

El colonizador español también aprendió las técnicas de pesca del taíno. Algunas de estas destrezas perduran hasta el presente, como el sistema de corrales en la desembocadura de los ríos.

El envenenamiento de ríos o lagunas con una planta llamada "baiguá". El zambullirse para sacar caracoles como el lambí, llamado también carrucho, o el burgao. El uso de redes o tarrayas; y las nasas colocadas como trampas en el mar.

Las técnicas agrícolas del taíno fueron utilizadas y adoptadas rápidamente por los colonos españoles, y han pasado, a través de los años, hasta los campesinos de hoy.

El sistema de roza y quema, eliminar la parte aérea de la vegetación penetrando apenas la tierra, o el hecho de talar árboles y malezas para luego quemarlos y despejar terrenos, fue traído por los indígenas antillanos de Suramérica.

El conuco era una porción de tierra ubicada cerca de las viviendas que el taíno utilizaba para el cultivo; esta práctica perdura aún. Otra técnica utilizada hasta finales del siglo XVI fue la del cultivo por montones, es decir, la siembra sobre montículos de tierra.

Este sistema fue tan común que los españoles lo establecieron como medida de superficie terrestre. De los instrumentos agrícolas taínos solo subsiste la coa, unos palos tostados que se utilizan como azadas; con ellos se abría la tierra para sembrar granos, plantas o tubérculos.

De los productos agrícolas, el pan casabe, de yuca, fue la mayor aportación taína. El pan de yuca sustituyó al pan de trigo. El colonizador se acostumbró a él, al no poderse cultivar el trigo en el clima tropical. Por ser un producto no perecedero, era el alimento básico en los barcos que partían de las Antillas.

El europeo también consumió otros productos autóctonos que aún son parte integral de la dieta del puertorriqueño, como la batata, la yautía, el maní, el mapuey, el algodón, el lerén, el ají, el achiote y el maíz.

Otra planta que se difundió ampliamente por Europa fue el tabaco. Ante la gran demanda que hubo por esta hoja, fue uno de los principales productos agrícolas puertorriqueños hasta la primera mitad del siglo XX.

Algunos de los objetos cotidianos de los taínos fueron incorporados por los españoles en su diario vivir, como la hamaca, red que colgada por los extremos sirve de cama. Los navegantes españoles reconocieron su utilidad y la comenzaron a utilizar en sus embarcaciones.

La hamaca es hoy un objeto muy popular en la cultura puertorriqueña e internacional. Los colonizadores también adoptaron los métodos taínos de fabricación de cerámica, utensilios de madera y cestería.

Así, por ejemplo, de los frutos del higüero, árbol de fruto grande y duro, pueden crearse ditas o vasijas destinadas a usos variados. Con las higüeras, frutos del higüero, también se fabrican maracas, un popular instrumento musical de percusión que consiste en un mango y un cuerpo esférico hueco, con pequeñas piedras o semillas en su interior.

Originalmente los indígenas utilizaban las maracas en sus danzas rituales, pero, en la actualidad, se considera un instrumento típico de la música popular del País.

Las viviendas de los taínos, conocidas como bohíos, eran casas en forma circular o cuadrada, con hojas de palma para el techo y las paredes. Muy práctica para el clima antillano, los españoles adoptaron también este diseño.

La técnica de construcción de los bohíos, con pequeñas alteraciones, fue la norma hasta principios del siglo XX.

Las manifestaciones artísticas del indígena antillano apenas han trascendido a la cultura puertorriqueña. De la importancia que tenía para el taíno el areito, ceremonia donde mezclaban el canto y el baile para celebrar un evento y trasmitir oralmente sus tradiciones, así como el uso de instrumentos musicales diversos, solo persisten las descripciones que nos ofrecen los cronistas.

Sin embargo, el llamado "estilo taíno", representado en vasijas, duhos o asientos ceremoniales, en cemíes o deidades talladas, en collares o aros de piedra, y en petroglifos, ha sido motivo de inspiración para una gran cantidad de artistas y artesanos.

En la literatura puertorriqueña existen algunos personajes elaborados con perfil taíno, tales como Loarina, Guarionex, Bayoán, Marién, Guanina, Agüeybana el Bravo, Anaiboa, quienes, junto a la poesía indigenista del siglo XIX, han sido manifestación del tema nacional americano y antillano.

La influencia de lo indígena en la medicina popular y en las tradiciones puertorriqueñas se diluyó por el predominio español y africano antes de cerrarse el siglo XVI.

En cuanto a la genética, las características raciales indígenas casi han desaparecido por completo, confundiéndose comúnmente con rasgos de apariencia física que evocan al indígena.

No obstante, investigaciones realizadas en la Universidad de Puerto Rico en Mayagüez con el ADN mitocondrial, sugieren que la herencia taína está más generalizada y presente en los puertorriqueños contemporáneos que lo que había sido reconocido en el pasado.

En el idioma español encontramos el máximo legado indígena. El castellano se enriqueció con el aporte de voces antillanas de origen arahuaco y caribe.

Al español se ha trasplantado una gran cantidad de palabras indígenas referentes a la toponimia y antroponimia, la fauna y la flora, la vida material y espiritual, la convivencia social.

A nivel de las Antillas hispánicas, el léxico indígena sobrevive con más de 500 voces. En Puerto Rico, en particular, habría que sumar además cerca de 200 nombres de ríos, montañas, sierras, bahías, pueblos y caciques.

CAPÍTULO 39

La Sociedad Taína De Puerto Rico

La sociedad taína estuvo caracterizada por un complejo pensamiento ficticio religioso, proyectado en singulares mitos de orígenes.

Lo que se conoce de estos hoy es gracias a los escritos de fray Ramón Pané, quien recopiló información sobre los indígenas. Fue el primer europeo en aprender una lengua americana, el primero en escribir un libro en el Nuevo Mundo y el primer etnólogo de América.

El mito constituye parte de las realidades ideales de una cultura, es una versión sagrada de una supuesta realidad. La mitología de una cultura viene a ser su historia sagrada.

El concepto del tiempo nacería como consecuencia de la observación del movimiento cíclico de los astros. La salida y puesta del sol dio lugar a los días; las fases de la luna permitieron medir un tiempo más extenso, dando origen a los meses.

Los astros fueron mitificados, pues se creía que en ellos residían los seres de orígenes, los que en un remoto pasado, en los tiempos míticos, habían vivido en la tierra y ahora moraban en el cielo.

Ellos pensaban que la creación del universo había pasado por varias eras o ciclos. El primer ciclo inició cuando, en el principio de los tiempos, existió Yaya, que significa "esencia de vida".

Yaya era un sumo espíritu que evolucionó en el ser supremo Yúcahu Bagua Maóracoti. Según las creencias de los taínos, esta super mujer se encuentra en el cielo, es inmortal, nadie puede verla y tiene madre, mas no tiene principio.

La madre de Yaya lleva por nombre <u>Atabey, Yermao</u>, <u>Guacar, Apito y Zuimaco</u>. Su nombre se interpreta como <u>"madre de las aguas"</u>. Estos nombres establecían la jerarquía que tenía esta poderosa omnipotencia en el panteón taíno.

Yaya tuvo un hijo, nombrado Yayael, hijo de Yaya. Una vez crece, Yayael quiso matar a su padre. Yaya destierra a Yayael durante cuatro meses, y a su regreso lo mata. Los huesos de Yayael fueron colocados dentro de una calabaza o higüero como símbolo de que toda creación va precedida de un sacrificio.

Posiblemente, esta creencia dio pie a la costumbre de los taínos de colgar de sus viviendas cestillos con los huesos de sus progenitores difuntos.

Las crónicas de Francisco Colón hacen referencia a este ritual: "… en La Española encuentran una calavera muy bien guardada… que sería la cabeza de padre o madre, o de persona que mucho querían".

Continuando con el primer ciclo de la mitología taína, llegaron al bohío de Yaya los cuatro hijos de gemelos de Itiba Cahubaba, la Gran Madre Tierra, que había muerto durante el parto los gemelos representan la expansión del espacio, las cuatro direcciones.

En ausencia de Yaya, los gemelos bajaron la calabaza y comieron de los peces que había dentro. Luego, trataron de colgar la calabaza apresuradamente, pero esta cayó al suelo y se rompió.

El agua y los peces se desparramaron, originándose así los mares, los peces y otras criaturas marinas. Estos gemelos continuaron con sus travesuras, robándole el fuego, el casabe y la cohoba a Bayamanaco, el dios del fuego.

El segundo ciclo de la mitología taína comprendió la creación del universo taíno. Los taínos pensaban que eran originarios de la isla de Haití, conocida por ellos como Bohío. Pensaban que era una isla viviente, un ser femenino. Para los taínos, las cuevas eran una especie de útero, un portal de entrada al inframundo.

Tres cuevas eran las más importantes, de estas cuevas salieron la luna, el sol, la gran serpiente Inaguaboina y, por último, los taínos.

El tercer ciclo comprendió la formación de la sociedad taína. De la cueva surgieron Guahayona y Anacacuya quienes iniciaron este pueblo.

Guahayona se convirtió en el primer bohíque o chamán que logró viajar entre los mundos. Una mujer de nombre Guabonito ayudó a Guahayona luego de una enfermedad.

Esta mujer fungió como un espíritu guía, entregándole a Guahayona los poderes secretos de la naturaleza.

Los taínos perpetuaban esta tradición a través del areito. El canto y el baile transmitían este conocimiento a las futuras generaciones, así como la genealogía de los caciques y otras proezas.

El areito servía para asegurar que no se olvidara esta parte importante de su cultura. En la ceremonia del areito participaban tanto mujeres como hombres juntos, sujetados de los brazos, bailando en fila o en círculos al ritmo de un gran tambor, maracas, flautas y fotutos.

Esta actividad se realizaba hasta la extenuación, evocando la armonía cósmica. Se realizaba en el batey, el espacio sagrado ubicado en la plaza central del poblado.

En cuanto a sus prácticas funerarias, parece ser que, por lo general, los saladoides, enterraban a sus muertos acuclillados, es decir, con las piernas flexionadas, con ninguna o muy pocas ofrendas.

Sin embargo, junto a restos humanos se han encontrado esqueletos de una especie de perro domesticado que tenían en gran estima, tal como ocurre en el yacimiento punta Candelero, en Humacao, estudiado por el arqueólogo Miguel Rodríguez.

Los trigonolitos o cemíes fueron la representación de sus dioses. En los antiguos yacimientos se reportan de pequeño tamaño y sin decoración.

Algunas vasijas poseían dos pequeños tubos que se estima se utilizaban para inhalar polvos alucinógenos colocados en su interior como parte del ritual alucinatorio de origen suramericano para comunicarse con sus seres superiores.

Esta práctica era exclusiva para el cacique y, en algunas ocasiones, para el bohíque y un grupo de ancianos que se unían al ritual.

La sociedad taína vivía bajo la creencia de que lo que pensaban se encontraba en los cielos, donde lo divino y lo cotidiano se entrelazaban.

El objetivo principal de esta sociedad y de sus creencias era mantener el equilibrio tanto en la tierra como en los cielos. Si algo en la tierra estaba fuera de su centro, asimismo, algo no andaría bien en los cielos. Vivían buscando una perfecta armonía entre ambos mundos.

CAPÍTULO 40

Nuestros Ancestros Taínos

Poco se conoce sobre el origen de nuestros ancestros taínos que habitaron en Puerto Rico. Se encuentran dos investigaciones independientes, en las que participaron el antropólogo molecular Miguel Vilar y la antropóloga genetista María Nieves Colón.

Ellos revelaron la procedencia de las primeras comunidades que poblaron el Caribe.

Los registros arqueológicos establecen que el Caribe fue poblado hace más de 6,000 años.

La evidencia apunta a que la población indígena que se estableció originalmente en Cuba, La Española, Haití y República Dominicana y Puerto Rico provino de diferentes regiones de América, Norte, Central y Sur.

Ambos estudios utilizaron ADN, ácido desoxirribonucleico, antiguo, que fue aislado de los dientes y la cóclea, hueso interno del oído, de esqueletos excavados en distintas regiones del Caribe y que representan diferentes tiempos cronológicos.

Por lo tanto, las muestras permiten comparar las poblaciones durante la Edad Arcaica, 5,000 años o la Edad de la Cerámica, 2,500 años y, al mismo tiempo, determinar el origen de los primeros grupos indígenas o si ocurrió un reemplazo de estos a través del tiempo.

Los descubrimientos principales de los dos estudios reflejan que, durante la época pretaína, existía una diversidad biológica entre las poblaciones indígenas que habitaron en el Caribe entre el período Arcaico y Cerámico.

La Poblaciones pretaínas que surgieron de Suramérica

El doctor Vilar formó parte de un grupo de investigadores de todo el mundo que demostró que los primeros pobladores de las Antillas Mayores, conocidos como los ancestros de los taínos, vinieron de Suramérica hace más de 6,000 años.

La evidencia, publicada en bioRxiv, un repositorio o almacén público digital de artículos científicos en preparación para publicación oficial, sostiene que la población indígena que se estableció originalmente en el Caribe tenía una relación biológica con los grupos de Suramérica.

"En nuestros estudios, vemos una gran conexión en la genética de los grupos arcaicos o pretaínos de las islas caribeñas con poblaciones situadas al norte de Venezuela", dijo Vilar, quien es antropólogo de National Geographic.

Al momento, existen dos modelos que explican cómo esas primeras poblaciones indígenas llegaron al Caribe durante el período Cerámico.

El primer modelo se conoce como "Northward Expansion", que establece que las poblaciones viajaron hacia Puerto Rico directamente desde el noroeste de Suramérica.

El otro modelo, conocido como el "Stepping Stone", indica que hubo una migración en cadena desde Suramérica, pasando por las Antillas Menores y llegando a Puerto Rico.

Antes de la llegada de los grupos indígenas que migraron de Suramérica, en el Caribe ya se encontraban las poblaciones de la época Arcaica con un origen desconocido, indicó Vilar.

"Claramente, el origen de esas primeras poblaciones no es algo tan directo y sencillo, debido a que es posible que hubo varias migraciones e interacciones durante ese período, y que no fue solo una migración que dio paso a toda la población del Caribe.

Sin embargo, en nuestro estudio solo encontramos una migración durante la época Arcaica", abundó el profesor.

Su estudio encontró que, en algún momento de la historia, poblaciones indígenas de los períodos Arcaico y Cerámico fueron contemporáneas. Sin embargo, hubo bien poco mestizaje entre estos grupos.

De acuerdo con los resultados obtenidos, solo encontraron dos individuos, que vivieron en La Española, que tenían ADN de ambos períodos.

también Vilar resaltó que los puertorriqueños mantienen una relación genética con las poblaciones pretaínas que se encontraban durante la época de la Cerámica, pero no de la época Arcaica.

Hasta el momento, no hay evidencia de que queden rastros de ADN provenientes de los grupos Arcaicos en los caribeños de hoy.

"De las Antillas Mayores, Puerto Rico mantiene un gran porcentaje de ADN indígena precolombino o taíno, y también tiene rastros de los pretaínos de la época de la Cerámica, pero no de la Arcaica", dijo.

Por otro lado, Vilar indicó que, a pesar de la gran conexión genética entre Puerto Rico y Suramérica, siempre ven "una segunda señal" en el ADN de hoy, que, debido a las limitaciones de muestras, no saben exactamente de dónde proviene. La hipótesis es una relación con grupos indígenas de América Central.

"Los investigadores del artículo publicado en la revista, 'Science', en el que participó Nieves Colón, analizaron muestras que enseñan conexión con una población indígena proveniente de Norteamérica o Mesoamérica", destacó.

Aunque esta investigación fue realizada por grupos diferentes, Vilar indicó que ambos estudios se complementan y presentan información importante sobre las primeras poblaciones del Caribe, durante la época Arcaica, antes de los taínos.

Evidencia de poblaciones provenientes de Norteamérica

El estudio al que Vilar arrojó la primera evidencia de dos grupos genéticamente diferentes que migraron al Caribe y lo poblaron antes de la época de la Cerámica.

"Luego de analizar el origen de estas dos poblaciones, encontramos un individuo que mostró características genéticas que eran similares a los indígenas presentes en Norteamérica", explicó, por su parte, Nieves Colón, quien es egresada del Recinto de Río Piedras de la Universidad de Puerto Rico, UPR.

Coincidió con Vilar al señalar que las poblaciones de las épocas Arcaica y Cerámica lograron interactuar y coexistir en el Caribe. "El uso del ADN antiguo nos está ayudando a reevaluar nuestro entendimiento del pasado del Caribe.

Estamos viendo que esas poblaciones eran un mosaico cultural y biológico, y que consistían en comunidades mucho más complejas y diversas de lo que nos imaginábamos antes", sostuvo la investigadora de la Arizona State University.

Nieves Colón y su equipo observaron que tampoco ocurrió mestizaje entre las poblaciones del Arcaico o de la Cerámica. Solo encontraron un individuo de Puerto Rico de la Era de la Cerámica que tenía rastros de un ancestro de la época Arcaica.

"Esto me hace preguntar por qué no hubo un mestizaje o mezcla entre estas dos poblaciones que estuvieron presente al mismo tiempo. Quizás haya sido algo cultural, pero eso no lo sabemos todavía", señaló.

Aunque aún se desconoce el origen de la población proveniente de la época Arcaica, Nieves Colón resaltó que la migración de Suramérica al Caribe fue tan significativa, que el ADN indígena de los puertorriqueños en la actualidad está bien relacionado con ese grupo de la era antigua.

"Se sabe mucho del período Cerámico y de dónde vinieron, pero tenemos que seguir estudiando la Era Arcaica para entender bien de dónde vienen estas poblaciones que estaban antes de los taínos", indicó.

La científica recalcó que se necesitan más estudios que ayuden a entender con mayor profundidad estas primeras poblaciones que, de por sí, ya se sabe que tenían una diversidad cultural y biológica.

"Muchos pensaban que en el Caribe solo existieron los taínos, pero ya sabemos que eso no es así", declaró.

Finalmente, ambos estudios describen el potencial del ADN antiguo para reevaluar el entendimiento que existe sobre el pasado del Caribe y del origen de los taínos.

Sin duda alguna, el ADN antiguo nos ayuda a revisar un período prehistórico, en el cual los datos históricos no nos dan el esquema completo porque solo tenemos lo que nos dejaron los españoles, ya que no hay escritos de los indígenas del Caribe.

Por tanto, estos estudios nos permiten darles más protagonismo a esos individuos que han sido marginalizados en la historia escrita", concluyó Nieves Colón.

CAPÍTULO 41

Los Indios Taínos

Los indios taínos son la raíz principal de lo que somos hoy los puertorriqueños.

Los taínos llamaban a mi isla donde vivo Borikén. Despues el nombre evolucionó a Borinquen. Esta es la razon que a Puerto Rico se le conoce como Borinquen, y a todos los puertorriqueños como boricuas.

¿Cómo eran los Taínos? La palabra Taíno significa "bueno y noble"...

Ellos vivían una vida simples y muy feliz. Los hombres llevaban el pelo corto en la frente y largo a espaldas. Su piel era color canela.

Ellos pensaban que una frente plana era atrativa y por eso amarraban cosas pesadas en las frentes de los niños para que fueran más bonitos.

¿Cómo vestían? La ropa de los taínos era muy simple. El hombre llevaba una tela tejida y una mujer si era casada llevaba una *Nagua*. La nagua era un tipo de delantal corto de algodón.

Las mujeres se ponían brazaletes, collares, amuletos y aretes de caracoles, y de huesos de animales. Se cubrían sus cuerpos con figuras pintadas de colores brillantes que extraían de las plantas.

Por ejemplo, el azul del añil, el amarillo y rojo del achiote y el negro del jugo de la jagua.

¿Cómo vivían? Los Taínos vivían en aldeas permanentes llamadas Yucayeques, que tenían dos tipos de casas.

Los caciques, habitaban los Caneyes. Los caneyes eran casas grandes rectangulares y con ventanas. Los Bohíos eran casas circulares para los otros Taínos. Los Bohíos no tenían ventanas.

Las casas eran construidas con paja y madera. Siempre estaban limpias, y arregladas. Dormían en hamacas echas de algodón o fibras de Magüey.

La Sociedad Taína

Su sociedad era un tipo comunal y bien desarrollada. Se organizaba en tres niveles.

Los Naborias
Hacían el trabajo pesado y el cultivo.

Los Nitaínos
Eran los guerreros, líderes y artesanos

El Bohíque
Era curandero y sacerdote. No existía la esclavitud. Las mujeres cocinaban, cosechaban, cuidaban los niños y muchas veces calgaban a los más pequeños en la espalda mientra trabajaban.

Cada Yucayeque tenía un-Cacique quien era jefe supremo, juez y responsable del bienestar de su gente. Se les distinguía por su collar con el medallón de oro, llamado Guanín.

Las mujeres también podían ser Caciques, como Anacaona y Yuiza. La posición del Cacique era hereditaria. Existía un Consejo de Caciques que seleccionaba un–Cacique Supremo que gobernaba a los demás Caciques de toda la Isla. Cuando Cristóbal Colón llegó a Borinquen, el Cacique supremo se llamaba Agueybaná.

Adoraban a varios dioses. El Cemí, era el ídolo que construían de diferentes tamaños hechos de piedra, madera y barro. A través del Cemí, invocaban a los dioses como Yucahú, el dios del casabe y el mar, y su madre, Atabey, la diosa de la fertilidad y el agua dulce.

Solamente los Caciques y los Bohíques podían comunicarse con los dioses y los espíritus ancestrales. Los Taínos creían en espíritus superiores que controlaban, a veces caprichosamente, la naturaleza humana y el mundo.

A estos espíritus el hombre debía halagar, apaciguar o neutralizar por medio de ritos y ceremonias sagradas. Los Bateyes, eran los parques ceremonials que estaban frente a la casa del Cacique y se rodeaban con Piedras de Tres a cuatro pies de Altura.

Los areitos: Los areitos eran la parte festiva de las ceremonias religiosas, donde el Cacique y el Bohíque, contaban historias de los ancestros tainos, y eventos históricos de la comunidad.

Se celebraban Areítos para nacimientos, visitas de otras tribus, buena cosecha y bodas, entre otras ocasiones especiales.

Las mujeres, hombres y niños participaban en la música, baile y deportes. Para los niños, los areitos eran bien importante, pues las fiestas duraban varios días, y jugaban, cantaban, bailaban, y era una excelente oportunidad para ayudar a sus padres hacer los instrumentos musicales.

La Música

Los instrumentos musicales como el güiro, y las maracas se construían de la higuera, la flauta, y un tambor llamado Mayohacán, de la madera. El Guamo era una concha vacía de un gran caracol marino, la cual soplaban. Mucho de estos instrumentos se usan hoy en día.

El Baile

Las mujeres, hombre y niños hacían una fila tomados por los brazos, y en ocasiones bailan solos o acompañados.

Juegos y Deportes

También jugaban sus deportes favoritos como el Batú, un juego con pelota de goma, que formaba parte de las ceremonias.

Eran dos equipos que trataban retener la pelota en el aire, usando la cabeza, caderas, las cinturas y los pies, pero no las manos.

Este deporte es parecido al balompié que hoy se juega. También, tenían carreras, lucha libre y concursos de cantar y bailar.

El Alimento

Su dieta era mayormente aves y pescado, esencialmente su fuente de proteínas. Los Taínos no cazaban animales grandes, porque no los había en la Isla, pero cazaban aves, culebras, las jutías, parecidos a enormes roedores y las iguanas. Para atrapar los pájaros y las cotorras, los hombres cubrían sus cabezas con hojas, para engañar a las aves.

Cocinaban los animales en una barbacoa. Nosotros hemos heredados nuestra barbacoa de los Taínos.

Para la pesca en el mar y en los ríos, usaban las fibras de plantas para hacer sus redes y arpones de madera y concha. Su cultivo incluía maíz, diferentes frutas, maní, piñas y la yuca de donde proviene el casabe.

Las Canoas

Eran expertos navegantes y construían con troncos de árboles las canoas de todos los tamaños. Las usaban para la pesca y para viajar a lugares distantes.

Debido a su destreza en la navegación que llegaron de su lugar de origen, el Delta del Orinoco de Venezuela hasta Borinquen, Quisqueya, Haití, Jamaica, las Bahamas, y Cuba.

Los Petroglifos

Son símbolos de imágenes dibujados y tallados en piedras. Dejaron sus petroglifos en las piedras que delimitan los bateyes, las grandes piedras de los ríos, y las paredes de las cavernas.

Es difícil descifrar los símbolos, aunque la figura humana o animal se usa con frecuencia de forma abstracta. Además, podemos ver petroglifos en los centros ceremoniales de Tibes, Caguana, Utuado, Jayuya, en la Caverna el Indio en Arecibo, y Río Blanco en Naguabo.

El Idioma

Los Taínos hablaban el Arawak. No existe escritura del idioma. Nuestro idioma está enriquecido por la lengua de nuestros antepasados Taínos.

Palabras tales

Como hamaca, macana, maraca; además de güiro, papaya, yuca, ausubo, fotuto, canoa, y arepa. También de los Taínos podemos aprender de sus dibujos y de otras cosas que han sobrevivido.

CAPÍTULO 42

Cuentos de mis Abuelas

El puertorriqueño es bien unido a su familia. Mis abuelas, abuelos, tías, tíos y padres me ayudaron hacer la persona que soy hoy en día. Mis abuelas siempre me estaban contando historias. Algunas eran solo cuentos de caminos, pero otras eran verídicas. Todas tenían una enseñanza.

Así comenzó mi abuelita…. La Paloma

Una mañana paseaba una paloma por uno de los bellos bosques de Puerto Rico.

Algo buscaba la hermosa paloma; miraba muy prevenidamente a todos los árboles que allí se encontraban.

De pronto un pequeño lagartijo la vio y le preguntó:

Oye ¿qué haces tan temprano paseando por el bosque? ¿Te veo preocupada?

No, no es nada; le contesto con voz triste la palomita.

Dime palomita quizás te pueda ayudar.

Bueno, sí tengo una pequeña preocupación, es que quiero anidar y no encuentro un árbol seguro para poner mis huevos. Algunos son muy altos y otros muy bajos.

El lagartijo miró y miró; hasta que a lo lejos vio un árbol muy denso; llenito de hojas muy verdes, una tentación para cualquier pájaro que quisiera anidar. La paloma muy contenta voló hacia aquel árbol y el lagartijo le dijo:

Viste, todavía hay árboles hermosos y seguros para que puedas hacer tu nido. Así pasaron los días y la paloma preparó su nido muy hermoso y calientito.

La paloma comenzó su labor a calentar su nido para sus pichoncitos ver nacer y crecer. Una vez nacidos sus cinco pichones; salió muy contenta a avisar al lagartijo y a sus amigas las palomas.

Miren, miren ya nacieron mis pichones vengan a conocerlos.

Para su sorpresa, el lugar donde vivía lagartijo estaba desalojado parecía un desierto.

Comenzó a buscarlo muy desesperada. ¿Dónde están todos? ¿Qué sucedió? Hasta que encontró a una amiga paloma quien le explico que habían llegado unos humanos con unas maquinarias a cortar los árboles para construir unas nuevas viviendas.

No puede ser están destruyendo nuestros hogares. La amiga paloma le aconsejo debes buscar otro árbol quizás el próximo que corten sea donde tienes a tus pichones.

Antes de ir a asegurar a sus pichones preguntó a la paloma si había visto a su amigo lagartijo. Ella le contestó si está cerca del río allí hay un pequeño árbol.

¡Gracias, amiga lo buscaré!

La paloma voló muy apresurada hasta llegar al río. Allí encontró su amigo al lagartijo.

Lagartijo, lagartijo soy yo paloma, tu amiga. ¿te acuerdas de mí?

Claro que sí, ¿cómo me encontraste? Pensé que te habías ido.

Me dijeron que estabas aquí y vine a buscarte. Ya me contaron lo que sucedió en el bosque. Yo estoy muy preocupada. Tengo que ir a buscar a mis pichones. Tengo que buscar otro árbol como el que me ayudaste a preparar mi nido.

El lagartijo la miro y se sonrió:

No te preocupes a ese árbol no le harán nada. Tus pichones y tu están seguros.

¿Cómo lo sabes? Preguntó la paloma.

El árbol donde está tu nido es el Árbol <u>La Ceiba</u> y está protegido por los de Recursos Naturales.

Pues, con más razón debes de venir conmigo.

El lagartijo y paloma se fueron juntos al árbol La Ceiba; allí cada uno hizo su hogar con la esperanza de que nadie destruya el árbol, su bello hogar.

La Jirafa Campesina

Había una vez una jirafa con un formidable cuello. Ella comía hojas del tope de los árboles. Ella tambien era parte de un gran grupo de jirafas campesinas.

La jirafa de enorme cuello se llamada Lila. Lila soñaba con alcanzar un arcoiris. Solo esperaba que llegara la lluvia para ver el arcoíris y observar sus bellos colores.

Era un verano muy caluroso en el campo. Todos los animales caminaban hacia el río. En el río quedaba poca agua ya que no llovía. Había una sequía muy fuerte.

Todas las jirafas, incluyendo a Lila, decidieron mudarse cerca al rio. Iban en busca de agua y de vegetación.

Después de varios días de caminar, encontraron un hermoso valle lleno de árboles, flores y agua. Habian muchas hojas para comer. Lila tenía dos hermanas pequeñas que siempre andaban detrás de ella. Sus padres habían sido vendidos al zoológico estaban muy pequeñas para estar solas.

Lila soñaba con encontrar a sus padres. También quería llegar a alcanzar un arcoiris.

Mientras más Lila se acercaba al arcoíris el alejaba más. Ella miraba las aves que se perdían en lo alto de las nubes. Lloraba sin parar, pensaba que algún día ella lograría tocar el bello arcoíris.

Una noche, Lila tuvo un sueño muy interesante. En él sueño apareció un hermoso rinoceronte azul con unas alas de colores. Lila le pregunto al rinoceronte:

«Oye, ¿por qué tienes esas alas llenas de colores como si un arcoiris saliera de esas plumas?»

«Así es», le contestó el rinoceronte, «mis alas son radiantes y hermosas de los más bellos colores, pues vivo dentro de un arcoiris.»

«¡Es en serio! Yo soy Lila la jirafa. Siempre he deseado tocar un arcoiris.»

«Sabes Lila, nadie, además de mí, ha logrado tocar un arcoiris. Yo vivo en él y mantengo los colores brillantes.

Yo bajo a la Tierra y lleno de color los montes, y las flores del campo, todo lo que tenga color. Quiero que sepas que he escuchado tus ruegos, sé que te gustaría llegar a tocar un arcoiris. Hoy te voy a llevar a ver un mundo de colores.»

De pronto, una de las hermanitas de Lila la despertó con un fuerte grito.

«¡Lila, Lila! ¡Despierta! Queremos comer hojas y el árbol está muy alto.»

Lila estaba rabiosa pues la habían despertado del sueño más maravilloso que había soñado en su vida.

Salió al valle y trepó su cuello a lo más alto del árbol. Agarró con su boca muchas hojas y llamó a sus hermanitas para darles de comer.

Lila no quiso comer nada pues esperaba con aspiraciones la noche para volver a soñar con el rinoceronte y poder tocar un arcoiris.

Llegó la noche y la pobre Lila no lograba dormir. Se movía para un lado y para otro buscando llegar donde había dejado su maravilloso sueño. Queria ver al rinoceronte y que este le cumpliera la promesa de entrar dentro del arcoiris.

Amaneció y Lila no pudo soñar. Se levantó para darles de comer a sus hermanitas. Ellas notaron que su hermana mayor estaba bien callada, solo les dio de comer y se alejó hacia una montaña.

Allí comenzó a llorar y a gritar de dolor. Ella tenía mucha tristeza porque estuvo tan cerca de lograr su tan anhelado sueño.

De pronto comenzó a llover con truenos y relámpagos. Hacían unos ruidos tristes que asustaron a Lila. Ella pensó en salir corriendo para ver a sus hermanitas.

Cuando levantó la vista por encima de la montaña, se dio cuenta que solo estaba lloviendo donde ella estaba. De momento, la lluvia terminó y se despejó el ambiente.

Lila estaba un poco agitada por el cambio de clima en el campo. Ella sabía que lo que estaba pasando no era normal. Volvió a mirar las nubes y entre ellas vio un hermoso arcoiris. Detrás de ella sintió una voz que le dijo:

«No te asustes, soy el rinoceronte, te llevaré hacia el arcoíris, no te muevas pues tú pesas mucho y yo soy más pequeño que tú.»

Lila no lo podía creer, estaba subiendo entre las nubes y al mirar hacia abajo ya no veía nada. Cuando Lila entró al arcoiris, rápido comenzó a contar los colores. El rinoceronte le dijo:

«Lila, hoy te voy a enseñar a mezclar los colores para que siempre se vean coloridos y brillantes.»

Lila caminó de esquina a esquina sin parar. Estaba tan feliz que le pidió al rinoceronte que la dejara vivir con él allí dentro del arcoiris. El rinoceronte le dijo:

«Tú siempre estarás aquí, yo bajaré a dar color al mundo entero.»

Lila, sin pensarlo dos veces, aceptó esa propuesta, aunque sabía que ya nunca volvería a ver sus hermanitas.

Pero pensó que ellas crecerían y se tendrían la una a la otra. Lila logró su sueño y más allá de eso, vivió para siempre en su hermoso arcoíris.

Lila nunca se olvidó de sus hermanitas y amigos del campo. Siempre los estaba protegiendo y les enviaba mucha lluvia para que el rio se llenara de agua.

CAPÍTULO 43

Puerto Rico 1972

El vuelo fue sensacional. Fuimos recibidos en el aeropuerto por al-gunos de mis parientes. Mi tío Kike, como siempre, nos estaba esperando. No quería perder la oportunidad de ver mi primera reacción cuando llegue a Puerto Rico.

Todo tan diferente. Ahora hay un au-topista. El viaje Ponce es más agradable. El paisaje es impresionan-te. Mis primos hicieron muchas preguntas sobre el resto de la familia en Nueva York. Estuvimos hablando todo el camino.

Llegamos a Ponce aproximadamente 1:00 PM sin problema. Nuestra primera hora pasaron muy lajeras. Me pase entregando regalos. Fue genial ver a mis primos. Kike fue el único que no se trasladó a Nueva York. Él tenía un buen trabajo en P.R. Él y su esposa Migdalia estaban felices criando a sus tres hijos. Su vida en la isla es-taba muy bien...

Al día siguiente nos levantamos temprano y nos fuimos a ver a mi abuela Ceferina. Mi madre estaba impaciente a ver a Mamá Nina. Ella Vivía con mi tía Emma y su familia.

Cuando llegamos a "Jardines Del Caribe", Lourdes y a sus dos hermanos nos estaban esperando. Enseguida nos dijeron que íbamos a bailar esa noche. El baile se iba a llevar a cabo en la Universidad donde asistían mis primos. Mi primo les informó a sus amigos que sus primas venían de vacaciones. Yo le había indicado a mi primo que quería conocer muchachos universitarios.

También le indique que deben tener los mismos intereses que yo. Mi tía estaba bastante feliz de vernos. Ella hizo una gran fiesta en nuestro nombre. Mi abuela Ceferina fue todas sonrisas cuando ella vio a todos nosotros santa-dos en el comedor.

Después de comer un almuerzo grande, empezamos a hacer planes para la noche. Le pregunte a mi primo Ángel que él estaba prepara-do para ese gran baile. Se sonrió cuando le recordé que yo estaba buscando un esposo.

Cuando llegamos al baile, era difícil conseguir una mesa. El lugar es-taba repleto. La música era tremenda. A mí no me importaba tener una mesa. Yo fui a bailar. Nunca me siento durante un baile o fiesta.

Bailé con un montón de amigos de mi primo. Eran muy educados. Estos muchachos eran muy diferentes de los que conocía en Nueva York. Cuando el baile se terminó, le pregunté a mi primo sobre el joven que él me iba a presentarme.

Mi primo se echó a reír y me dijo que el joven estuvo aquí; sin embargo, vio que tu estabas bailando sin parar. Se fue sin decir una palabra.

Llegamos a la casa de mi tía a las 2:00 a.m. Mi madre y mi tía esta-ban levantadas. Ellas querían saber de nuestra aventura. Ambas disfrutaron lo que les contamos. Les dijimos que realmente pasamos una linda noche. Como siempre, Tía Emma nos hizo bocadillos y ca-fé. Comimos y nos fuimos a dormir.

Al día siguiente, todos nos levantamos a aproximadamente a las 11:00 a.m. Nos levantamos bien descansados. Yo estaba caminan-do alrededor de la casa en mi pijama cuando mi primo me informó que el joven misterioso venía a conocerme durante el almuerzo. Yo sólo mire a Ángel y le dije que lo olvidara.

Yo no estaba pensando en salir con algún tonto que se fue del baile sin conocerme. Él ni se molestó hablar conmigo durante el baile. Mi primo me dijo que ya era demasiado tarde. El joven estaba al frente de la casa.

Bueno, demasiado tarde para vestirme. Yo no estaba preparada para impresionar a un tonto. Me senté con mi pelo en rolos. No tenía ningún maquillaje y todavía en pijama. Estaba demasiada ocupada comiendo un "asopado de pollo" que hizo mi tía. Incluso no mire a ver cuándo ese tipo entro a la casa.

Él cogió una silla y se sentó al frente de mí. Se presentó muy cordial. Mi nombre es Eliezer Ramos, su futuro esposo. Yo comencé a reír-me tan fuerte que por poco me ahogo por todavía estaba comiendo asopao. También dijo que me veía preciosa sin ningún maquillaje y vestida en pijama. Creo que fue un espectáculo divertido.

Quedé muy impresionada con este joven. Él hablaba el inglés sin acento alguno. Me dijo que era un senior en la Universidad Católica de Ponce. Quería ser médico. También me contó sobre sus gustos y que le gustaba la playa.

Hablamos por un par de horas. Hasta me olvidé que yo estaba todavía en pijama hablando con un desconoci-do. Me excusé y me fui a cambiar de ropa.

Me puse unos pantalones cortos blancos, blusa azul de manga corta. Me puse unas sandalias bien bonitas. Mi cabello era muy largo pues me hice un rabo de caballo. A mí no me interesaba impresionar a este muchacho que me vio en mi pjs...

Cuando llegue a la sala, él sólo se quedó mirándome. Le pregunté cuál era el problema con mi ropa. Me dijo que me veía hermosa y se sonrío. Me informó que íbamos a salir esa noche. Le recordé que no funcionaba así.

Se suponía que me preguntara primero y si es-tuve de acuerdo, salíamos esa noche. Él se disculpó y me preguntó si me gustaría ir al cine. Le dije que mis primos iban conmigo. Él me dijo que eso lo esperaba.

Antes de que fuéramos al cine, me dijo que quería que yo conociera a dos de sus amigos. Mi prima Lourdes estaba sonriendo cuando llegamos a una casa ubicada a un par de cuadras de mi familia.

Cuando llegamos a la casa de sus amigos, encontré todo muy extraño. Nadie estaba afuera de la casa. Él entró en la casa como si fuese el dueño. Nos dijo que nos sentamos en la sala y lo hicimos. Yo miré a mi prima Lourdes porque todavía tenía esa sonrisa que no me gustó.

De repente, mi hombre misterioso entró a la sala con una pareja de ancianos. Yo estaba muy confundida. Él les dijo, "Papí, Mamí, esta es mi novia Norma".

Yo estaba en un estado de shock. Este tonto me presentó a sus padres como su novia. Se sonrió y ellos estaban muy contentos de conocerme. Luego una de su hermana,

Delia, también salió a recibirme. Ella estaba tan feliz porque su hermano tenía una novia. Delia le preguntó cuáles eran nuestros planes para la noche. Él le dijo íbamos para el cine y luego un paseo por Ponce.

Delia no resistió en darle a su hermano las llaves de su auto. Su auto era Nuevo.

La película era fabulosa..." Love Story"…

Después de la película, nos fuimos por un helado y un paseo por "la Plaza"...

El día siguiente, cuando estábamos desayunando, ¿adiviné quien llego? Mi nuevo amigo. También estaba mi abuela, tía y mi madre. Todos querían ser parte de mi gran aventura.

El tiempo se estaba pasando muy rápido... Me estaba acostumbran-do la idea de ver a ese chico con mi familia. Me tenía que regresar a Nueva York. Yo no quería salir de mi isla una vez más...

Cuando llegó el momento de salir para el aeropuerto, Eliezer sostuvo mi mano y me dijo: "me voy a Nueva York y vamos a casarnos. Ten-go que admitir, no quería dejarlo. No sé si me acostumbré a él o que realmente me preocupaba por él.

Toda la familia nos llevó al aeropuerto.

Cuando llegué a Nueva York, yo me sentía como otra persona. Mis padres me preguntaron qué estaba pasando conmigo. Les dije que me hacía falta Puerto Rico.

No entre en detalles acerca de conocer a mi futuro esposo. Eliezer me estaba llamando por lo menos tres veces a la semana. Le escribí a él. Comunicación en 1972 no era tan fácil. Las llamadas eran caras.

En septiembre del 1972, Eliezer me dijo que él se estaba mudando a Nueva York. Iba a quedarse con su hermano Eliot.

Enseguida que Eliezer llegó; él hizo el todo el arreglo para ir a una entrevista de trabajo. Mi hermana Adelin lo ayudó con la solicitud. Él estaba solicitando en el gobierno Federal, "Food and Drugs Administración".

Adelín presento a Eliezer al jefe ese departamento. Tomó la prueba y dentro de semanas estaba trabajando para el FDA como un Inspector de alimentos.

Las cosas iban bien que, en 17 de febrero del 1973, nos casamos. Fue una boda hermosa. Mis damas fueron vestidas con trajes del siglo XVIII. Esos vestidos eran hermosos.

Los trajes de las damas eran color vino oscuro, pero mi hermana rosita. Cada una tenía una som-brilla de flores. Todos teníamos el mismo peinado...rizos largos. Los muchachos llevaban tuc de cola larga. Fue una boda de un cuento de hadas. También estaba lleno de amor.

La iglesia también fue adornada con flores blancas. La niña que acompañaba al paje era mi prima Ada. El paje fue Kermit, sobrino de Eliezer.

recepción. Era un lugar muy encantador en Brooklyn. La comida era excelente. Tuvimos una opción de carne asada o pollo y verduras. El pastel fue de tres niveles y muy hermoso.

Mi abuela hizo el centro de mesa. También hizo mi traje de boda. Gracias a Mama Lupe realmente fue una hermosa recepción.

Nos fuimos para los Poconos, Mount Airy Lodge, Pennsylvania para nuestra luna de miel. Estaba bien frio, por lo tanto, teníamos todos los deportes de invierno. Estuvimos allí una semana.

Cuando llegamos a casa, mi hermana Adelin ya había contado el di-nero que recibimos como regalo. Con todo ese dinero, compramos nuestro primer auto.

Mi padre estaba muy feliz porque tenía tiempo para terminar un apartamento que iba regalarnos. Nos dijo que nos quedaramos allí hasta que tuviéramos suficiente dinero para comprar una casa. Vivía-mos allí gratis. Dentro de un par de meses, compramos una casa.

Dia de la mudanza....

Encontramos nuestra casa en Ozone Park, Queens NY. Era una casa de esquina. Me enamoré de esa casa cuando la vi. Mi padre, hermanos y amigos hicieron la mudanza. Empezamos a decorar y comprar muebles para todos los cuartos. Las cosas iban de maravilla.

Eliezer era un marido amoroso. Siempre estaba tratando de complacer en. Nosotros seguimos estudiando...

Días se convirtieron en semanas y luego en años. Hemos estado casados por casi 5 años cuando decidimos tener un hijo. Quede emba-razada, pero perdí el bebe. Me puse muy triste...

En ese mismo año que perdí él bebe, le dije a Eliezer que era el momento de mudarnos para Puerto Rico. Quería volver a mi isla. Hizo el arreglo necesario y su supervisor lo transfirió a San Juan. Me ale-gré una vez más.

Compramos una casa en Bayamón. Tenía cuatro habitaciones, dos baños, sala, comedor y una cocina grande. El patio y garaje tambien eran bastante grandes. Tenía un lugar para hacer mi jardinería.

Un domingo, cuando estábamos visitando a sus padres, el tema del bebé salió. Nunca le dijimos a su familia la razón porque perdí al bebé. Eliezer todavía quería hacerme feliz en todos los sentidos posibles. Le dije que me sentía cómoda en Puerto Rico con su familia y la mía.

Yo estaba bien enamorada de mi esposo. No me importaba si tenía un hijo o no, sin embargo, el 30 de junio del 1985, nos divorciamos.

Mi cuñada Delia murió apenas un par de semanas antes de que no-otros nos mudamos a Puerto Rico. Estuve muy enferma por un tiempo. Delia era un amor. Dejó a dos hijos un niño de 4 años y una niña de tan solo 6 meses. Delia tenía un tumor cerebral y murió a una edad muy temprana.

Sé que, si Delia estuviera viva, Eliezer y yo hubiéramos sobrevivido todos los obstáculos en la vida.

Lamento decir que Micaela Ramos y Adolfo Ramos, los padres de Eliezer, murieron muchos años después de nuestro divorcio. Nunca los olvidaré...

Todavía sigo en contacto con algunos de los sobrinos de Eliezer. La familia Ramos fue parte de mí y siempre lo será...

CAPÍTULO 44

Después del Divorcio

Después del divorcio, en 1985, regrese a Nueva York. Tuve muchos amigos que me ayudaron a conseguir un buen trabajo en el Puerto Rican Fórum. Conseguí un hermoso apartamento, y compré un auto. Todo me salio bien después del divorcio.

Después de un par de años en el Fórum, decidí irme a trabajar para el departamento de educación en NY. Tomé el examen y fui certificacada para dar clases en la ciudad de Nueva York. Los beneficios fueron rones mejores. Me encantaba trabajar con niños y adolescentes.

También ayudaba a personas con VIH. Era consejera para mucho enfermo con el VIH. No era fácil porque me daba mucha pena ver tantos jóvenes con esa maldita enfermedad.

En 1994, empecé a trabajar como una instructora/concejera en Housing Works. Esta es una organización ubicada en Broadway y Houston en Nueva York. Tiene ahora muchas de otras oficinas en toda la ciudad. Fue un placer ayudar a mis clientes.

Algunos habían salido de la cárcel con nada y estaban muy agradecidos en recibir una ayuda. Para las personas sin hogar y con SIDA, esta organización es el cielo...

Los fines de semana eran tristes para eso clientes. Si hacía mucho frio, no tenían que comer porque todo estaba cerrado. Los fines de semana siempre fui como voluntaria en comedores. Los dueños de las tiendas hispanas siempre me daban pollos, arroz, verduras y granos para cocinar en el "soup kitchen".

Los ambulantes estaban siempre esperándome. Ellos sabían que iban a conseguir la mejor comida en su vida. Me gustaba verlos felices. A veces les di ropas y frisas. Mi trabajo era realmente ayudar-les a entrar al "Job Training Program de Housing Works".

A pesar de que trabajaba para "Job Training Program", me iba como voluntaria a trabajar en una librería que estaban preparando. Housing Works Inc.… Housing Works recibe mucho libro educacional. Me gustaba clasificar libros y prepararlos para la venta.

Lo bueno de la librería la manera fue arreglada. Era también una tienda de café; por lo tanto, hemos llamado el local "Bookstore Café".

Estaba feliz, pero todavía quería moved arme para Puerto Rico. Es-taba cansada del frío. Mis padres no estaban bien. Mi mamá estaba enferma todo el tiempo y mi padre con diabetes y artritis crónica.

Pasaron muchos años y todavía tenía el deseo de vivir en mi isla...

El 16 de enero de 1997, fui a Puerto Rico para una visita. Mi papá, que se había trasladado a la isla en 1980, trabajaba para la Guardia Nacional de Puerto Rico. Me preguntó si quería trabajar allí. ¡Ense-guida le respondí... sí!

Regresé a Nueva York y preparé toda la documentación para irme para Puerto Rico. Tenía una licencia de enseñanza secundaria y tenía un montón de experiencia. Estaba plenamente calificada para mi trabajo como Instructora de inglés en la Guardia Nacional de Puerto Rico.

Me mudé a Puerto Rico e incluso con toda mi experiencia y prepara-cion, tenía que trabajar para el Departamento de Educación de Puer-to Rico lo menos un año...

Trabajé como profesora de inglés en "el Colegio Ponceño" por seis meses y luego en el sistema escolar público por seis meses más.

No fue fácil. Los niños en ambas escuelas estaban muy pobres en inglés. No tenían ningún respeto para los profesores.

Tuve un gran problema, mi español era horrible. Le hablaba en inglés. Le informé a sus padres, en ambas escuelas, que hablaran con sus hijos en inglés. Esa era la única manera de que aprendieran. El principal de la escuela y los padres estuvieron de acuerdo conmigo, sin embargo, los estudiantes no.

Me dijeron que sus maestros anteriores enseñaron con canciones. Cantaban todo el día y tenía una práctica de prueba antes de los exámenes.

Mi método no era cantar. Ya estaban en el 9 º a 12 º grado. Los días de cantar ya terminaron. No sabían leer o escribir en inglés.

¿Adivina qué? Sobreviví las escuelas públicas y privadas de Puerto Rico. Tengo mi licencia de enseñanza primaria y secundaria. Estaba preparado para la Guardia Nacional.

Cuando les dije a mis alumnos en la escuela pública "La Ferran" que me iba, comenzaron a llorar. Les ha gustado mi método de enseñanza. Incluso, pague su sitio de fiesta de graduación ya que ese sector es muy pobre.

También estuve en el Comité de refresco para la clase graduanda. Les informe que no se preocuparan. Iba a dejar el dinero con el presidente de la clase graduanda. También, les dije que iba a estar presente en el día de la graduación.

La clase me regalo una medalla y también una gigantesca postal firmada por mis alumnos. Fue un día muy emocionante... Estaba triste, pero al mismo tiempo feliz porque algunos de mis estudiantes iban entrar a la Guardia Nacional. Yo iba ser su estructura de inglés una vez más.

CAPÍTULO 45

Enero 1999

Centro de Lenguaje, Fuerte Allen Juana Diaz PR

Antes de comenzar la historia, en el Centro de Lenguaje, narraré al-gunos hechos de esta maravillosa institución.

El Centro de Lenguaje de la Guardia Nacional fue establecido en 1976. Ha realizado a su misión de capacitación de idioma inglés a guerreros en el servicio militar.

Originalmente fue fundada como la escuela de inglés técnico. Esta escuela se encontraba en el sitio de entrenamiento Campamento Santiago en Salinas, Puerto Rico. Ha estado funcionando como un programa educativo de estado que funciona dentro de la Guardia Nacional del ejército de Puerto Rico por más de 40 años.

El centro estaba destinado a reducir el número de alumnos de formación básica. El problema era que si los nuevos solicitantes no iban al centro de lenguajes, los regresaban a Puerto Rico debido a la falta de comprensión del idioma inglés.

El "Defense Language School" en Lackland, Base Airforce Base, en Texas aprobó el centro de lenguaje de Guardia Nacional de Puerto Rico como un entrenamiento de idioma Inglés el programa de no residentes en el 1979.

No fue hasta 1984 que la oficina de la Guardia Nacional aprobó fon-dos federales para operar el Centro de lenguajes.

Al año siguiente, en mayo del 1985, el Centro de Lenguajes se trasladó a su actual sitio en Fort Allen, Juana Diaz, PR.

El centro de idiomas tiene una visión muy importante. La visión es que debe ser una institución acreditada y prestigiosa. La escuela le facilita adquisición del lenguaje y habilidades militares.

Esto se puede hacer porque todos los instructores están totalmente preparados. También su objetivo de la transformación, la preparación y la retención de guerreros al el ejército y las fuerzas conjuntas de los Estados Unidos.

El "Language Center de Puerto Rico Nacional Guard" lleva a cabo un programa intensivo de capacidad en idioma de inglés a tiempo completo que consta de siete horas diarias de instrucion en inglés, cinco días a la semana.

Además, los estudiantes son normalmente asignados dos horas de tarea de estudio diaria. El programa del curso "AMERICAN LANGUAGE COURSE" consiste en una combinación de aprendizaje en el aula y laboratorio de instrucciones en ingles individual. También reciben clases militares.

Los estudiantes no ban sus casas los fines de semana; por lo tanto, hablan inglés 24/7. Miembros de la familia pueden venir de visita los domingos por la tarde.

Durante vacaciones de Navidad o días feriados, los estudiantes cogen su pertenencia y se van a sus casas.

Cuando comencé a enseñar en el Centro de Lenguajes, lo que más que me gusto fue la disciplina. Cada día me gustaba entrar a mi salón de clase donde los estudiantes estaban allí para aprender.

Todos los instructores en el Centro de Lenguaje están bien calificados. Disponen de unas certificaciones de educación secundaria y de nivel de adultos. Nuestra formación académica es de B.A. o máster.

No importa qué nivel de la enseñanza recibí, siempre los instructorres están listos. Es difícil enseñar a un estudiante lento. A algunos no les gusta estudiar. Llegan con unas actitudes muy malas; sin embargo, después de una hora de enseñanza, cambian. Estaban incluso dispuestos a participar en una conversación.

En el comienzo de una nueva lección, introduje el "Swim or Sink" método de aprendizaje. Quedaron impresionados. La siguiente hora estaban listos con ninguna actitud negativa. Frecuentaba empezar la mañana con una cita famosa o una frase idiomática. Realmente aprendieron ese idioma loco.

A veces, me tomó la oportunidad de hablar de "Ebonics". Ellos querían más...

Como cada profesor de inglés sabe, "Ebonics "no se enseña en el sa-lón de clase. Lo enseñó porque es la única manera para aprender la diferencia entre una expresiónes idiomática y Ebonics.

La expresión idiomática es dominar un idioma. Ebonics se les debe enseñar para demostrar que es sólo un lenguaje callejero.

Enseñó algunas de mis clases a través de la música. Las disfrutaron mucho. El estudiante lento o incluso un estudiante avanzado apren-den más ligero. ¿Por qué?, porque la música es el lenguaje univer-sal...

Después del almuerzo, los estudiantes estaban generalmente adormecidos; por lo tanto, los llevaba afuera de la clase para mostrar los sonidos asociándolos con el ambiente.

Había muchas feliz y tristes situaciones en el salón de clase. Traté cada situación con amabilidad. Los estudiantes sabían que nadie iba a burlarse.

El día más triste para mí fue retirarme del "Language Center". El personal era parte de mi familia. Los estudiantes fueron mis hijos porque los llevé con nada de inglés y los convertí bilingües en poco tiempo.

CAPÍTULO 46

Mis Abuelos Paternos

<u>Julio Pagan Torres y Guadalupe Rodríguez Quiles</u>

Julio siempre fue el gran amor de Guadalupe. Cuando ellos tenían apena quince años, ya eran novios. Mama Dolores no quería ese no-vasco porque Julio era bien enamorado. Se le conocía varias conquistas. Pero nada detuvo a estos dos adolescentes.

Aunque vivían en la misma vecindad, se veían en la plaza de Ponce. Todos los domingos, Julio la esperaba para caminar en la plaza. Haya con su amigo compartían de lo más bien.

Julio quería siempre lo mejor para Guadalupe. El ya tenían un plan perfecto. El plan era que se iban a casar en la Catedral de Ponce en junio 1925. Ellos eran jóvenes, pero Juan y Ana, los padres de Julio los iban ayudar.

Se casaron y todo fue bien hermoso. Ana, la madre de Julio, quería lo mejor para su hijo. Le compro un juego de cuarto y le dijo que podía quedarse en su casa. Ana siempre estaba triste porque desde que se casó con Juan, su vida era un infierno. ¿Por qué digo esto? Porque Juan separo a Ana Torres de su familia que vivía en Guayanilla.

La familia de Ana eran personas ricas. Juan era solo un pobre trabajador. Ana era una española blanca y Juan un mestizo que trabajaba recogiendo tabaco. En el momento que supieron de los amores de Ana con ese mestizo, la botaron de la casa. Ana se pasaba llorando. Al final se murió de pena. Juan murió aciano, y llego a conocer su primera bisnieta, Norma Iris Pagan Morales…

Pasaron muchos años….

Julio y Guadalupe ya tienen siete hijos. Juan Pagan Rodríguez es el mayor. Todos esos hijos y nietos nacieron en la casa que construyo mi bisabuelo Juan Pagan y Ana Torres…

Julio Pagan Torres se convirtió en un hombre bien responsable. Ingreso a la Guardia Nacional de Puerto Rico. Luego, todos sus hijos también sirvieron a la nación.

Papa Julio y Mama Lupe, me gustaría que ustedes estuvieran aquí, pero triste decir que ya fallecieron. Todavía pienso en tus chistes, Papa Julio. Me acuerdo de tu risa y tu adorable sonrisa. Recuerdo cuando tú y yo solíamos.

Cuando yo tenía seis, tú me llevabas a la escuela. Yo siempre pensaba, "Dios mío, que maravilla es estar con "Abuelo".

A veces parábamos en la tienda donde conseguiría mis "piloncitos", pero siempre quería que usted, Papá Julio, condujera un poco más para que mis amigos vieran que elegante te veías en tu uniforme del ejército….

Papá Julio, ahora estoy grande y ojalá pudieras ver lo inteligente y brillante que me he convertido.

Tú siempre me iluminaba mi mundo y me daba mucho amor. Siempre me ayudaba con mis estudios. Aún te siento y sé que no estamos muy lejos del uno al otro. Sé que eres mi ángel de la guarda que vela por mí. Aún te extraño y deseo que tu estuvieras aquí. Sólo tengo que pensar en ti y derramar una lágrima grande.

Dios tuvo que llevarte para que no sufrir más... Estabas muy enfermo. Mama Lupe sufrió mucho con tu partida. Sabes que me dijo tantas historias de ustedes.

Si "abuelita" tuviera un significado que te contare lo que sería si fueras cerca tu yo. Las abuelitas siempre están ahí para ayudar y para secar tus lágrimas. Tú eras así abuelita. Siempre me estabas mi-mirando. Te gustaba oír lo que yo hacía en la escuela.

Cuando yo tenía cualquier proyecto de costura, tu estaba ahí. Gracias por ensenarme a cocer y cocinar. Si yo hacía algo mal, tu "abuelita" siempre estabas allí e incondicionalmente. Siempre podía contar contigo. Sin ti "abuelita" estaría perdida y mis lágrimas no serían secadas

A ti abuelito y abuelita, les quiero decir gracias…
Siempre estarán en mi corazón.

MAMA LUPE

Qué delicia sería, un cielo con ventana...
¿Y adivinen qué?
Si Dios me concede una vista, de toda la belleza que contempla,
Sólo te buscaría a ti.
Quiero escuchar tu risa que siempre fue música a mí,
Tu hermoso cabello largo y ojos marrones grandes
es lo que gustaría más.
Si pudiera solo verte una vez más
la sonrisa que calienta mi corazón,
Atesoro todos los momentos que vivimos.

Aquí en la tierra, te busco y le pido a Dios por signos,
Cada día que pasa, estas todavía conmigo en mi mente.
Sé que estás feliz en el cielo;
Has ganado tu mansión celestial,
Me imagino la mesa de la cocina y tú me espera allí.
Te amo y te extraño más que palabras pueden decir...
Cada día que pasa, estas todavía conmigo en mi mente.
Sé que estás feliz en el cielo;
Has ganado tu mansión de celestial,
Me imagino la mesa de la cocina y me espera allí.
Te amo y te extraño más que palabras pueden decir...
Donde me lleva esta vida sabes que no he olvidado tú.
Recuerdos, que una vez en un tiempo fui bendecida
Y amada por usted, verdad, Mamá Lupe,
sí el cielo tuviera al menos una ventana
Yo buscaría sólo a usted.

CAPÍTULO 47

Mi Mejor Amigo

¿A quién consideras tu mejor amigo? Es muy sencillo. Un mejor amigo es el que te llama y se asegura de que todo está bien.

Cuando estaba trabajando y en perfecta salud, tuve muchos amigos. No tenía ningún problema guiando en la nieve, lluvia, ni de noche.

Ahora, no puedo hacer favores, conducir a nadie. Tengo problemas con mi visión y solo conduzco por la mañana y distancias cortas.

En algunas ocasiones, comienzo a conducir y tengo que regresar a mi casa. El sol es muy brillante o el cielo está muy obcuro. Mi condición es muy mala. Mi doctor me dijo que debo comenzar a hacer planes para el futuro. Nunca me doy por vencida. Fui a ver a mi optometra y recibi gotas de nuevo. Veo mucho mejor estos últimos días. Yo no iba para otra operación de ojo.

Durante esos días malos, es cuando sabes quienes son tus verdaderos amigos.

Bueno, ahora que estoy jubilada y solo puede decir que tengo un amigo que está siempre ahí para mí. Su nombre es Paul Chique.

Nos conocemos hace más de quince años...Paul me llama todas las mañanas para asegurarse de que voy al gimnasio o lista para hacer mis tareas. Él vive muy lejos de mí.

En la actualidad, Paul cuida a su madre. Ella no está bien. Estoy ahí si ella me necesita, pero no puedo ir a su lado todo el tiempo. Yo también estoy cuidando de mi padre. Por lo tanto, Paul y yo tenemos nuestras manos atadas.

Te diré por qué me encanta la compañía de Paul. Ambos tenemos el mismo interés por la música, arte y cine.

A veces vamos a la playa y comienza a dibujar algo. Acabo de mirar-lo y empezar a escribir. Es tan divertido porque a veces escribí so-sobre el mismo tema y comenzamos a reírnos. En cuanto a la cocina, que es el mejor. Sólo le digo que venga y nos inventamos algo.

Mi tío Kike está en el hospital. Kike fue el que yo llamo cuando necesitaba un chofer. Él estaba siempre allí para mí. Me siento tan mal porque no puedo ayudarlo. Ha estado lloviendo durante casi tres días; por lo tanto, no puedo conducir...

En una mañana particular, cuando necesitaba ayuda, Paul vino a mi casa. Me ayudó con mi trabajo de la casa. Preparo el desayuno a mi papá mientras yo alimentaba a los perros. Llevamos mi auto para inspección y fuimos a visitar a mi tío en el hospital.

Paul siempre hace mi día. Cuando estoy triste, él comenzó a cantar. Sólo me río porque a veces suena horrible... A veces Paul me visita con su madre y tenemos una barbacoa. Sabes hoy tomamos una prueba de IQ. ¡¡¡Ambos anotamos 160!!! Somos inteligentes porque tenemos cosas que la gente normal tiene problemas haciendo. To-do el mundo nos sigue diciendo que deberíamos casar. Mi respuesta es siempre no. El minuto que dos personas se casa y empiezan a vi-vir juntos, la diversión se termina.

No hay momento aburrido cuando estamos juntos. Sé que, si nos quedamos casarse, dejamos de ser los mejores amigos.

Paul sabe que estoy aquí para él y sé que él está siempre allí para mí. Gracias por ser mi mejor amigo.

CAPÍTULO 48

El impacto emocional

Vicente Pagan Rodríguez

Mi tío querido
9 noviembre 1948 - 27 febrero 2015

La primera reacción de Vicente cuando el médico le informo que te-nia cáncer no fue fácil...

Él nos contó acerca de su visita al médico. Vicente comenzó su historia:

"hay un temor que va a través de uno cuando le dicen que tiene cáncer. Es tan difícil al principio pensar en otra cosa que no sea su enfermedad. Es lo primero que piensas cada mañana. Quiero que las personas que viven con cáncer sepan conseguir mejor para ellos. Hablar sobre ellos les ayuda aliviar con todas las nuevas emociones que sientes. Tienen que seguir las órdenes de su médico. Recuerden, es normal que se enojen."

Liduvina Perez de Pagan
tía política

Fue sobreviviente de cáncer por unos cuantos años. falleció mayo 7, 2016

Liduvina estaba pasando la misma situacion que mi tío Vicente. Cuando a ella le dijeron qe tenía cáncer, Liduvina pensó que ya todo ha terminado. Esto fue hace unos diez años. Empezó a pensar acerca de su familia. La parte triste fue que ella sólo se con-centró en cómo su familia iba a tomarlo. Ella no pensó dos veces cuidar de su madre enferma. A veces no iba sus citas por estar con su mamá.

Su madre murió en April del 2014....

Liduvina y Vicente siempre estaban hablando de esta maldita enfermedad. ¿Saben una cosa? Nos unieron los dos siempre estamos comunicando.

Lo malo de cáncer es que afecta no sólo al paciente, sino también a su familia. Usted puede sentir miedo, incierta o enojado acerca de los cambios no deseados cáncer traerá a tu vida. A veces se puede sentir entumecimiento o confundido.

También pueden tener problemas para escuchar o recordar lo que dice durante este tiempo la gente. Esto es especialmente cierto cuando su médico primero te dice que tienes cáncer. No es raro que alguien cierre mentalmente una vez que escuchan la palabra "cáncer".

No hay nada justo sobre el cáncer y nadie se lo merece. Un diagnóstico de cáncer es difícil de aceptar y tener cáncer no es fácil. Cuando encuentre que usted tiene cáncer, sus creencias personales y experiencias ayudará a averiguar lo que significa y cómo se manejará.

Como enfrentas tu propia mortalidad y cope con muchas exigencias de cáncer, usted puede mirar más de cerca sus creencias religiosas, sus valores personales y familiares, y lo que es más importante en tu vida. Aceptar el diagnóstico y averiguar qué cáncer significará en tu vida es un reto.

Después de que se diagnostican con esta horrible enfermedad, se pueden sentir choque, incredulidad, miedo, ansiedad, culpa, tristeza, pena, depresión, ira y más. Cada persona puede tener algunos o to-dos estos sentimientos, y cada uno manejan de forma diferente.

Su primera reacción puede ser chocante. Nadie está siempre listo para oír que tienen cáncer. Es normal que las personas con cáncer a preguntarse por qué sucedió a ellos o a pensar que la vida les ha tratado injustamente. No incluso creáis la diagnosis, especialmente si no se siente enfermo.

Uno puede sentir miedo. Algunas personas temen cáncer en sí, mien-tras que otros pueden tener miedos de los tratamientos de cáncer. Incluso se preguntan cómo conseguirá a través de los tratamientos.

Sabes lo que es tan extraño; Liduvina declaró que ella estaba sin-sintiendo se culpable. Ella preguntó muchas veces si ella podría haber notado sus síntomas anteriores, o pregunta qué pudo haber causado el cáncer.

Ella siempre se preguntaba si es expuesta a algo en su casa que llevaron al cáncer. A veces preocupa que otros miembros de su familia tendrá cáncer.

En este momento, no sabemos qué causa la mayoría de los cánceres, pero algunos son conocidos por ser hereditario. Esto significa que se pasa de un padre a un niño. Si un miembro de la familia lo tiene, otros en la familia a lo mejor tienen un mayor riesgo de conseguirlo. Esto puede causar aún más problemas para la persona recién diagnosticada con esa enfermedad mortal.

Liduvina y Vicente se sentían desesperados y muy triste la mayoría del tiempo. Ellos acostumbraban a decirme lo que le sucedía. No era fácil oírlos sin soltar una lágrima.

Ellos me dijeron que es difícil sentirse positivo y optimista, sobre todo si el futuro es inseguro. Sólo pensar en el tratamiento y el tiempo de su vida puede parecer demasiado para manejar. Sentimientos de tristeza o incertidumbre pueden empeorar por sus experiencias pasadas con el cáncer.

A veces estaban muy negativos. No querían hablar con nadie. Lidu-vina me dijo en una ocasión, que ella podía ver y sentir su cuerpo cambiando. Estaba intentando hacer a todos felices. Tomó algún tiempo para tomar conciencia de las pérdidas y cambios.

La ayudó a compartir su dolor con nosotros. Siempre había alguien cerca de ella. A veces estaba dispuesta a hablar y confiar con sus profesiona-les de salud mental. Sus sentimientos la atención necesitan, al igual que su cuerpo necesita tención. Liduvina era una señora muy sabia. Ella siempre nos contaba cómo pasaba día a día.

Liduvina nos mantuvo con más consejos y su sentimiento... Ella me dijo que de vez en cuando uno puede sentirse enojado mientras que otra gente exterior no puede expresar su enojo y frustración.

También dijeron que era difícil dejar a gente saber que ellos no es taban enojados con nadie. Ellos sólo necesitaban a alguien que los escucharan.

CAPÍTULO 49

La Perla del Sur

Tengo que terminar este libro con la historia de Ponce. La ciudad que me vio nacer......

Ponce, conocido oficialmente como <u>Municipio Autónomo de Ponce</u>, es el segundo municipio más grande de Puerto Rico. Es grande en extensión territorial, después del municipio de Arecibo.

Ponce es el segundo de mayor población, tras la zona metropolitana de San Juan. Ponce, Este municipio fue el primer municipio declarado autónomo en la isla.

El municipio de Ponce comparte su nombre con la ciudad. Es la diócesis de agencias municipales, estatales, y federales. A la ciudad se la conoce también como "La Perla del Sur", "Ciudad Señorial" "La Ciudad de las Quenepas", y "La Ciudad de los Leones".

La ciudad es conocida como una ciudad hermosa, que mezcla estilos arquitectónicos y posee un moderno Museo de Arte de estatura internacional, entre otros atractivos.

Ponce fue nombrada así en honor a Juan Ponce de León. Se encuentra ubicada a unos tres kilómetros de la línea costera del sur de la isla.

Cuando los primeros conquistadores llegaron a la región sureña, la encontraron habitada por gentes a quienes ellos llamaron indios taínos.

Esta población taína observaba una sencilla organización política que estaba distribuida en territorios. Hasta el momento se estima que la región del actual municipio de Ponce pertenecía al territorio de

Guaynía, aunque estudios recientes arrojan luz sobre la posibilidad de que perteneciera al de Jayuya.

No obstante, esto, los taínos no fueron el único pueblo precolombino que se asentó en la región. Antes de este hubo otros cuyas huellas han quedado evidentes en los lugares arqueológicos que abundan en el territorio del hoy municipio de Ponce.

Estos pueblos o culturas son, los arcaicos, los igneri y los pre-taínos, antecesores inmediatos de los taínos. Además del orden cronológico en que hicieron su aparición en la Isla, estos pueblos se diferenciaron de los taínos por sus costumbres y su nivel de desarrollo.

Más de 500 años son los que enseña la legendaria Ceiba a orillas del Río Portugués donde, según la tradición popular, fue uno de los lugares en que se asentaron las primeras familias españolas que llegaron a la región.

Los primeros pobladores europeos se establecieron en la región de Ponce a finales del siglo XVI. Para 1587, Fray Iñigo Abad y Lasierra describe un poblado en las cercanías del Río Bucaná. Estos pobladores originales comenzaron a dar muestras de unificarse solidariamente como comunidad, al construir en 1670 una modesta iglesia dedicada a la Virgen de Guadalupe subvencionando para esta a un párroco con contribuciones de la comunidad.

Este fue el humilde comienzo de lo que después, tras varias transformaciones y procesos eclesiásticos, se convirtió en lo que hoy es la Catedral Nuestra Señora de Guadalupe ubicada en el corazón de la ciudad ponceña.

Más adelante Ponce fue fundado formalmente en 1692 por los vecinos que mudaron su sitio de las orillas del Río Jacaguas, otro de los primeros lugares en que se dice que Ponce comenzó a tener sus primeros pobladores españoles, al lugar donde actualmente se encuentra la Plaza Las Delicias.

En 1877, por orden del Rey de España, se le concede el título de Ciudad.

Mientras el comercio oficial se llevaba con España solo desde el norte de Puerto Rico a través de San Juan, por el sur, en Ponce, se llevaba una intensa actividad de comercio ilegal que fortalecía la economía de la región.

El autonomismo a finales del régimen español en Puerto Rico tuvo en Ponce una de las más grandes figuras protagonistas de este movimiento ideológico político, Román Baldorioty de Castro. Este denunciaba los abusos del gobierno español, lo que le llevó persecución.

El Teatro La Perla sirvió de escenario, no solo para darle vida a la cultura artística teatral de la región, sino que también sirvió para asambleas en las que se tomaron decisiones sociopolíticas importantes para Puerto Rico, tanto a finales del régimen español como a principios del estadounidense.

Finalmente, en el siglo XIX y a principios del XX, se dieron en Ponce varios eventos destacados que marcaron la ciudad para siempre.

Un evento fue el conocido fuego del polvorín ocurrido el 25 de enero de 1899. Los valientes bomberos locales no titubearon en arriesgar cárcel y hasta la vida propia para acabar con el mismo y salvar la ciudad y su poblado.

A pesar de que el recién llegado régimen militar estadounidense les ordenó a estos bomberos que renunciaran de su intento, por ser considerado como algo que sería inútil. Era muy arriesgado, pero esos bomberos se lanzaron a controlar el fuego y lo lograron.

Como era de esperarse por su desobediencia, al día siguiente se les iba a condenar. Por el respaldo del pueblo todos fueron perdonados e inclusive fueron declarados héroes.

Otro importante evento ocurrió en el 23 de marzo del 1937. Se realizó una manifestación nacionalista que culminó en una balacera por la policía en que murieron más 17 nacionalistas y preconscientes, incluyendo mujeres y niños.

La policía obedeció al mandato del gobernador colonial estadounidense en la isla, Blanton Winship, de acabar con tal manifestación a toda costa.

El hecho que dejó al descubierto el ambiente de tensión que vivía Puerto Rico en aquellos años en cuanto a represión contra el sentir político puertorriqueñita y nacionalista.

Al evento se le conoce como la Masacre de Ponce. En este argumento se destacó en las siguientes décadas el líder nacionalista ponceño Pedro Albizu Campos, 1893-1965, por sus luchas a favor de este ideal desde Ponce para todo Puerto Rico.

AI comienzo del siglo XX, desde el plano político en los dos partidos de mayoría del país, Ponce dio a Puerto Rico varias figuras cuya actividad alcanzó impactar al país habiendo llegado a la gobernación de Puerto Rico.

Le voy a mencionar a los ponceños <u>Luis A. Ferré, 1904 - 2003</u>, defensor del ideal de la estadidad y fundador del Partido Nuevo Progresista, PNP, habiendo sido así durante los finales de la década de los 1960s y comienzos de los 1970s. Él fue una persona clave para la historia puertorriqueña contemporánea.

El <u>exgobernador Rafael Hernández Colón, 1936- 2019</u>, ponceño también del Partido Popular Democrático, PPD, habiendo gobernado el país durante los 1970s y los 1980s. Con el pasar del tiempo podríamos decir que Ponce ha mantenido en cierta forma su función de ser como la capital sociopolítica, cultural y económica del sur de Puerto Rico.

En ese proceso ha habido momentos brillantes y otros de crisis. Así tenemos que en la política reciente a nivel municipal cabe señalar que la época del fenecido exalcalde ponceño <u>Rafael Cordero Santiago," Churumba"</u>, del PPD, fue una de esas etapas de esplendor de Ponce en los finales del siglo XX.

Las últimas administraciones municipales han sido la del Dr. Francisco «Ico» Zayas Seijo, PPD, la Dra. María E. Mayita Meléndez Altieri, PNP, y el actual incumbente en la alcaldía, el Dr. Luis Irizarry Pabón, PPD.

El poder ejecutivo municipal está desempeñado por un alcalde un vicealcalde y el gabinete de oficinas municipales. Este es elegido por voto popular directo durante las elecciones generales del país para un término de cuatro años sin límite de reelección.

<u>El alcalde Grillasca</u> permaneció en el puesto ininterrumpidamente por 16 años. El fenecido alcalde ponceño Rafael Cordero Santiago permaneció en el puesto reelegido de manera ininterrumpida por dieciséis años, pero no pudiendo completar su último cuatrienio debido a su súbito fallecimiento mientras ocupaba el puesto de primer ejecutivo.

El fue sucedido para culminar el término por su vicealcaldesa Delis Castillo quien fungió como alcaldesa interina y luego en propiedad ratificada por el Partido Popular Democrático hasta completar el mandato, siendo sucedida por su correligionario de partido, Francisco "Ico" Zayas Seijo.

Castillo se convirtió en la primera mujer en estar al mando de la Ciudad Señorial de Ponce en sus más de 300 años.

En las elecciones del 2008, luego de unas acaloradas primarias entre Zayas Seijo y su correligionario Carlos Jirau, quien fungiera como administrador de la Ciudad.

Esto paso durante los años de Cordero Santiago y donde resulto vencedor el incumbente Zayas Seijo. El hegemónico Partido Popular Democrático sufre un cisma, surgiendo el Movimiento Autónomo Ponceño al mando de Jirau.

Luego de veinte años de predominio popular, resulta favorecida la candidata del opositor Partido Nuevo Progresista, María Eloísa Meléndez Altieri, convirtiéndose en la primera alcaldesa electa por la ciudadanía ponceña.

En el 2009, Meléndez Altieri también conocida como "Mayita" instituyó la reducción de jornada laboral a empleados municipales a razón de 1 día por quincena, alegando que evitaba despedir 700 empleados.

Luego, en el 2012, citó haber derecho finanzas justo en campaña electoral. Sin embargo, en el 2014 redujo la jornada laboral a 4 horas diarias.

Esta última reducción ha sido altamente condenada y criticada públicamente bajo alegaciones de selectividad y discrimen políticos. Su administración ha sido, de las de Ponce, la más auditada por la Oficina del Contralor de Puerto Rico, recibiendo varios señalamientos y ha incrementado el déficit del municipio de 4,4 millones que dejó Zayas Seijo en el 2008 a más de 36 millones, siendo en el 2015 el municipio autónomo con mayor déficit.

En verano del 2016 Meléndez Altieri se enfrentó en primarias con su correligionario, Luis "Tato" León y prevaleció.5

En 2020 Meléndez Altieri se enfrenta nuevamente en primarias, esta vez con Edgar, Eggie, Del Toro Segarra a quien logra vencer.

Sin embargo, en las elecciones de 2020 Meléndez Altieri perdió ante el actual alcalde Luis Irizarry Pabón, PPD.

La Legislatura Municipal de Ponce es un cuerpo unicameral, el cual ejerce sus funciones legislativas en el Gobierno Municipal de Ponce mediante las facultades conferidas en la Ley de Municipios Autónomos de Puerto Rico, Ley Número 81 del 30 de agosto de 1991.

Se compone de dieciséis, 16, miembros que son electos por el voto directo de los electores en las elecciones. Estos son generales. Son los que se organizan dentro de distintas comisiones permanentes y especiales.

La actual legislatura municipal, electa en las elecciones de 2020, se compone de 13 legisladores del Partido Popular Democrático, 2 legisladores del Partido Nuevo Progresista y un legislador del Movimiento Victoria Ciudadana.

El municipio de Ponce es el segundo en extensión territorial en Puerto Rico. Tiene 116 millas cuadradas, equivalentes a 76 444, 278,4 km².

Su extraordinaria localización geográfica frente al Mar Caribe y aproximadamente en el centro de la costa sur le han dado a lo largo de sus trescientos años de existencia gran ventaja que lo ha mantenido como el segundo municipio en importancia de la Isla.

Su territorio colinda por el oeste con Peñuelas, al noroeste tiene a Adjuntas, al norte a Utuado y Jayuya y al este colinda con Juana Díaz.

El Municipio de Ponce está compuesto por 31 barrios. De estos, 12 están situados en la ciudad que compone el área urbana y 19 en la zona rural.

Se divide en los siguientes 19 barrios rurales:

Anón, Bucana, Canas, Capitanejo, Cerrillos, Coto Laurel, Guaraguao, Machuelo Arriba, Machuelo Abajo, Magueyes, Maragüez, Marueno, Montes Llanos, Portugués, Quebrada Limón, Real, Sabanetas, San Patricio, Tibes y Vayas.

Los barrios de la ciudad de Ponce, área urbana, son:

San Antón, Canas Urbano, Machuelo Abajo, Magueyes Urbano y Portugués Urbano.

Dentro de los barrios de su amplia zona urbana tiene numerosas comunidades y urbanizaciones, entre ellas: Valle Real, Alhambra, Bélgica, Barriada Ferran, Clausells, Constancia, El Vigía, Jardines Fagot, La Rambla, Las Américas, Mariani, Morel Campos, El Madrigal, Jardines del Caribe, Las Delicias, Los Caobos, Villa del Carmen, entre otras.

La Zona Histórica de Ponce tiene sus orígenes a finales del XVI y se compone de los siguientes barrios:

Primero, Segundo, Tercero, Cuarto, Quinto y Sexto.

Además de su casco histórico, tiene en su costa el barrio Playa con su historia que es tan antigua como la de la ciudad de Ponce en sí. Playa ostenta varias facilidades, incluyendo el Mall Plaza del Caribe y el Paseo Tablado La Guancha.

La Zona Histórica de Ponce es el nombre con que se conoce al casco antiguo de Ponce. Está localizado en lo que se denomina, el centro y el área más antigua de la ciudad.

Ponce queda en el Llano Costero del Sur. Por eso tiene una precipitación anual promedio en su costa de 915 mm, en el interior de 1220 mm y al norte ya en la Cordillera Central de sobre 1500 mm.

Su temperatura varía igualmente dentro de su amplia geografía. En la ciudad el récord de temperatura máxima es de 100 °F (38 °C) registrada el 21 de agosto de 2003 y la mínima de 51 °F (10,5 °C) fue registrada el 25 de enero de 1993, en las zonas elevadas el récord de temperaturas bajas ronda alrededor de los 40 °F (5 °C).

Varios ríos y quebradas pasan por su zona. La mayoría de curso son intermitente. El más importante es el río portugués que pasa por su zona urbana central.

En el pasado ocasionó algunas inundaciones pero ha sido canalizado. Este desagua en el río Bucaná y desembocan juntos al este del puerto de Ponce.

El río Cañas, también conocido como río Canas, corre por su lado oeste y lleva las aguas del río Pastillo.

El río Cerrillos baja de la cordillera Central y es represado, formando el lago de dicho nombre. Más abajo esta la represa Bronce. Ambos embalses son usados para el riego en la agricultura y para usos domésticos.

En su playa esta la Laguna Salinas de agua salada. Su extenso litoral forma bahías y caletas. Numerosos islotes y cayos se localizan frente a él.

Los más importantes son:

Isla Caja de Muertos, Isla Cardona, Isla Morrillito, Isla de Frío, Isla de Ponce se ha ubicado constantemente como una de las ciudades más pobladas de Puerto Rico.

La población de Ponce, según el censo de 2010, se sitúa en 166 327, con una densidad poblacional de 1449,3 personas por milla cuadrada,

278,4/km², ocupando el tercer lugar en términos de población entre los municipios de Puerto Rico.

Estadísticas tomadas del censo de 2010 muestran que el 82,0 % de ponceños tienen origen español o blanco, y el 9,0 % son de color negro, con amerindios, asiáticos, personas de raza mezclada y otros que conforman el resto.8 Con 82,0 %, frente al 76,2 % para la Isla en su conjunto, Ponce tiene la mayor concentración de población españoles/blancos de cualquier municipio de Puerto Rico.

Debido a su importancia comercial e industrial, Ponce siempre ha sido un centro de transporte para el resto de la isla.

El Aeropuerto Internacional Mercedita se encuentra a 3 millas, 4,8 kilómetros, al este de la ciudad de Ponce y maneja tanto vuelos intra-insulares como internacionales.

Ponce es el puerto principal de Puerto Rico en el Caribe. El puerto se está expandiendo para convertirlo en un mega puerto, llamado el Puerto de las Américas, que funcionará como un puerto de transbordo internacional. Cuando esté en pleno funcionamiento, se espera que apoyen 100.000 puestos de trabajo.

Ponce está comunicado con San Juan desde el siglo XIX al construirse la antigua Carretera Central, hoy Carretera # 14, o PR-14, y con las demás ciudades y pueblos del país desde principios de siglo XX al construirse las carreteras hoy numeradas PR-123, PR-135 y la PR-1.

Las vías más importantes lo son: la Carretera # 52, Autopista Luis A. Ferré, en dirección este de Ponce que lo comunica con Caguas y San Juan; la Carretera # 2, en dirección oeste de Ponce que lo comunica con Yauco, Cabo Rojo, Mayagüez y Aguadilla; y la Carretera # 10, en dirección norte de Ponce que lo comunica con el interior de la isla Adjuntas, Utuado y Arecibo.

Vías de la desaparecida línea de ferrocarril y tranviaria en la Calle Bonaire, antes Calle Comercio, en Playa, Ponce.

Ponce fue hasta la década del 1950, la terminal del antiguo Ferrocarril de Circunvalación, ya desaparecido, y hasta 1990 la terminal del Ferrocarril Ponce y Guayama.

En la actualidad solo quedan los restos de esta red ferroviaria en los terrenos de la Refinería Mercedita.

La Ciudad de Ponce además contó con una línea de tranvías de pasajeros y carga entre el casco urbano hasta la importante zona portuaria de Playa y el Puerto de Ponce en su momento de mayor apogeo.

La cochera de los tranvías eléctricos fue en Avenida Hostos a una corta distancia al sur de la Avenida Las Américas de hoy. La estructura sigue en pie hoy en día.

Antes de su fusión con Popular, Inc. en 1991, el Banco de Ponce contaba con la red internacional más extensa de sucursales de todos los bancos de Puerto Rico.

Tradicionalmente la economía de la ciudad ha dependido casi exclusivamente de la industria de la caña de azúcar. Desde alrededor de 1950, sin embargo, la economía de la ciudad se ha diversificado y hoy en día su economía gira en torno a una industria mixta del sector manufacturero, comercio y turismo.

La construcción de un mega puerto, previsto para ser completado en 2014, se espera que contribuya significativamente a la economía de la zona.

La agricultura, comercio y servicios también son actores importantes en la economía local. Se trata de un comercio agrícola, y un centro de distribución. Las industrias incluyen el turismo, procesamiento de productos agrícolas, destilación de ron, envasado, y el corte del diamante.

Los fabricantes incluyen textiles, calzado, cemento, papel, aparatos eléctricos y productos de metal. La ciudad, sin embargo, tiene una tasa de desempleo que ronda un 15 por ciento.

Ponce cuenta con cinco modernos hospitales de los cuales uno es especializado para el tratamiento del cáncer.

Los hospitales son:

Hospital Damas
Hospital Episcopal San Lucas
Hospital Oncológico Andrés Grillasca
Hospital Metropolitano Dr. Pila
Hospital San Cristóbal

CAPÍTULO 50

Luis Alberto Ferré Aguayo

Luis Alberto Ferré Aguayo, nació el 17 de febrero de 1904 y falleció el 21 de octubre de 2003. Él fue un ingeniero, empresario, filántropo, político, músico y mecenas de las artes.

Fue el tercer Gobernador del Estado Libre Asociado de Puerto Rico electo democráticamente desde 1969 al 1973.

Ferre fue el padre fundador del Partido Nuevo Progresista que abogaba por la estadidad de Puerto Rico.

Luis Alberto Ferré era natural de Ponce. Nació en Ponce, Puerto Rico el 17 de febrero de 1904. Su padre Antonio Ferré Bacallao era natural de Cuba.

Antonio Ferré Bacallao se mudó en el 1896 a Puerto Rico, donde fundó una Compañía Puerto Rico. Trabajaba en el sector la Playa de Ponce, Puerto Rico.

Ferré estudió ingeniería en el Instituto Tecnológico de Massachusetts, MIT, donde obtuvo su bachillerato en el 1924 seguido por su maestría en el 1925.

Luego cursó estudios en música en el New England Conservatory of Music. Durante estos años, Ferré desarrolló su admiración por el modo de vida estadounidense.

Tras su regreso a Puerto Rico, Ferré ayudó a transformar la compañía de su padre en una de las más productivas de la isla y amasó una fortuna en el proceso.

En el 1948, compró el periódico "El Día", convirtiéndolo en el periódico de mayor circulación en Puerto Rico.

En la década del 50, adquirió las empresas Puerto Rico Cement y Ponce Cement, consolidadas bajo Puerto Rico Cement, las cuales prosperaron como resultado del aumento de construcciones y proyectos por Operación Manos a la Obra del gobierno federal de los Estados Unidos.

Tras su triunfo en las elecciones del 1968, Ferré se desligó del periódico y lo dejó al mando de su hijo mayor Antonio Luis Ferré Ramírez, quien en el 1970 le cambió el nombre del periódico a "El Nuevo Día".

Ferré comenzó a participar activamente en la política en la década del 40. Durante esta época, aspiró a la alcaldía de Ponce en 1940 y 1944.

En 1948, fue al puesto de Comisionado Residente, aunque no fue favorecido electoralmente.

En el 1951, Luis A. Ferré fue elegido a la Convención Constituyente, que redactó la Constitución de Puerto Rico en 1952.

Entre los logros obtenidos por Ferré y la delegación Estadista en la Convención estuvo la enmienda al preámbulo de la Constitución en donde se estipuló la unión permanente con los Estados Unidos.

En 1952 fue elegido Representante por Acumulación por el Partido Estadista Puertorriqueño, posición que ocupó de 1953 al 1957.

En 1956 fue candidato a Gobernador por el Partido Estadista Republicano, obteniendo el 25% de los votos y llevando a su partido al segundo lugar, por encima del Partido Independentista.

En 1952, el PIP había sido el segundo partido con mayores votos.

En 1960 y 1964 aspiró nuevamente a la gobernación. Aunque no prevaleció en las elecciones, en ambas ocasiones aumentó su cantidad y por ciento de los votos.

En 1960 ganó en el municipio de San Lorenzo.

En el plebiscito sobre el estatus político de Puerto Rico de 1967, se llevó a cabo para evaluar si Puerto Rico continuara siendo un Estado Libre Asociado o por el contrario se incorporaría en la federación estadounidense o establecería su independencia.

El Partido Estadista Republicano decidió no participar de este proceso. Fiel a sus ideales, Ferré funda el movimiento no partidista "Estadistas Unidos" y participó en el plebiscito.

En el plebiscito la Estadidad aumentó sus votos al 39% y ganó en 10 circunscripciones electorales, San Lorenzo, Cataño, Corozal, dos circunscripciones de Ponce, cuatro de San Juan y la de Hato Tejas en Bayamón.

Inspirados por el resultado del plebiscito, Ferré y sus seguidores fundaron el Partido Nuevo Progresista, PNP, el 20 de agosto de 1967 en la cancha del Country Club en Carolina.

El proceso de recoger las firmas para inscribir el partido fue bastante rápido y en pocas semanas se obtuvieron miles por encima de las 42 000 que exigía la Ley Electoral.

El PNP tuvo que luchar en los tribunales para poder utilizar como insignia la palma de cocos, porque el Partido Popular Democrático y el Partido Estadista Republicano objetaron dicha insignia debido a que se parecía a la Palma Real, que fue el emblema de la Estadidad en el plebiscito de 1967.

La campaña del PNP, con los lemas «Esto tiene que cambiar», «Nueva vida» y «Ferré lo hará», cautivó la atención del electorado. El haberse separado políticamente del viejo Partido Estadista incrementó la popularidad de Ferré, y le permitió atraer a su partido a electores que hasta entonces habían votado por el Partido Popular Democrático, PPD. Ferré aumentó su votación de 288, 504 en 1964 a 400, 815 en 1968.

Los problemas internos del PPD y la división que dicho partido sufrió cuando el gobernador Roberto Sánchez Vilella abandonó el PPD para hacerse cargo del Partido del Pueblo, ayudaron al Partido Nuevo Progresista.

En el 6 de noviembre de 1968, Ferré se convirtió en el tercer gobernador electo por los puertorriqueños. Su victoria marcó la primera derrota para el opositor Partido Popular Democrático.

Ferré gobernó de 1969 a 1973. Entre sus obras se destacan el haber conseguido el voto a los jóvenes de 18 años, otorgarle títulos de propiedad a los que vivían en las parcelas, la construcción del 75% del Expreso de San Juan a Ponce, aumentos en las ayudas federales para los puertorriqueños y el garantizar el bono de Navidad.

Durante su término, visitó las tropas puertorriqueñas en Vietnam. En 1972, aspiró a un segundo término como gobernante pero fue derrotado por Rafael Hernández Colón del PPD. No obstante, continuó activo en la política.

En el 1976 fue elegido senador por acumulación y cuando el PNP obtuvo mayoría en dicho cuerpo legislativo, fue elegido presidente del Senado, posición que ocupó de 1977 a 1981.

En 1980 fue reelecto al Senado, y ocupó su escaño hasta 1985. En 1984 aspiró sin éxito a un escaño senatorial en el distrito de Ponce. No volvió a aspirar a un puesto electivo, aunque continuó su participación como presidente del Partido Republicano de Puerto Rico, filial estatal del Partido Republicano, GOP.

En 1949, Ferré fundó el Museo de Arte de Ponce. Originalmente, el museo exhibió 71 pinturas de la colección privada de Ferré, pero actualmente cuenta con más de 3000 obras de arte y es uno de los museos más completos y famosos del Caribe.

El Centro de Bellas Artes, en Santurce, Puerto Rico, lleva su nombre. Fue uno de los fundadores del Festival Casals, el cual todavía se celebra entre marzo y abril. Ferré fue conocido como un talentoso pianista, grabando varios discos instrumentales durante su vida como músico.

El 29 de septiembre de 2003 Ferré fue hospitalizado a consecuencia de una infección urinaria. Luego desarrolló un bloqueo intestinal por el cual tuvo que ser operado.

Durante los días siguientes desarrolló una pulmonía y finalmente falleció en la mañana del 21 de octubre de 2003 a causa de un paro respiratorio. Tenía 99 años.

Ferré obtuvo un funeral de estado al cual asistieron todos los exgobernadores de Puerto Rico, así como el expresidente estadounidense George H. W. Bush.

Entre los numerosos reconocimientos que recibió Ferré durante su vida, se destaca la Medalla Presidencial de la Libertad, otorgada el 18 de noviembre de 1991 por el presidente George H. W. Bush.

CAPÍTULO 51

Rafael Hernández Colón

Rafael Hernández Colón nació en Ponce 24 de octubre de 1936 y falleció en San Juan, 2 de mayo de 2019.

Fue un político puertorriqueño. Él fue cuarto Gobernador del Estado Libre Asociado de Puerto Rico por tres periodos, 1973-1977, 1985-1989 y 1989-1993.

Hernández Colón, fue el gobernador más joven en la historia política de Puerto Rico.

El gano su primer término a la edad de 36 años, así como la persona que más veces se postuló para gobernador, un total de 5 ocasiones. Sus términos como gobernador se caracterizaron por hacer gestiones para estimular la economía de Puerto Rico.

Nació en Ponce el 24 de octubre de 1936, hijo de Don Rafael Hernández Matos, Juez Asociado del Tribunal Supremo de Puerto Rico, y Doña Dorinda Colón Clavell. Se crio en la Calle Sol #9 en la "Ciudad Señorial".

Tras una lucha contra la leucemia, cáncer en la sangre, perdió la batalla el 2 de mayo de 2019 mientras se encontraba en la residencia de uno de sus hijos, ubicada en la Calle Sol del Viejo San Juan, Puerto Rico.

Hernández Colón cursó estudios primarios y secundarios en la Escuela Rafael Pujals y en el Colegio Ponceño de Varones en Ponce.

En 1953 obtuvo el diploma de Escuela Superior en Valley Forge Military Academy, en Wayne, Pennsylvania, Estados Unidos. Ingresó a Johns Hopkins University, en Baltimore, Maryland, graduándose con honores en 1956 con el grado de Bachillerato en Artes en Ciencias Políticas.

En esta institución recibió el Premio Julius Turner por la mejor tesis de Ciencias Políticas y fue elegido miembro de la sociedad académica de honor Phi Beta Kappa, la más antigua y prestigiosa de los Estados Unidos."

Hernández Colón obtuvo el grado de Licenciado en Derecho, Valedictorian, Magna Cum Laude, en 1959 en la Escuela de Derecho en la Universidad de Puerto Rico, Recinto de Río Piedras.

Recibió premios como mejor estudiante de Derecho por el Colegio de Abogados y por la West Publishing Company. Fue editor de la Revista Jurídica de la Escuela de Derecho de la Universidad de Puerto Rico.

En 1959 ingresó como miembro del Colegio de Abogados de Puerto Rico y comenzó a postular en los Tribunales del Estado Libre Asociado de Puerto Rico.

También, en el sistema federal de los Estados Unidos de América estaba bien activo.

Del 1961 al 1965 y del 1994 al 2009 se desempeñó como profesor de Derecho Procesal Civil en la Pontificia Universidad Católica de Puerto Rico. En 1969 publicó la primera edición del libro de texto Derecho Procesal Civil, presentando su 5.ª edición en el 2010.

Inició sus actividades políticas y administrativas en 1960 como Comisionado Asociado de la Comisión de Servicio Público del Estado Libre Asociado de Puerto Rico.

Fue nombrado secretario de Justicia en 1965 por el Gobernador Roberto Sánchez Vilella.

En 1968 fue elegido Senador por el PPD. Desde 1968 hasta 1977 fue miembro del Comité Nacional del Partido Demócrata de los Estados Unidos.

En enero de 1969 fue elegido Presidente del Senado y en diciembre del mismo año se convierte Presidente del Partido Popular Democrático.

Fue elegido Gobernador del Estado Libre Asociado de Puerto Rico por primera vez en el 1972. Fue reelecto a un segundo término en noviembre del 1984 y a un tercer periodo en 1988. Fue el segundo Jefe de Estado del país que más tiempo a ocupado el cargo, 12 años.

La orientación política y legislativa de sus administraciones se destacó por el serio esfuerzo realizado por mejorar el estatus político del país, desarrollando estrategias para lograr a un mayor grado de autonomía.

En 1976, como una alternativa para enfrentar la crisis económica en el país, Rafael logró el establecimiento de la Sección 936 al Código de Rentas Internas de Estados Unidos para fomentar el desarrollo industrial de Puerto Rico ofreciendo incentivos contributivos a industrias que se establecieran en la isla.

Sus efectos al desarrollo económico del país han sido altamente visibles, el impacto de la 936 resultó en un gran influjo de capital en la isla al punto de que en el año 1983 los beneficios ascendieron a 1.64 billones de dólares.

Sobre todo, en el área de las farmacéuticas que tuvo un gran apogeo en la época. La adquisición de la red telefónica por el Gobierno y la modernización de este servicio en el país, así como la también adquisición por el Gobierno de la red de transporte marítimo para estabilizar los fletes marítimos en Puerto Rico demuestran el alcance de la autonomía fiscal con que cuenta el país.

Estableció reformas significativas en lo educativo, jurídico, contributivo y municipal. El fomentó la participación democrática del pueblo en los asuntos políticos del país y creó vías para afirmar la identidad cultural puertorriqueña.

Esto fue dando primacía al establecimiento por ley del español como idioma oficial de Puerto Rico. Junto al Presidente Richard M. Nixon nombró el Comité Ad Hoc para el Desarrollo del ELA en 1973 y participó en la redacción del Pacto de Unión Permanente entre Puerto Rico y Estados Unidos, conocido como El Nuevo Pacto, en 1975.

En 1979 desarrolló un plan estratégico para el desarrollo integral de Puerto Rico llamado La Nueva Tesis.

La descentralización en el Gobierno de Puerto Rico fue parte integral de su política pública, culminando con la Ley de Municipios Autónomos de 1991, que hizo posible investir en la ciudadanía local parte del poder administrativo sobre sus asuntos.

Desde el 1974 hasta el 1991 formó parte de la Junta Directiva de la Fundación Carnegie para la Paz Internacional y desde 1974 hasta la presente. Rafael era miembro de la Junta de directores de Johns Hopkins University.

También fue miembro de la Junta de Síndicos de la Pontificia Universidad Católica de Puerto Rico. En la actualidad el Ex-Gobernador Rafael Hernández Colón se dedicaba a la redacción de sus Memorias, a la publicación de libros y artículos y al ofrecimiento de conferencias sobre temas variados. Residía en Ponce con su esposa la Lcda. Nelsa López.

La Fundación Rafael Hernández Colón, FBRHC, es una organización sin fines de lucro establecida en 1992 con el propósito de fomentar el interés en la investigación, el estudio, análisis y reflexión sobre la realidad del pueblo puertorriqueño.

Es un espacio de encuentro multisectorial y multidisciplinario creado con el propósito de generar conocimiento y acción al servicio de Puerto Rico.

La sede de la FRHC dispone de un Archivo Histórico, Museo, Biblioteca Infantil, Centro de Historia Oral, Escuela de Liderazgo, Sala de la Historia Constitucional de Puerto Rico, Auditorio, Sala de Conferencias y Salón de Actividades para visitantes y público en general, accesible a estudiantes, investigadores e historiadores, y para el uso de entidades educativas, culturales y corporativas.

Su visión era unir voluntades diversas para hacer de Puerto Rico un mejor país.

Su misión fue promover el pensamiento, la investigación y la innovación que resulte en propuestas de acción cívica para servir mejor al país.

El exgobernador Rafael Hernández Colón, él una vez joven prodigio ponceño que irrumpió en la vida puertorriqueña como secretario de Justicia cuando no había cumplido 30 años y antes de llegar a 40 había sido presidente del Senado y gobernador, convirtiéndose en el camino en el más importante dirigente estadolibrista de la historia después del patriarca Luis Muñoz Marín.

Rafael falleció a los 82 años.

CAPÍTULO 52

Rafael Cordero Santiago

Rafael Cordero Santiago nació el 24 de octubre de 1942 y falleció el 17 de enero de 2004.

Él fue mejor conocido como "Churumba". Fue el alcalde de la ciudad de Ponce, Puerto Rico desde el 1988 hasta su muerte en el 2004.

Cordero fue un político muy respetado entre los puertorriqueños, incluyendo aquellos que no seguían su ideología. Muchos lo consideraban un ícono de la ciudad, siendo bautizado como El León Mayor, en referencia al león como símbolo de la ciudad.

"Churumba", un apodo en referencia a su estatura, es un término que antes se usaba para referirse a algunos trompos.

Rafael Cordero Santiago nació en el sector La Playa de la ciudad de Ponce. Estudio en la Pontificia Universidad Católica de Puerto Rico desde el 1960 hasta el 1964, recibiendo un bachillerato en Artes, con concentración en ciencias políticas, economía, y ciencias sociales.

Como estudiante, Cordero fue miembro de la Fraternidad Nu Sigma Beta, capítulo Delta.

Cordero comenzó a envolverse en la política de Puerto Rico en el 1969, cuando comenzó a trabajar como ayudante especial del exgobernador, Rafael Hernández Colón, que en ese momento era presidente del Senado.

Como miembro del Partido Popular Democrático de Puerto Rico, PPD, Cordero trabajó en el Departamento de Finanzas y Derechos de los Trabajadores.

En 1988, Cordero recibió el apoyo del entonces gobernador, Rafael Hernández Colón, para la posición de alcalde de Ponce. Ese mismo año, Cordero ganó las elecciones por un margen de 1,617 votos contra su oponente, Helcías Bermúdez, del Partido Nuevo Progresista.

Cordero fue clave en la celebración de los Juegos Centroamericanos y del Caribe que se celebraron en la ciudad de Ponce en 1993.

En 2001, Cordero fue arrestado y encarcelado por 30 días después de practicar desobediencia civil durante las protestas contra la Marina en la isla de Vieques al entrar ilegalmente en terrenos restringidos.

A finales del 2003, Cordero firmó e inició la construcción de un mega-puerto con un valor multimillonario en Ponce, por el cual luchó varios años y el cual recientemente fue nombrado en su honor.

Este proyecto será una facilidad marítima que permitirá que Ponce obtenga $150 millones de dólares hasta el 2076, al igual que generará empleos para los residentes, mejorara el Aeropuerto Internacional Mercedita y la industria hotelera en Ponce.

Cordero Santiago murió a la edad de 61 años el 17 de enero de 2004, a las 9:00 AM, en el centro médico de Río Piedras luego de entrar en estado de coma y sufrir una hemorragia cerebral y ser trasladado del hospital Damas de Ponce. Su deseo póstumo de donar sus órganos fue cumplido.

Los servicios funerales se celebraron en el Auditorio Juan Pachín Vicéns con una guardia rotativa de políticos, empleados públicos, y diferentes personalidades del deporte de Ponce.

¡Muchos visitantes gritaban "Que viva Churumba!". El tablero electrónico del auditorio tenía el mensaje "El León Mayor descansa en paz".

El féretro fue regresado a una funeraria local para una ceremonia familiar. El día después, lunes, 19 de enero, una oración fue hecha en la Catedral de Nuestra Señora de la Guadalupe en la plaza de Ponce, después de tener el féretro en la Alcaldía de la ciudad.

El sepelio de Cordero fue en el Cementerio La Piedad de Ponce. Rafael Hernández Colón y su hermano estuvieron a cargo de la oratoria de duelo.

Cordero dejó dos hijas, gemelas fraternas Solange Marie y Mara Bianca, y su viuda Madeline Velasco, quien durante su discurso funeral culminó con la famosa frase de Cordero "Ponce es Ponce, ¡y lo demás es 'parking'!".

Durante el séptimo juego de la serie final de la liga de Baloncesto Superior Nacional de Puerto Rico, el jugador "Toñito" Colón, del equipo de los Leones de Ponce, levantó la silla de Cordero en celebración de su duodécimo campeonato que fue dedicado al agonizado alcalde.

La silla de Cordero ha sido reservada durante los juegos locales del equipo, en memoria del alcalde.

Por otro lado en marzo de 2006 la Academia Caribbean World Of Martial Arts. Familia Inc., CWOMAF TEAM, viajó al exterior en dos ocasiones.

El competidor internacional Steven Rodríguez y la Coach Isabel Rivera con la aprobación y bendición de la respetable viuda del Sr. Cordero, la Sra. Madeline Velasco, le solicitaron permiso para dedicarle estos dos campeonatos al "León Mayor".

Este equipo llevó un gigantesco letrero a los campeonatos del exterior que decía en inglés, "Venimos a pelear en honor a la memoria de Rafael Cordero Santiago". Este equipo obtuvo el trofeo del país más sobresaliente y con más prendas.

Los competidores se inspiraron en el valor incansable de su amado alcalde y "León Mayor".

CAPÍTULO 53

Francisco Zayas Seijo

Francisco "Ico" Zayas Seijo nació de padres profesionales y activos en el servicio público. Su madre, la Dra. Esther Seijo Tizol, Q. E. P. D., estudió Economía Doméstica.

Ella fue activa en el Partido Popular Democrático con el gobernador de Puerto Rico don Luis Muñoz Marín, convirtiéndose en la primera mujer en ser nombrada para trabajar con las comunidades aisladas del país.

Su padre, el Sr. Héctor Zayas Chardón, estudió Economía Agrícola. E; fue colaborador en el gobierno de Muñoz Marín como Subsecretario de Agricultura y Administrador de Fomento Cooperativo de Puerto Rico.

Ellos procrearon a tres hijos: Francisco "Ico", Héctor "Paquito", Q. E. P. D., y Luis José.

Después de la muerte de la Dra. Seijo, el Sr. Hector Zayas se ordenó como sacerdote a sus 88 años.

A los 16 años, Francisco "Ico" Zayas ingresó al Colegio de Agricultura y Artes Mecánicas de Mayagüez donde realizó estudios de agronomía.

Eventualmente es aceptado a la Escuela Veterinaria de la Universidad de Pensilvania.

En el 1975 completa su Doctorado en Medicina en Veterinaria a la edad de 23 años con una beca que le fue otorgada por la industria Lechera de Puerto Rico y la Escuela de Medicina de la Universidad de Puerto Rico.

En 1973 se casó con Nancy Colón y desde entonces establecieron su residencia en la ciudad de Ponce con sus cuatro hijos: Francisco, Héctor, Rafael y José Ángel, Q. E. P. D.

Cuando su tío Humberto Zayas Chardón decide retirarse de la política activa del puesto que ocupaba como representante a la Cámara en el 1991, Ico Zayas decidió sustituirlo.

Participó en primarias, las que ganó abrumadoramente. Por los próximos 13 años, ocupó el puesto legislativo por el Distrito Representativo 25 de Ponce y Jayuya.

En el año 2000, gobernó en la Cámara de Representantes la Comisión de Hacienda.

En el 9 de febrero de 2004, mediante una asamblea de delegados del Partido Popular Democrático de Ponce celebrada en el Restaurante El Señorial, el Dr. Francisco Zayas Seijo fue seleccionado como candidato a la alcaldía de Ponce en las elecciones del año 2004 en sustitución del fenecido alcalde Rafael Cordero Santiago.

Desde la Cámara de Representantes, Ico Zayas fue un estrecho colaborador del alcalde Rafael Cordero Santiago, Q. E. P. D..

El 2 de noviembre de 2004, día de las elecciones generales, fue elegido por un margen de 12,455 votos, como nuevo alcalde de Ponce, manteniendo el poder y liderato en esa localidad al Partido Popular Democrático.

Zayas Seijo se convirtió en el centésimo cuadragésimo cuarto, 144, alcalde de Ponce al juramentar el 9 de enero de 2005, desde que la Ciudad fue fundada en el 1692.

También es el centésimo trigésimo octavo, 138, alcalde electo, por el voto de los ponceños y el trigésimo tercero desde el 1898.

El 9 de marzo de 2008, Zayas Seijo ganó las primarias para alcalde de Ponce por el PPD, por un escaso margen de 28 votos, contra su contrincante el Lcdo. Carlos Jirau.

Con este apretado triunfo, Zayas Seijo fue candidato a la reelección para alcalde de Ponce, en las elecciones del 4 de noviembre de 2008.

A raíz de la creación del Movimiento Autónomo Ponceño por el Lcdo. Jirau, el PPD enfrenta los comícios electorales dividido dando ocasión al triunfo del PNP y su candidata, la Dra. María "Mayita" Meléndez Altieri. El Dr. Zayas Seijo fue sucedido en el cargo, sin su presencia en los actos, por la Dra. Meléndez el 12 de enero de 2009.

CAPÍTULO 54

María Mayita Meléndez Altieri

María Eloísa Meléndez Altieri nació en Río Piedras, Puerto Rico, 26 de diciembre de 1951. Ella es una odontóloga y política puertorriqueña, que fue alcaldesa del Municipio Autónomo de Ponce, miembro del Partido Nuevo Progresista.

Es hija de José Luis Meléndez Mena, comerciante y de Eloísa Altieri Brou, exgerente de banco. Es la mayor de cuatro hermanas. Es madre de Ana Margarita y María del Mar Mateu Meléndez, ambas abogadas licenciadas. En agosto del 2011 se convirtió en abuela por primera vez de una niña.

Estudió en la Facultad de Ciencias Naturales de la Universidad de Puerto Rico, recinto de Rio Piedras. Alcanzó un Bachillerato en Ciencias con concentración en Física y Biología en 1973.

En 1977 recibió el grado de Doctor en Medicina Dental de la Escuela de Odontología del recinto de Ciencias Médicas de la UPR.

Meléndez Altieri inició su práctica profesional de odontología en Ponce. Ejerció la profesión de cirujana dental por 31 años, 1977-2008, destacándose tanto en el área clínica como en la educativa, y administrativa.

El 12 de enero de 2009, juramentó y se convirtió en la primera alcaldesa electa por el pueblo de Ponce, segunda ciudad más grande de Puerto Rico.

Durante su primer término, la alcaldesa fue la primera mujer en presidir la Organización para el Desarrollo Integral del Sur, DISUR.

Además, la Federación de alcaldes de Puerto Rico la designó como portavoz ante la Junta de Supervisión Fiscal. A su vez, Meléndez Altieri fue la vicepresidenta de la Federación de alcaldes de Puerto Rico, 2008-2012.

Tanto en 2012 como en 2016 Meléndez Altieri, revalidó como alcaldesa en su segundo y tercer término respectivamente.

Es la National Committewoman del Partido Demócrata en Puerto Rico desde 2013.

Es también presidenta del Concilio de la Liga de Ciudadanos Latinoamericanos Unidos, LULAC.

Luego de una crisis económica prolongada y un huracán devastador, Meléndez Altieri ha emergido como una líder puertorriqueña de reconocimiento internacional por su abogacía en diferentes foros para reconstruir la isla.

Es una defensora de los derechos legítimos de los puertorriqueños como ciudadanos americanos, llegando a posicionar la ya conocida campaña "We Are Americans Too", que ha ayudado a la ciudad a ganar atención para abogar por un futuro más sostenible y una respuesta urgente a las necesidades de desembolso de fondos federales de la isla, a través del diálogo con congresistas americanos, funcionarios federales y líderes empresariales.

El alcalde de Los Ángeles, Eric Garcetti, la describió como una "verdadera heroína americana".

Además, ha sido oradora en actividades del National League off Cities; la U.S. Conference of Mayors y ha sido oradora en el Congreso ante el Caucus Demócrata de Legisladores Hispanos.

CAPÍTULO 55

Dr. Luis Irizarry Pabón

Luis Manuel Irizarry Pabón nació el 12 de noviembre del 1958 en Ponce, Puerto Rico. Sus padres fueron Félix Irizarry and Carmen Lydia Pabón.

Graduado de la Universidad de Puerto Rico, recinto de ciencias médicas. of the University of Puerto Rico.

Irizarry Pabón fungió como médico internista antes de ser seleccionado como alcalde electo del municipio de Ponce en noviembre del 2021 .

También trabajó como legislador municipal, fue líder minoritario en la legislatura municipal de Ponce.

Consiguió una victoria en contra del Partido Nuevo Progresista y su alcaldesa incumbente para ese momento María Meléndez, Irizarry Pabón juramento el 13 de enero del 2021.

Finalizadas las elecciones del 2020 el municipio de Ponce mostró que Irizarry Pabón había recibido 28,728 votos (62%) mientras que la incumbents alcaldesa María Meléndez Altieri obtuvo 12,314 votos (26.6%). El remanente de votos fue dividido entre los partidos MVC and PIP.

Para el 12 de noviembre del 2021, Irizarry Pabón cumplió sus 63 años. Él tiene cuatro hijos: Alma, Luis Manuel, María Isabel, and Yaniel.

La Pava reaccionó a la pesquisa del Departamento de Justicia, mientras otros piden a la agencia un proceso imparcial.

Mientras el Partido Popular Democrático (PPD) se comprometió, a estar atento al desarrollo de una investigación del Departamento de Justicia en el Municipio de Ponce, otras figuras y conocedores de la política puertorriqueña pidieron que el proceso que involucra al alcalde Luis Manuel Irizarry Pabón sea uno imparcial.

"Por encomienda del presidente del PPD, José Luis Dalmau Santiago, estamos atentos y prestos a actuar sobre la información de una investigación en curso de asuntos en el Municipio de Ponce.

El pueblo puede tener certeza de que el PPD atenderá esto con plena y total lealtad a nuestros principios, valores y reglamento", expresó en declaraciones escritas el secretario general de la Pava,

El Nuevo Día reveló que la Justicia investiga al alcalde de Ponce por presuntamente haber obligado a empleados municipales a pagar un préstamo personal de $50,000 que tomó para costear parte de su campaña política y que supuestamente no registró ante la Oficina del Contralor Electoral, OCE.

En octubre, agentes del Negociado de Investigaciones Especiales, NIE, de Justicia visitaron la alcaldía de Ponce para entregar citaciones y requerimientos de información a varios funcionarios que participaron en la campaña del alcalde.

Según las fuentes, en algún momento se les llegó a pedir aportaciones al pago del préstamo hasta a 20 empleados municipales.

"Todo acto ilícito en la función pública es aborrecible para el PPD. Pero, igual creemos que a quien se le imputa algo debe tener oportunidad de defenderse.

Seguiremos de cerca el proceso y estamos listos para actuar siempre al lado de la verdad y la justicia", agregó Vega Ramos.

Por su parte, el presidente de la Asociación de alcaldes –que agrupa a los ejecutivos municipales del PPD–, Luis Javier Hernández, detalló que conversó con Irizarry Pabón. "Quería saber su posición. Él está tranquilo, obviamente sabe que hay una investigación del Departamento de Justicia en curso".

"De parte del Departamento de Justicia, espero que sea una investigación imparcial, no con índole político partidista, porque en las pasadas semanas hemos visto muchas decisiones que dan mucho de qué hablar", dijo el también alcalde de Villalba.

"En lo que respecta a él, Irizarry Pabón, le recomendé que hiciera expresiones cuanto antes para de alguna forma tranquilizar a su pueblo".

Hernández, quien indicó que no ha tenido comunicación con otros líderes de su partido para discutir el tema, insistió que, al momento, no hay ningún tipo de acusación contra el alcalde ponceño, por lo que rechazó contestar si la pesquisa podría agravar la desconfianza del pueblo en los principales partidos políticos.

"Sí te puedo decir que no se puede generalizar lo que está ocurriendo en el país. En el caso de Ponce, lo que hay es una investigación. Obviamente, eso no quita que desde la Asociación de alcaldes siempre proponemos que las cosas se hagan bien.

El siempre defiendo a los alcaldes que hacen las cosas bien. Mi postura siempre ha sido que los buenos somos muchos más", abundó Hernández.

La directora de Prensa y Comunicaciones de Ponce, Olga Vélez, reafirmó hoy que el alcalde no realizaría expresiones sobre el tema.

En tanto, el contralor electoral, Walter Vélez Martínez, no estuvo disponible para atender a este diario. En declaraciones escritas, indicó:

"Los procesos de investigación de la Oficina del Contralor Electoral, como los de cualquier otra oficina fiscalizadora, son de carácter privado y confidencial, y se ofrecen los detalles al finalizar el proceso".

Para el exsenador popular Eudaldo Báez Galib, en la isla hay una crisis de credibilidad en torno a la justicia en general, por lo que considera "vital" que la agencia que lidera Domingo Emanuelli Hernández "trate de redimirse ante la opinión pública. Y creo que no importa de qué partido sea la persona investigada, por supuesto. Un requisito básico y elemental es que de verdad haya fundamentos para investigar, que no sea una investigación de índole política".

En semanas recientes, tanto Justicia como el Panel sobre el Fiscal Especial Independiente, PFEI, han determinado desistir o archivar una serie de denuncias de alto perfil, provocando cuestionamientos sobre los procesos investigativos.

Una de las instancias más criticadas fue la decisión de Justicia de no asignar un PFEI contra varios funcionarios electos del Partido Nuevo Progresista (PNP), entre ellos el alcalde de San Juan, Miguel Romero, por sus vínculos con la empresa JR Asphalt.

Por otro lado, el también abogado opinó vía telefónica que no es el momento para que el PPD tome algún tipo de acción administrativa ante las denuncias contra Irizarry Pabón.

"Todos los partidos tienen una obligación primaria, de respetar el derecho a que la persona es inocente hasta que se pruebe lo contrario. Tú no puedes castigar administrativamente a alguien sin saber si es culpable o no, todos los partidos deben esperar hasta que haya un primer movimiento de Justicia.

Si hay una acusación, entonces los partidos tienen en sus manos un primer elemento para tomar algún tipo de acción", precisó.

CAPÍTULO 56

Pedro Albizu Campos

Pedro Albizu Campos nació en Ponce, 29 de junio de 1893 y falleció en San Juan, 21 de abril de 1965.

Él fue un político y líder independentista puertorriqueño. Fue la figura más relevante en la lucha por la independencia de Puerto Rico durante el siglo XX. Se le conocía como "El maestro", "Don Pedro" y "El último libertador de América".

Su padre, Alejandro Albizu Romero, era un funcionario del gobierno español nacido en Ponce en 1843 y fallecido en 1920, a los 77 años.

Alejandro Albizu era a su vez hijo de Antonio Albizu Ordóñez, nacido en Cumaná, Venezuela en 1808, hijo del navarro José Joaquín Albizu Rodríguez de Arellano.

Los abuelos paternos de Albizu, venezolanos de origen español, se establecieron en Puerto Rico tras la independencia de Venezuela debido a su apoyo a la causa realista. Su madre, Juana Campos, era una antigua esclava mulata.

Alejandro Albizu no reconoció su paternidad hasta 1910 al haber engendrado a Pedro fuera del matrimonio, por lo cual durante sus primeros años Pedro Albizu era conocido solo por su apellido materno, Campos.

En la Universidad de Vermont Boston estudió ciencias y se especializó en el campo de la ingeniería química, mientras en Harvard estudió derecho.

En Boston se solidarizó con las luchas de liberación nacional de Irlanda y de la India. Hizo amigos entre los independentistas de ambas naciones, entre los que se encontraban Subhas Chandra Bose, líder nacionalista indio que acompañaría a Mahatma Gandhi en su gesta libertadora, y Éamon de Valera, político irlandés que posteriormente sería presidente del país tras la independencia.

Durante la Primera Guerra Mundial, 1914-1918, sirvió en el Ejército de los Estados Unidos por 4 años consecutivos.

En 1921 terminó su carrera universitaria y regresó a Puerto Rico para trabajar como abogado. No acepto rendir sus servicios a las corporaciones existentes en el país. Consideró que era su deber orientar a los puertorriqueños en cuanto a lo que entendía que era la conveniencia de terminar con su condición colonial.

Cita de Pedro Albizu Campos

El valor más permanente en el hombre es el valor. El valor es la suprema virtud del hombre y se cultiva como se cultiva toda virtud y se puede perder como se pierde toda virtud. El valor en el individuo es un supremo bien. De nada vale al hombre estar lleno de sabiduría y de vitalidad física si le falta el valor. De nada vale a un pueblo estar lleno de vitalidad, y de sabiduría si le falta el valor....

Pedro Albizu Campos, 1936.

Ingresó en el Partido Nacionalista de Puerto Rico, PNPR, que tenía como objetivo irrenunciable la plena independencia de la isla. Por encargo de este, viajó por varios países de América Latina con el propósito de recabar su solidaridad a favor de la independencia de Puerto Rico. Colaboró con la Liga Antiimperialista de las Américas, LADLA.

El 11 de mayo de 1930, fue elegido presidente del PNPR.

En 1932 asistió a las elecciones legislativas, en las que obtuvo poco apoyo, con algo más de 5000 votos. Posteriormente, acordó no concurrir más a elecciones convocadas por la administración estadounidense y a no acatar el servicio militar obligatorio.

Tras pasar a la lucha armada, Albizu fue condenado en 1936 por conspirar para derrocar el gobierno de los Estados Unidos en la isla y por varios actos violentos en contra del gobierno.

Ese mismo año, Albizu Campos y los principales líderes nacionalistas fueron detenidos y trasladados a una prisión de Atlanta. Entre los arrestados, además de Albizu Campos, se encontraban los poetas Juan Antonio Corretjer y Clemente Soto Vélez.

Comenzaban los preparativos para una lucha armada con el objetivo de demostrar que había oposición a los planes para la solución definitiva del estatus con la instauración del Estado Libre Asociado.

El 30 de octubre de 1950, se produjo el Grito de Jayuya, que incluyó un atentado al presidente Harry S. Truman, del cual Albizu fue considerado responsable.

Él y otros líderes fueron encarcelados de nuevo, pero esta vez en Puerto Rico.

En 1953 el gobernador de la isla, Luis Muñoz Marín, indultó a Albizu.

En 1954 ocurrió un atentado a la Cámara de los Representantes de Estados Unidos y se revocó el indulto.

En la cárcel, la salud de Albizu Campos se deterioró. Se comenzó a especular sobre su salud mental. En 1956, sufrió un derrame cerebral en prisión, siendo trasladado al Hospital Presbiteriano de San Juan de Puerto Rico, donde permaneció ingresado bajo una fuerte vigilancia policial.

Albizu Campos afirmaba que fue objeto de experimentos con radiación durante su presidio.

Algunos funcionarios sugirieron que Albizu estaba loco, aunque muchos médicos lo examinaron y encontraron síntomas de radiación. El doctor Orlando Damuy, presidente de la Asociación de Cáncer de Cuba, viajó a Puerto Rico para examinar a Albizu.

Las quemaduras en su cuerpo, según dijo el doctor Damuy, se debían a la intensa radiación a la que había sido expuesto. Albizu Campos no recibió ninguna atención médica durante cinco días.

"En la cárcel o frente a la muerte renovamos nuestros votos de consagración a la causa de la independencia patria."

Pedro Albizu Campos.

El 15 de noviembre de 1964, Albizu fue indultado de nuevo por Muñoz Marín, lo cual levantó serias críticas en los sectores contrarios a la independencia.

Finalmente, Pedro Albizu Campos falleció el 21 de abril de 1965. Fue enterrado en el cementerio Santa María Magdalena de Pazzis. Su entierro fue uno de los más concurridos que se han celebrado en toda la historia de Puerto Rico, 75.000 personas.

En 1994, bajo la administración del presidente Bill Clinton, el Departamento de Energía reveló que llevó a cabo experimentos con radiación en seres humanos.

Estos experimentos se llevaron a cabo sin el consentimiento de los prisioneros, durante las décadas de 1950 a 1970.

Se alega que Pedro Albizu Campos fue una de las víctimas de este experimento.

Pedro Albizu es considerado nacionalista e independentista puertorriqueño. Sin embargo, su figura también es reclamada por el reunificacionismo de Puerto Rico.

La identificación de Pedro Albizu con España y la hispanidad, a las que elogiaba y consideraba partes del puertorriqueño, era conocida a través de sus comentarios, entendiendo este factor como uno de los más importantes para alcanzar la independencia de Puerto Rico frente a los Estados Unidos.

Es por ello por lo que sea considerado por el reunificacionismo uno de los padres de la patria puertorriqueña, entendiendo ésta como exclusión de USA, pero como un regionalismo no absolutista en España, similar al andalucismo de Blas Infante.

Uno de los primeros en desarrollar argumentos para invalidar el Tratado de París, 1898, fue Pedro Albizu Campos:

"La Madre Patria, España, la hidalga fundadora de la moderna civilización mundial, reconoció este principio fundamental de relación internacional como lo exponían nuestros antepasados del 1868, Gobierno de la Primera República Española.

Su idea del federalismo que incluía a Puerto Rico. Concedió a Puerto Rico la Magna Carta Autonómica, de 1897, en virtud de la cual las relaciones entre España y Puerto Rico habrían de ser reguladas por tratados.

Autonómicos según regulaba la Carta Autonómica de 1897, que no internacionales, así reconociendo a nuestro país, Puerto Rico como pueblo.

Tenemos que ser reconocida con la "nacionalidad puertorriqueña, libre e independiente. Tiene que ser del gobierno central de Madrid, que no de España, en sus asuntos propios según marcaba la Carta Autonómica de 1897.

Este reconocimiento de nuestro lugar en la familia de naciones libres era irrevocable, giro a la independencia puertorriqueña frente a la anexión norteamericana.

Sera obligatorio para todos los poderes, y nunca pudo estar a merced de los sucesos de las guerras de nuestra Madre Patria o de ninguna otra guerra.

El tratado de París, impuesto por la fuerza por Estados Unidos a España, el 11 de abril de 1899, es nulo y sin valor en lo que concierne a Puerto Rico.

Por tanto, la intervención militar de Estados Unidos en nuestra patria es sencillamente uno de los actos más brutales y abusivos que se haya perpetrado en la historia contemporánea.

Sus críticos dicen que "no logró atraer y ofrecer soluciones concretas a los pobres y a la clase obrera en lucha y, por lo tanto, fue incapaz de extender la revolución a las masas."

El legado de Pedro Albizu Campos es objeto de discusión entre partidarios y detractores. Lolita Lebrón lo llamó "el líder más visionario de Puerto Rico".

Los nacionalistas lo consideran "uno de los más grandes patriotas de la isla del siglo XX". Al describir su legado, el científico social Juan Manuel Carrión escribió que "Albizu sigue representando un desafío contundente al tejido mismo del orden político colonial de Puerto Rico".

"Sus seguidores afirman que las acciones políticas y militares de Albizu sirvieron de base para un cambio positivo en Puerto Rico. Esto incluye la mejora de las condiciones laborales de los campesinos y los trabajadores.

Es una evaluación más precisa de la relación colonial entre Puerto Rico y los Estados Unidos. Es una toma de conciencia por parte del establecimiento político en Washington, D.C. de esta relación colonial. Los partidarios afirman que el legado es el de un sacrificio ejemplar para la construcción de la nación puertorriqueña.

Este es un legado de resistencia al dominio colonial.

GLOSARIO

bohío = casas o chozas donde vivían los indios.

Caparra = primera residencia del conquistador, gobernador de Puer-to Rico, Juan Ponce de León

cucubano = insecto volador que despide una luz azulada durante la noche

jíbaro = nombre con que se conoce a los campesinos puertorriqueños.

macana = arma defensiva de los indios, hecha de madera más dura de una especie de palma.

Naborias = indios que trabajaban como siervos para un señor, ya és-te un cacique o colono español

Taínos = palabra indígena que significa "los buenos" y que da nombre a los indios de las Antillas Mayores.

guatiao = pacto de fraternización que sellaban con nombres

areito = reuniones que hacían los indios para celebrar sus fiestas, recordar tradiciones, tomar decisiones, o declarar guerras.

Abacoa- El nombre borinqueño del río Grande de Arecibo. Conservado en palabras en el Informe dado al Rey en 1582, por el Bachiller Santa Clara y el Pbro. Juan Ponce de León, nieto del Conquistador.

Abey Arbusto- también llamado "Abey macho", Jacaranda poitaei.

Abita Río de la República Dominicana- tributario del Ozama; también llamado "Sabita".

Abuje Artrópodo que pica y provoca comezón. En las cercanías de Holguín, Cuba, según Pichardo, se le llama "babuje". Gundlach indica que es un artrópodo de ocho patas. En Puerto Rico se le llama "abuse".

Abá Arbusto, de la Isla de la Juventud, Isla de Pinos.

Acana El nombre acana ha sobrevivido en Santo Domingo, pero aplicado a un árbol silvestre maderable, el "balatá", Manilkara bidentata.

[Ver Açuba] En Puerto Rico se conoce como "jácana" o "hácana" a la Lucuma multiflora.

Acanorex Cacique- haitiano, encomendado a Pedro de Murcia en el Repartimiento de indios de 1514.

Achiote- El origen es mejicano, achiohtle. [Ver Bija]

Adamanay La islilla Saona- esta frente a la costa suroriental de La Española.

Agabáma- Río de Cuba: se llama también Manatí.

Aguacate- Palabra mexicana, derivada de ahuacatl. Árbol frutal, Persea gratissima.

Aguají -Pez en Cuba.

Agüeybana- El nombre del cacique principal de Borinquén, cuando visitó la isla Juan Ponce de León en 1508. Nombre también de otro cacique, que en 1514 se encomendó a "las haciendas e minas e grangerías del Rey", en Santo Domingo, y se llamaba Francisco de Agüeybana.

Aje - Es la batata o boniato,

Alcatraz- El pelícano,

Amanex- Cacique de Haití, encomendado al Bachiller Alonso de Parada, en el Repartimiento de indios de La Española, en 1514.

Amina- Río dominicano, afluente izquierdo del Yaque del Norte. Las Casas escribió «Agmina, la media breve».

Amoná-La islilla Mona, que tan poblada estaba de indígenas en la época del Descubrimiento.

Anacahuita, anacagüita- El nombre de origen es mexicano, anat-cahuitl, de un árbol (Sterculia apetala).

Anacaona- Célebre cacica haytiana, hermana del cacique Bojekio y mujer del cacique Caonabó.

Anaiboa- El almidón sacado de la yuca.

Anamuya- Río de la República Dominicana, en la provincia La Altagracia y que desemboca en el Océano Atlántico.

Anamá Río de la República Dominicana, tributario del Soco. También una de las Islas Turcas.

Anamú- Planta silvestre, Petiveria alliacea.

Ananas- La piña (Ananas comosus). La palabra es del Brasil, generalizada por los portugueses. [Ver Yayama].

Anibón- Lugar en los campos de Morovis, Puerto Rico.

Aniguamar- Según Oviedo (libro VII, cap. IV) los indios llamaban así a una variedad de batatas, que tenían por la mejor.

Aniguayaqua- Las Casas escriben "Haniguayagua", y la describe junto al Baoruco, en La Española.

Anón- Fruta del árbol del mismo nombre (Annona squamosa). Oviedo escribe "banón"; Las Casas, anona.

Arabo- Árbol silvestre de las Antillas Mayores y las Bahamas, conocido en el país más con el nombre de "papelillo" (Erythroxylon areolatum).

Aramaná- Cacique borinqueño, encomendado, en 1510, a las granjerias de S. A. en el Toa.

Aramoca- Cacique haitiano, encomendado a Diego de Vergara, en 1514, en el Repartimiento de La Española.

Areyto- Canción romancesca, acompañada del baile.

Ariguanabo- Laguna al norte de San Antonio de los Baños, en Cuba.

Arijua- Extranjero.

Arimao- Río que riega las vegas de Manicaragua, en Cuba.

Arique Cordel- hecho de una tira de yagua, utilizado para atar pequeños bultos.

Asuba- [Ver Aruba], azuba.

Atabex Las Casas (t. V, p. 434) dice: "La gente de la Isla Española... mezclaron estos errores, de que Dios tenía madre, cuyo nombre era Atabex y un hermano suyo Guaca."

Athebeanequen-, llamaban así los haitianos, a la india que viva, se enterraba con el cadáver del cacique.

Atibuineix- una variedad de batata.

Ausuba- La fruta del ausubo.

Ausubo- Ver açuba, azuba. También se le da ese nombre a la Pimenta racemosa (Ver ausúa, auzúa).

Auyén, auyey- Planta trepadora de la América tropical (Pachyrrhizus crosus).

Ayaguatex- Cacique haitiano, encomendado en 1514 al licenciado Becerra.

Ayamuynuex- Cacique haitiano, encomendado en 1514 a don Fernando de la Vega, Comendador Mayor de Castilla.

Ayfia - Árbol del género Zanthoxylum.

Aymaco- Lugar de Boriquén, el poblejo o yucayeque del cacique Aymamón, donde asentó sus reales Juan Ponce de León, después de ganada la batalia a los boriqueños, en 1511.

Aymamón- era un cacique de Boriquén.

Ayraguay- Cacique haitiano, encomendado a Conchillos en el Repartimiento de La Española del 1514.

Azua, Açua- Ciudad de la República Dominicana.

Baba -Padre

Bacbey- Vegetal de Cuba (Pichardo).

Bacupey- Lugar de los campos de Arecibo, en Puerto Rico.

Bacuí Río de la República Dominicana, tributario del Camú.

Bahomamey -Barrio de San Sebastián, en Puerto Rico.

Bahoruco- Gran cadena de elevadisimas montañas, que recorre parte del territorio de Jaragua, en La Española.

Bainoa- Lugar del cacicazgo de Marién, en la República Dominicana.

Bairoa- Río tributario del Loiza, en Puerto Rico.

Baitiquiri- Nombre que daban los indios al cabo de la isla de Cuba, que Colón llamó Alfa y hoy se denomina Punta Maisí.

Bajaraque- El bohío que tenía mucha extensión.

Bajari Palabra de distinción entre los indo-antillanos.

Banao- Sierra en Santa Clara, Cuba.

Banes- Puerto de Cuba, visitado por Colón en su primer viaje. Corrupción de Baní.

Banique- Lugar en La Española.

Baní Valle que se extiende desde el Nizao hasta Ocoa, en la República Dominicana. Según carta de Velazquez (1514), una provincia de Cuba en tiempos de la conquista.

Bao- Río tributario del Yaque del Norte, en la República Dominicana.

Baracoa- Puerto de Cuba. Gomara anota Barucoa.

Baracutey- Ave, animal o persona sin compañero, equivalente a solitario.

Barahona -Puerto en la costa Sur de Santo Domingo. Nombre de una cacica haytiana, encomendada a Conchillos, en el Repartimiento de 1514.

Baramaya- al Sur de Puerto Rico.

Baraxagua -Cacicazgo cubano

Barbacoa- Piso alto de tablas de palma real, para guardar frutos, granos, etc.; servía también de camastro.

Baría- Árbol de las Antillas (Calophyllum calaba), llamado también "mara", "maría".

Batabanú- Hoy Batabanó, punto de Cuba.

Batata- raíces que llamaron los indios ajes o batatas." Y llama yucaba la planta que produce la batata.

Batea- Algunos escritores cometen el error de suponer esta voz de origen indoantillano.

Batey- El espacio cuadrilongo delante de la casa del cacique, destinado a plaza por los indios para jugar la pelota y para sus asambleas.

Batú- La pelota

Bayabé- Cordel más grueso que la cabuya. En Cuba bayabí.

Bayacú- El lucero de la mañana.

Bayajá- Bahía y monte de Haití.

Bayamo- Cacicazgo cubano, según Velázquez (1514): hoy ciudad de Cuba.

Bayamón- Pueblo y río de Puerto Rico.

Bayaney- Lugar en los campos de Hatillo, en Puerto Rico.

Bayatiquiri -Véase Baitiquiri.

Baybama- Véase Buyaybá.

Bayoya- Lagarto de costa.

Behechio- Uno de los cinco caciques principales de Haití.

Behique-Véase Bohique.

Bejuco- Variedad de lianas llevan este nombre.

Bemini- Véase Bimini.

Bi- Principio, vida, pequeño.

Biaiaca- Pez.

Biajama erranía situada al E. de Neiba, en la República Dominicana.

Biajaní- La paloma torcaz.

Biajilba- Pez de Cuba (Pichardo).

Biautex- Cacique haitiano

Bibi- Madre. Barrio y río de Utuado, en Puerto Rico.

Bibijagua- Una especie de hormiga.

Bieque- La pequeña isla de Vieques, al E. de Puerto Rico. De Bi, pequeño y que, por ke, tierra.

Bija- Árbol (Bixa orellana). De las semillas, producían un tinte rojo usado para pintarse el cuerpo.

Bijagua- Árbol silvestre de Cuba.

Bijao- Planta herbácea grande que utilizaban los indígenas para techar sus bohíos. Ahora se le conoce como "plátano cimarrón" (Heliconia bihai) y es común como ornamental.

Bijirita- Variedad de avecillas de Cuba y La Española.

Bimini- La isla que hoy figura en el Archipiélago antillano con el nombre de Bemini.

Biáfara -Corrupción de Biaiara, pequeño lugar de los campos de Arecibo, en Puerto Rico.

Bo- Como radical indoantillano equivale, a veces, a grande; otras dan la idea de señor.

Bohique- El augur curandero indoantillano.

Boma- Río de Cuba, examinado por Colón en su primer viaje.

Bonasi- Pez de Cuba.

Boniama- Una variedad de piña.

Boniata La yuca dulce, según Oviedo. Las Casas no la mencionan. Fue importada de Tierra Firme a Haití, en el periodo colombino.

Boricua- Letronne, en su Geografía universal (1844) y Pastrana, en su Catecismo geográfico de Puerto Rico (1852) llaman a nuestra isla así. El error procede de que antiguamente solian escribir cu por qu, y de este modo es fácil anotar Boricue y luego Boricua.

Boriquén- Nombre indígena de la isla de Puerto Rico - significa tierras del valiente señor.

Bosiba- Piedra grande.

Botio- Valle situado en las montañas de Samaná.

Boyuca- Según Gomara, isla a la que se dirigió Juan Ponce de León después que dejó la gobernación de Puerto Rico, buscando la fuente que tornaba mozos a los viejos.

Boyucar- Cacicazgo de Cuba, cuando la conquista, según carta del conquistador Velázquez, en 1514.

Boyá- Lugar de la República Dominicana, en el cacicazgo de Higüey.

Buaynara Véase Buba.

Buba- El cronista de Sevilla, don José Velázquez y Sánchez, en sus Anales epidémicos, impresos y publicados en 1866, asegura erróneamente que la_voz buba, por sífilis, es americano. El vocablo es español: viene de "bubón" y ésta del griego bubón. Véase Yaya.

Bucana- Barrio y río de Ponce, Puerto Rico.

Bucarabón- Barrios de Maricao y Las Marias, en Puerto Rico. Hoy escriben Bucarabones.

Buitio- Véase Bohique.

Buruquena- Cangrejo pequeño de orillas de rios y quebradas. Debe escribirse burukena.

Burén- Especie de hornillo de barro cocido para preparar el casabe.

Buticaco- Ojos zarcos (de color azul claro).

Buyaybá -Pueblo haitiano, que tenía un zemí célebre, llamado Zemí de Buyaybi, por otro nombre Baybama.

Bía- Vía Río de Azua, República Dominicana.

Cabacú- Hacienda en Cuba.

Cabirma- Árbol (Guarea guidonia), llamado también Cabirma santa.

Cabuya- Cordel o soga delgada, hecha de majagua o cabuya.

Cacao- El vocablo es de origen mexicano, de cacauti.

Cacey- Río tributario del de Añasco, Puerto Rico.

Cacique- rey Guacanagari, que los indios llaman Cacique

Caguabo- Lugar de Añasco, Puerto Rico.

Caguairin- Árbol de Cuba (Hymenaca floribunda)

Caguama- Una especie de tortuga marina

Caguana Río tributario del Grande de Arecibo; y barrio de Utuado, en Puerto Rico.

Caguani-- Lago del territorio de Jaragua, en La Española, hoy Lago Enriquillo.

.

Caguasa, caguaza Fruta

Caguayo- Lagartija.

Caimito- Árbol frutal

Caimán- El cocodrilo

Camin- (en Haití) un muy hermoso río, el cual se liamaba, por las lenguas de los indios, camin, aguda la última sílaba."

Canareo- Lugar cubano.

Caney- la casa grande de los señores y caciques.

Caniaco- Barrio de Utuado, en Puerto Rico.

Canoa- Embarcación hecha ahuecando el tronco de un árbol

Canóbana- Nombre de un cacique boriqueño, encomendado a Miguel Diaz en 1510. Hoy se conserva el nombre en una region y un río de Puerto Rico, que corre por Loíza.

Cao- Un tipo de cuervo.

Caoba- Árbol.

Caobana- El cedro.

Caona- El oro. .

Caonabó- Cacique soberano de Maguana, en La Española.

Caonao- Río de Cuba. Arroyo afluente del río Bajabonico, en la provincia Puerto Plata, República Dominicana.

Caoniya- Barrio de Utuado, en Puerto Rico. Se escribe por error, Caonilla. También es barrio de Aybonito y Juana Diaz.

Caoyuco- río de Puerto Rico, en cuya desembocadura dieron los españoles la primera batalla a los boriqueños, en 1511.

Caparra- Nombre de la primera población_de españoles, año de 1508, en Puerto Rico.

Capá- Árbol. Corrupción de caba.

Caracuri- La joya para las narices, según Vargas (Milicia indiana).

Caraira -Ave de rapiña de Cuba, casi del tamaño del aura tiñosa (Pichardo).

Carey- Especie de tortuga marina (Eretmochelys imbricata).

Careybano- un puerto y una población indígena en La Española, junto a la provincia de Xaragua.

Caribata-Región del cacicazgo de Marien, en Haití.

Caribe-Este nombre de caribe no quiere decir sino bravo u osado o esforzado."

Caricaboa- Barrio de Utuado, en Puerto Rico.

Casabe- El pan indo-antillano hecho de la harina de la yuca amarga.

Casey- Barrio de Añasco, en Puerto Rico.

Catey- La especie de papagayo Llamado periquito. Una palmera de La Española

Catibia- La yuca rallada y prensada, una vez exprimido el jugo o naiboa.

Cauyo - río de Puerto Rico, junto al cual dieron muerte los indios alzados a don Cristóbal de Sotomayor. Hoy es Yauco por trasposición de letras.

Caya- Árbol (Mastichodendron foetidissimum), más comúnmente llamada "caya amarilla".

Cayabo- Barrio de Juana Díaz, en Puerto Rico; por error Callabo.

Cayacoa- Cacique soberano del Higüey. A su muerte casó la cacica con el español Miguel Diaz, después de bautizada con el nombre de Doña Inés.

Cayaguayo- Según el conquistador Velázquez (1514), una región de Cuba.

Cayajabo- El mate colorado (Canavalia nitida).

Cayama -Ave zancuda de Cuba.

Cayaqua- Río tributario del Loíza, en Puerto Rico: corre por Hato Grande.

Cayo- Véase Cáicu.

Cayuco- Embarcación pequeña, larga y estrecha, sin popa, ni quilla. Juan Ignacio de Armas, en sus Orígenes del lenguaje criollo, Habana, 1882, página 85, opina, que es un vocablo derivado de cayo.

Ceiba -Árbol (Ceiba pentandra). Las Casas escribe Ceyba.

Cemí Véase Zemí.

Ciba- Piedra.

Cibuco- Río de Vega Baja, en Puerto Rico.

Ciguay - El aduar principal de los ciguayos.

Ciguayo- Nombre de una tribu numerosa en La Española, que ocupaba un territorio de más de 30 leguas, porque Ilegaba hasta las sierras de Macao por tierra adentro y por la parte del mar hasta el Higüey. Nombre de un cacique haitiano.

Coa- Palo endurecido al fuego, de que se servian los indígenas para cavar la tierra y sembrar la yuca y las batatas. El vocablo lo usaba el indoantillano, como prefijo y sufijo, significando lugar, sitio.

Coalibina- El actual río Culebrinas de Aguada, en Puerto Rico.

Coamo Pueblo y río de Puerto Rico. Algunos han escrito Cuamo. Es corrupción de Coama, sitio o lugar llano, extenso.

Cobo- Caracol del mar, lambí (Strombus gigas).

Coco- El Cocos nucifera no existia en el Archipiélago antillano en la época del Descubrimiento. Existia en el continente americano, del lado del Pacifico, y rnuy escasamente.

Cocuyo Insecto, especie de luciérnaga. Dice Las Casas: "Hay en ella (La Española) unos gusanos o avecitas nocturnas, que los indios llamaban cocuyos."

Cohoba- Polvos alucinógenos y la ceremonia religiosa de tomarlos y embriagarse con ellos.

Coki- Una especie de rana (Eleutherodactylus) en Puerto Rico; cuyo grito nocturno es coquí, coquí.

Conconi- Insecto de Manzanillo, Cuba (Pichardo).

Conuco- "Se llama conuco la heredad de la yuca o de la labranza.

Copey- Véase Cupey.

Corasi- Una especie de mosquito.

Cori- Pequeño roedor

Corigüex- río al poniente de Puerto Rico, cerca del río Mayagüex. Luego, se le llamó río del Rosario.

Corohai- Lugar del cacicazgo de Maguana, en La Española.

Corojo -Una especie de palmera

Cosuba- Lo que cubre al grano de maíz.

Cotubanamá- Cacique de Higüey, en La Española.

Cotui- Población del cacicazgo de Magua, en La Española. Las Casas anota: Cotuy.

Cotuy- Barrio de San Germán, en Puerto Rico.

Cuaba- Árbol de Cuba (Amyris sylvatica). En la República Dominicana, comarca de Neiba y otro nombre del pino (Pinus occidentalis).

Cuamo- Véase Coamo.

Cuayo- Río de la República Dominicana, tributario del Haina.

Cuayá- Río de la República Dominicana, tributario del Camú.

Cuba- Nombre de la mayor de las islas del Archipiélago antillano.

Cubanacin - Región central de Cuba.

Cubao- Población del cacicazgo de Magua, en La Española.

Cubui- Barrio de Loíza, en Puerto Rico.

Cucubano- Viene a ser el cocuyo.

Cueyba- Región de Cuba

Cuisa -La paleta o tablilla para volver las tortas del casabi, cuando se están cociendo al fuego sobre el burén.

Cupey- Árbol

Curazao- Una de las islas del Archipiélago antillano.

Curia- Hierba medicinal (Justicia pectoralis), llamada también "yerba carpintera".

Curujey- Planta parásito.

Curí -Véase Cori.

Cuácara- Comarca de La Vega, República Dominicana

Cáicu Arrecife- islote, isla, tierra. Por derivación, caiu, cayu, cayo.

Daca- Yo. Dagame- Árbol de Cuba (Pichardo).

Daguao- Barrio de la Ceiba, en Puerto Rico.

Dagüey- Barrio de Añasco, en Puerto Rico.

Daiabón- Lugar del cacicazgo de Marien, en La Española. Las Casas y Oviedo escriben dahabon.

Dajao - Pez de río

Damuji- Río de Santa Clara, que desemboca en el puerto de Cienfuegos, Cuba.

Datijao- corrupción de guaitiao, amigo.

Dayquiri- Lugar minero de Santiago de Cuba.

Demajagua- Barrio de Fajardo, en Puerto Rico.

Desecheo- Islote al 0. De Puerto Rico.

Diacanán- Hablando de las variedades de la yuca

Diahutia- Véase Yautía.

Diaiaca- Pez de agua dulce.

Dicayagua -Dice Las Casas (t. v. pág. 280): "Hase cogido también oro en otro arroyo, que está adelante del Cybú, que se llama Dicayagua."

Diley- Río de Yauco y barrio de San Germán, en Puerto Rico.

Dita- No es una palabra indoantillano. Se aplica en Puerto Rico al vaso hecho de media jigüera limpia; y se destina a varios usos.

Diumba- Según los escritores dominicanos Guridi y Pérez, la danza de los quisqueyanos.

Donguey- Planta trepadora.

Dujo- Asiento simbólico de piedra o madera

Gua- Una raíz indoantillana.

Guaba- Río que corre por el Cibao, República Dominicana. Árbol (Inga vera), ahora llamado «guama» en la República Dominicana.

Guababo- Cacique haitiano.

Guabairo- Aves del género Caprimulgus; en la República Dominicana, el Don Juan y el Pitanguá.

Guabanisex- Zemí de piedra, haitiano; según fray Román Pané, creían los indígenas que podía provocar huracanes.

Guabasa- Ver Guayaba.

Guabate -Barrio y río que corre por Cayey, tributario del Toa, en Puerto Rico.

Guabina- Pez de agua dulce.

Guabiniquinax- Uno de los pocos animalejos encontrados por los

Guabá -Arácnido, cuya picada causa dolor intenso, tumefacción de las partes atacadas y provoca fiebre.

Guaca- es región o cercanía.

Guacabina- Provisión para cuando se va de camino.

Guacabo- Cacique boriqueño

Guacacoa- Árbol cuyo liber es textil.

Guacaica- Ave.

Guacanagari- Cacique haitiano. Fue el primero que tuvo tratos con Colón y le ayudó generosamente, en el naufragio de la Santa María.

Guacanayabo- Región de Cuba, comarcana a Bayamo (1514).

Guacara- Mentira.

Guacarayca- una variedad de batata.

Guacayarima- Región del cacicazgo de Xaragua, en La Española.

Guacio- Barrio de San Sebastián y río tributario del de Añasco, en Puerto Rico.

Guaco- Planta medicinal (Unikania guaco). Río dominicano, tributario del Yaque del Norte.

Guaconax- Árbol de que los indios hacian teas para alumbrarse, porque arde bien; y con. Esas teas iban de noche a la pesca de jueyes. Oviedo escribe goaconex. Actualmente se llama "guaconejo"_(Amyris balsamifera).

Guaguao - El aji bravo, picante (Capsicum frutescens)

Guaguasí, guaguací- Árbolito (Laetia thammia).

Guagüey- Árbol

Guagüí- Una especie de malanga.

Guaicán- Pez pequeño, de que se valian los indigenas para pescar tortugas.

Guainabo- Pueblo de Puerto Rico. Río tributario del Bayamón. Aduar o yucayeque del cacique boriqueño Mabó.

Guajaba- Región del cacicazgo de Marién, en La Española, donde fundaron los españoles una población lIamada Lares de Guahaba.

Guajana- La varilla de la caña silvestre, que dividida a lo largo sirve para hacer chiringas y volantines y también jaulas para aves.

Guajataca- Barrio de San Sebastián y río entre Quebradillas e Isabela, en Puerto Rico. El aduar o yucayeque del cacique boriqueño Mabodamaca.

Guajey- El instrumento musical llamado hoy güiro.

Guajiro- Esta palabra pasó de Costa Firme a Cuba. Hoy se aplica a los campesinos cubanos. En Venezuela habia la nación goajira.

Guajoti- Pichardo la trae como equivalente a "usted".

Guali- Hijo

Guami- Señor.

Guamikeni -Señor de tierra y agua. Asi llamaban los haitianos a Cristóbal Colón.

Guamo- La trompeta o fotuto hecho de un caracol (Strombus spp.).

Guamuco Región del cacicazgo de Marién, en La Española.

Guamá Árbol frutal, en la actualidad llamado "gina" o "jina" (Inga fagifolia). Nombre de un cacique haitiano.

Guana- Árbol de Cuba (Pichardo),

Guanabacoa- Lugar de Cuba.

Guanabina- La frutilla de la palma corozo.

Guanabo- Islita perteneciente al cacicazgo de Xaragua, en Haití. Dice Las Casas: "en la isla que allí está, que se liamaba por los indios Guanabo." Hoy, por corrupcíon del vocablo, se escribe Gonaïve.

Guanabá- Aves, llamadas "yaboa" en Puerto Rico, y "Rey Congo" en la República Dominicana

Guanahumá -Río afluente del Yaque del Norte, en la República Dominicana. Ahora se escribe "Guanajuma".

Guanaja- La isla que hoy se llama Isla de la Juventud (Isla de Pinos) y Colón denominó San Juan Evangelista.

Guanajibo - Río que corre por Sabana Grande, San Germán y Hormigueros, en Puerto Rico.

Guanana- Especie de ganso migratorio, el "ganso blanco" o "guananá" (Chen hyperborea).

Guananagax Una variedad de batata

Guaniguanico- Lugar de Cuba,

Guanime- Bollitos de harina de maíz; actualmente también se hace de plátanos.

Guanimá - La isla que hoy se llama Eleuthera.

Guanina- Hierba silvestre, conocida ahora como "brusca" (Cassia occidentalis)

Guaniquí Bejuco de Cuba.

Guano- Árbol (Ochroma pyramidale), conocido como "lana". Dice el doctor Chanca: "se han visto árboles que llevan lana y harto fina tal que los que saben del arte dicen que podrán hacer buenos paños della." En Cuba y la República Dominicana, se aplica el vocablo a las distintas especies de palmeras del género Coccothrinax.

Guanuma- Río de la República Dominicana, tributario del Ozama.

Guanábana- Árbol frutal y su fruto (Annona muricata).

Guaní- Zumbador, colibrí (familia Trochilidae).

Guanín -Pieza de oro, en forma de lámina, que solían llevar al cuello los indios principales.

Guao- Arbustos del género Comocladia de látex muy cáustico que produce quemaduras en la piel y reacciones alérgicas y el humo producido al quemar las hojas es nocivo para los ojos. Dice Las Casas: "la leche de este árbol es ponzoñosa e della e de otras cosas hacen los indios la yerba que ponen en las flechas con que matan."

Guaonico- Barrio de Utuado, en Puerto Rico.

Guaora- Cacique haitiano.

Guaorabo- El actual río Grande de Añasco.

Guaoxeri - Según Las Casas, palabra de distinción entre los indigenas, equivalente a "señor".

Guara- Árbol (Cupania americana), más comúnmente llamada guárana.

Guaraca- Oviedo (lib. VII, capitulo IV) llama así una variedad de batatas. Un cacique boriqueño. Véase Guayaney.

Guaraguanó -Lugar del cacicazgao de Maguana, en la República Dominicana. Actualmente se llama Monción y queda en la provincia Santiago Rodríguez.

Guaraguao Ave de rapiña (Buteo jamaicensis). Y un árbol (Buchenavia capitata).

Guariao- Ave grande de Cuba (Pichardo).

Guarico- Ven. Lugar y puerto de Haití. Corrupcíon de Guarique.

Guarionex- El cacique soberano de Maguá, en La Española, y el cacique dueño del Otoao, en Puerto Rico. Los dos belicosos.

Guarique- Una sierra de Haití, donde primeramente acamparon los españoles en América.

Guariquitén- Dice Las Casas: "cierto lecho, al qual llamaban quariquiten, la penúltima breve, que hacen de palos e cañas puestas por el suelo e unas hojas de palmas." Servían a los índigenas para recoger la yuca rallada.

Guarocuya Cacique haitiano, que fue célebre con el nombre de Enriquillo, hasta pactar la paz con el emperador Carlos V.

Guasa- Pez de Cuba (Pichardo).

Guasabacoa- Planta silvestre (Desmodium axillare). En la República Dominicana se le llama vulgarmente "amor seco".

Guasábara- Las guerrillas de los indigenas. Para Oviedo, la guerra. Actualmente, la palabra se aplica a algunas cactáceas: Cylindropuntia caribaea y Opuntia antillana, esta última conocida como "guasábara pilotera".

Guata- Mentira.

Guataca- Vasija de higüera.

Guatapaná- Río de La Española, hoy Dajabón o Massacre. Árbol (Caesalpinia coriaria).

Guatibirí-El ave llamada actualmente "pitirre", "pestigre", "petigre" (Tyrannus dominicensis).

Guatiguaná -Cacique haitiano. Fue el primero que dió el grito de alzamiento contra los españoles en 1495, y arrastró a los caciques principales Guarionex,

Caonabó, Mayobanez y otros, excepto Guacanagari. que se mantuvo fiel a los españoles.

Guatini -El tocoloro cubano (Pichardo).

Guay -Interjeccion de dolor, de admiración o de atención.

Guayaba- Árbol y fruta (Psidium guajava). Según fray Román Pané, los muertos se alimentaban de los frutos.

Guayabacán- Árbol (Myrciaria floribunda), conocida vulgarmente como arrayán y con cuyos frutos se produce la bebida guavaberry.

Guayacán- Árbol medicinal de madera dura. Los cronistas le llaman "palo santo", porque el cocimiento de su corteza se aplicaba por los conquistadores a combatir el mal de las bubas (Oviedo). Hay dos especies: Guaiacum officinale y G. sanctum, usualmente llamado "vera".

Guayama -Pueblo y río de Puerto Rico.

Guayaney- Cacique boriqueño de Yabucoa, encomendado a Juan Ponce de Leon, en el Repartimiento hecho en noviembre de 1509 por Juan Cerón. Se liamaba Guaraca y los españoles le llamaban Guaraca del Guayaney, y, por útimo, se quedó con el nombre de Guayaney.

Guayanés- Barrio, río y puerto de mar de Yabucoa, en Puerto Rico.

Guayaro- Dice Las Casas: "hay en los montes otras raices, que llamaban los indios guayaros."

Guayayuco- Río del territorio de Xaragua, en La Española.

Guaybana- Cacique boriqueño, hermano y sucesor de Agueybana.

Guaynia- Nombre del poblejo del cacique Agüeybana, en el Boriquén; radicaba al S. de la isla. En Cuba existe un lugar, en Puerto Principe, llamado Guaynia. El río que pone en comunicación al Amazonas con el Orinoco, y que hoy se llama río Negro, le llamaban los aruacas de Venezuela Guaynia.

Guayo- El rallo usado por los indígenas. De piedra o de tabla de palma, cuadrilonga, sembrada métricamente de piedrecitas silíceas, para rallar la yuca, al confeccionar el pan casabí.

Guiabara- Dice Oviedo (lib. VIII, capitulo Vlll): "árbol Ilamado guiabara, que los chrystianos llaman uvero." Es un árbol (Coccoloba uvifera) que prefiere las zonas costeras al tolerar la sal, por lo que actualmente se conoce como "uva de playa", "uva de mar" o "uva caletera".

Gurabo Pueblo y río de Puerto Rico. Varios ríos y poblados de la República Dominicana.

Guánica- Laguna y puerto al Sur se la isla de Puerto Rico; y un barrio de Yauco.

Guárana- Véase Guara.

Guásima- Árbol (Guazuma ulmifolia) Dice Las Casas "De este árbol solo sacaban fuego los indios". Oviedo escribe guasuma.

Guáyiga -Planta silvestre (Zamia debilis) de cuyo tallo se obtiene un almidón.

Güey- El sol.

Güira- La jigoera (Crescentia cujete). Árbol cuyo fruto se utiliza para hacer vasijas, cucharas, jatacas, orinales (ditas), etc.

Güiro- Planta de tallo rastrero (Lagenaria sicerarea), que produce un calabacín largo, que lleva el mismo nombre y se utiliza para hacer un instrumento musical, haciéndole en la cubierta, bien seca y libre de su endocarpio, unas rayitas profundas, paralelas, que, rascándolas con una varilla de metal, o madera dura, produce un sonido áspero, con el cual suelen acompahar las danzas, llevando el compás. El nombre indígena de este instrumento era guajey.

Oviedo explica que era de los pocos cultivos sembrados por los indios, pero no para comer de ellas "sino para tener agua en ellas e llevarlas cuando van camino o andan en guerra..." Aunque de origen asiático, es probable que llegara a las Américas por la acción de las corrientes marinas.

Haba- "Hacen unas cestas, que llaman havas, para meter los que quieren guardar." Se tejian de bijaos y les servian para guardar la hamaca. Es jaba.

Habacoa- Hoy llamada Bary, una de las islas Lucayas.

Habana- Lugar de Cuba, donde vivia el cacique Yaguacayo; hoy nombre de la capital de la isla de Cuba. Los boriqueños, según Juan Ponce de León, daban ese nombre a la desembocadura del río Toa, que perdura aún con el nombre de Boca Habana.

Haití- Véase Haití.

Haití - El nombre primitivo de La Española, que en actualidad lo conserva la mitad de la isla, llamándose la otra mitad República Dominicana. Significa, tierra alta.

Hamaca- "las camas, en que dormian.

Hamí- un riachuelo cerca de Lares.

Han-han Sí. Es jan-jan.

Hanigajia- Lugar del cacicazgo de Xaragua, en La Española.

Haniquay- una provincia india de La Española.

Hatibonico- "llámase hatibonico en el lenguaje de indios." Este río es llamado ahora Artibonito. En Cuba hay también dos ríos con este mismo nombre. Es corrupción de Jatibonicu. Y de este vocablo se deriva el de Aybonito, castellanizado ya, y conservado en un pueblo de Puerto Rico.

Hatiey- Lugar de cacicazgo de Marien, en La Española.

Hatuey- Cacique de Guahaba, en La Española que pasó a Cuba. Cayó prisionero y fue quemado vivo.

Henequén- Planta textil (Agave sisalana), llamada también "pita" o "sisal".

Hequití- Uno (1). El contar de los indios no pasaba de veinte.

Hicaco- Arbusto frutal (Chrysobalanus icaco). También se dice jicaco.

Hico- Véase Jico.

Hicotea- Véase Jicotea.

Higua - Monte de la sierra de San José de las Matas, en la República Dominicana.

Higuaca- La cotorra (aves del género Amazona).

Higuamota- Hija del cacique Caonabó y Anacaona; se casó con el español Guevara, que fue preso por Roldán, por esta unión, falleciendo en la cárcel: y la india, heredera del cacicazgo, le siguió también en su triste fin.

Higuana- Lagarto grande del género Cyclura, que cazaban los indigenas para comerlo. Oviedo escribe Yuana y Las Casas Yguana. Don Fernando Colón anota Jiguana.

Higuanamá- Vieja cacica del Higüey.

Higüera -Árbol

Higüey- El quinto y último cacicazgo de Santo Domingo, en la parte E. y S. E. de la isla, subdividido en las poblaciones de Asua, Maniex, Bonao, Cayemb, Cacao, Hicayagua y Boyá.

Hobo- El jobo. Árbol frutal (Spondias mombin), llamado también "ciruela", "ciruela amarilla", "jobo de puerco".

Hoconuco- Barrio de San Germán, en Puerto Rico.

Humacao- Santa Clara anota Jumacao. Población y río de Puerto Rico; Oviedo llama al río Macao.

Humiri- Árbol resinoso (Amyris balsamifera).

Hupia- Espíritu.

Huracán- Tempestad, tormenta fuerte

Hutía- se escribe jutia. Especies de animales de los géneros Plagiodontia y Solenodon.

Ibonao- Villa de Santo Domingo, en 1514.

Iguanamá -Cacica haytiana, encomendada a Luis Garcia de Mohedas, en 1514. Tomó el nombre de Isabel de Iguanamá.

Imotonex- Cacique haitiano, encomendado a Hernando de Alcántara, en el Repartimiento de indios de La Española, en 1514.

Inabón- Río tributario del Jacaquas, en Puerto Rico.

Inagua- Isla llamada Gran Inagua, a 15 leguas del cabo Maisí, de Cuba. La que creyeron los compañeros de Colón que querian indicar los lucayos al decir babeque.

Inamoca- Cacique haitiano, encomendado a Miguel de Pasamonte, en 1514.

Itabo Río de la República Dominicana, que desemboca al S. de la isla.

Jaba- Especie de canasto para transportar la jamaca y otros objetos, puestos al extremo de un palo y llevado al hombro, Véase haba.

Jabacoa- Lugar de Cuba.

Jabiya- Árbol (Hura crepitans) que a veces se usaba para construir canoas.. En la actualidad, se acostumbra escribir jabilla.

Jacaboa -Barrio y río de Patillas, en Puerto Rico.

Jacagua- Lugar en La Española, donde originalmente se fundó la ciudad de Santiago de los Caballeros.

Jacaguas- Río que corre por Juana Diaz, en Puerto Rico.

Jagua- Árbol frutal

Jagual- Lugar de la vega de Arecibo, en Puerto Rico.

Jagüey- Depósito de agua dulce. Un barrio de Aguada y otro de Rincón, en Puerto Rico. También se llama jagüey al "higo cimarrón" (Ficus spp.).

Jaibón- Río de la República Dominicana, tributario del Yaque del Norte.

Jaimiquí, jaiquí Árbol (Manilkara jaimiqui).

Jaina- Lugar y río de la República Dominicana

Jamayca- isla que los indigenas llaman Jamayca, lugar de agua

Jan-jan- Sí.

Jarabacoa- Sierras del Cibao, República Dominicana, coronadas de pinos.

Jaragua- Uno de los cacicazgos principales de La Española. Llevaba también el nombre de Aniguayagua. Estaba situado al 0. y S. O. Era su régulo Bojekio.

Comprendía a Hanigagia, Yaquino, Yaguana, Guacayarina, Cahaya y la islita Guanabo. Las Casas escribe Xaragua.

Jaruco- Puerto de Cuba.

Jatibonicu- Véase Hatibonico.

Jauca- Barrio y río de Utuado, en Puerto Rico.

Jayabacaná- Árbol.

Jején- Insecto pequeño, que al picar para chupar sangre produce un molesto escozor.

Jeniquén- Véase Henequén

Jiba- Bosque, monte. Arbustos (Erythroxylon spp.) llamados ahora "papelillo", "fruto de paloma"

Jibe- El cedazo indígena.

Jicaya -Río de Maguá, en Haití.

Jico- El cordel o cabuya para sostener la jamaca. Los cronistas escriben hico.

Jicotea, Hicotea- Tortuga de agua dulce (Trachemys spp.). Las Casas anota hycotea y Oviedo hicotea.

Jiguani- Lugar de Cuba.

Jigüera -Véase Higüera.

Jima-Río del territorio de Maguá, en la República Domicana.

Jimagua Gemelo.

Jiquilete- Añil o índigo silvestre (Indigofera spp.).

Jiquima- Bejuco leguminoso.

Jobabo -Río de Puerto Príncipe, en Cuba.

Jobo- fruta en Puerto Rico

Jobobaba- una cueva que estaba en las tierras del cacique Manitibuex, de donde creían los haitianos que el sol y la luna habían salido.

Jocabunagus Maorocon- El Dios protector de Haití

Jocuma- Árbol silvestre.

Jutía- Uno de los animalejos encontrados por los espaholes en las grandes Antillas.

Jáiba- Cangrejos de río del género Epilobocera. Las Casas escriben xayba.

Jíbara- Lugar y puerto de Cuba, de donde procede el vocablo criollo jíbaro

Aplicado en Puerto Rico al hombre del monte, al campesino.

Lerén- "lirénes una fruta que nace en una planta, que losn indios cultivan." .

Libón- Río de La Española.

Lucayos- Corrupcíon de Yucayos.

Luquillo- La montaña más elevada de Puerto Rico. Corrupción de Yukiyu.

Un pueblo en Puerto Rico

Luquo- Los franceses escriben Louquo. Corrupcíon de Yukú, contracción de Yukajú, espíritu benéfico de Haití.

Ma Radical- indo-antillana, significando grande, extenso.

Mabi- Palabra de origen africano para una bebida hecha a partir del "bejuco de indio" (Gouania lupuloides). También se le llama así a la planta Colubrina elliptica, cuya corteza es uno de los ingredientes de la bebida.

Mabiya- Un barrio y río de Vega Alta, en Puerto Rico. Hoy se escribe "Mavilla".

Maboa- Árbol (Cameraria latifolia), llamado vulgarmente como "palo de leche".

Mabodamaca- Cacique boriqueño, que tomó parte en el alzamiento de 511, en unión de Guaybana, Guarionex y Urayoán.

Maboya, Mabuya- Espiritu maligno.

Mabó- Cacique boriqueño, residente en Guaynabo.

Mabú- Barrio de Humacao, en Puerto Rico.

Macabi -Pez que tienen muchas espinas.

Macabuca- «¿Qué me importa?»

Macabón- Río de La Española, tributario del Yaque del Norte.

Macacuya- Árbol silvestre.

Macagua- Árbol (Pseudolmedia spuria), llamado en la República Dominicana "macao".

Macaguanigua- Río de Baracoa, Cuba, donde Hernán Cortés, expuesto a ahogarse, estuvo luchando en un pequeño esquife contra la corriente, después de haberse huido del barco en donde el gobernador Diego Velázquez le tuvo preso.

Macaguaro- Planta silvestre.

Macana- Garrote grueso de madera. Arma ofensiva de los indigenas.

Macaná- Barrio de Guayanilla y de una quebrada, en Puerto Rico.

Macao -un pueblo grande de indios (en La Española) que llamaba Macao." Punta al E. de La Española. Un cacique boriqueño cuya ranchería demoraba en Jumacao.

Macori -Árbol silvestre.

Macorix- Puerto (San Pedro de Macorís). Río y territorio de la República Dominicana.

Macuaque- Río tributario del Macorix, en la República Dominicana.

Macumara- Comarca de la parte Occidental de La Española.

Maguaca- Ríos de la República Dominicana, uno tributario del Yaque del Norte y otro del Yuna.

Maguacana- Planta silvestre.

Maguana- Uno de los cinco cacicazgos de Haití, cuyo régulo era Caonabó; comprendía 21 departamentos, con sus subjefes o nitaynos. Eran Abayagua, Aguaybó, Alcobaxa, Ayaguana, Azua, Baní, Bánica, Bonao, Careybana, Coroxo, Guana, Guananea, Jayacú, Xagüey, Macabonao, Maguanabo, Niti, Nixao, Nixinao, Sabána y Yaguaná.

Maguayo- Un barrio del Dorado, en Puerto Rico.

Maguey- Planta textil (Agave spp.). Sus fibras servían para cordelería a los indo-antillanos.

Maguá- Un cacicazgo de Haití del cual era régulo Guarionex.

.

Magá -Árbol (Thespesia populnea), cuya madera es de ebanisteria, corrientemente llamado "álamo blanco". También hay otro árbol nombrado "magá" (Hernandia sonora").

Magüey- El tambor hecho de madera ahuecada.

Mahite -Véase Buticaco.

Maisi- El maíz (Zea mays). Algunos escritores antiguos anotan mahiz, entre

Majagua- Árbol silvestre (Hibiscus tiliaceus), que produce una corteza filamentosa textil. Cacique boriqueño. Río tributario del Loiza, en Puerto Rico.

Majibacoa- Planta silvestre.

Majá- En Cuba, la culebra grande.

Majúbiatibirí Cacique haitiano, amigo de fray Román Pané.

Maketaori-Guanana Según fray Román Pané, el cacique dueño de Coaibay, lugar de la isla de Haití, donde iban a refugiarse los muertos.

Malanga- La palabra se origeno de los africanos, como también ñame.

Mambí- No es palabra indo-antillana; sino un neologismo aplicado a los insurrectos de Cuba en el siglo 19.

Mamey- Árbol frutal (Mammea americana).

Mana Río- tributario del Jaina, en la República Dominicana.

Manaca- La manacla o manacle (Prestoea montana).

Manacle- Corrupcíon de manaca.

Manacua- Comarca de la parte Occidental de la República Dominicana.

Managüís- Empaque de yagua para transportar el casabe.

Manahueca Batea- hecha de yaguas de palma real.

Manajü- Árbol silvestre.

Manatuabón- El río de Maunabo, en Puerto Rico.

Manatí- Mamífero marino (Trichechus manatus)

Manaya- hacha de piedra

Mandioca, manioca- La yuca

Manibari- La "verdolaga" o "porcelana

Manicarao- el Repartimiento de indios de Cuba,

Manicatoex- Dos caciques haitianos de este nombre,

Maniey -Territorio indio de La Española.

Manigua- Boscaje. Maleza.

Maniquatex- Cacique haitiano, encomendado a Miguel Pérez de Almazán, en 1514, en el Repartimiento de La Española.

Maná- Barrio del Corozal, en Puerto Rico.

Maní- El maní (Arachis hypogoea)

Maorocotí- Palabra polisintética, que comprende los atributos de la divinidad haytiana.

Mapuey -Tubérculo (Dioscorea trifida). Hoy se llama también "ñame mapuey". Debe ser mabbey.

Maraca- Instrumento musical hecho de la higüera.

Maragüex- Barrio de Ponce, en Puerto Rico.

Maricao- Árbol (Byrsonima spicata), llamado también "peralejo".

Marien- Uno de los cacicazgos principales de Haití.

Mariá- La baría o mara (Calophyllum calaba)-llamado ocuje en Cuba y maría en Puerto Rico. Servía para hacer canoas.

Marunquey- Islote al Este de Puerto Rico.

Matininá- La isla Martinica. Generalmente escriben los cronistas Matinino.

Matún -Generoso.

Matúnjeri- Palabra de distinción, que usaban los indígenas con sus caciques..

Maunabo- Pueblo y río de Puerto Rico.

Maya- Planta textil (Bromelia pinguin), que se usa únicamente para limitar predios rústicos, porque sus hojas tienen pocas fibras; y se desarrolla fácilmente en cualquier terreno

Mayabón- Río de Cuba.

Mayagüex -Río de Puerto Rico.

Mayailez- Ciudad de Puerto Rico, que toma el nombre del río Mayagilex. Corrupcíon de Mayagbey.

Mayani- "Llaman a nada, mayani."

Mayaya- Río de Xaragua, en La Española.

Maymón -Ríos de la República Dominicana, tributario uno del Yaque del Norte y el otro del Yuna

Moca- Pueblos de Puerto Rico y República Dominicana.

Mojui- Uno de los animales comibles, encontrados en Haití. Es más pequeño que la jutia.

Mona- La isleta entre Puerto Rico y La Española.. En la época del Descubrimiento estaba poblada de indigenas.

Mucarabón- Río tributario del Toa, en Puerto Rico. Hoy se escribe Mucarabones.

Múcaro -Ave de rapiña, nocturna. Pertenecen al órden Strigiformes y se conocen también con el nombre de "lechuza".

Na- Radical indo-antillana. Como prefijo significa cosa. Otras veces, yo. Como afijo es muchas veces contracción de bana, grande.

Naba- Puerto de Cuba, que indica Colon en su primer viaje.

Nabori- Hombre de la tribu. Pechero. Siervo.

.

Nacán- Centro, medio.

Nagua- Faldellín de algodón, que de media cintura abajo usaban las indias casadas. Se usa hoy en dia como "enagua".

Naguabo- Pueblo y río de Puerto Rico.

Naiboa- El jugo venenoso de la yuca brava rallada. No debe confundirse este vocablo con anaiboa.

Najasa Lugar, río y montaña de Puerto Principe, en Cuba. Por error se escribe "Najaza".

Naje - se recogieron hasta_doce indios, que podrian ser, en las canoas que es dicho; las quales alli tenian, e comenzaron a dar golpes con los remos en las canoas."

Najesi- Árbol de Baracoa, en Cuba

Naraqua- La bahia de Enriquillo en La Española.

Neiba- Región y río de Maguana (el actual río Yaque del Sur).

Ni Radical indoantillana- "Agua".

Nibagua-Cacique haitiano, encomendado a Juan de Alburquerque, en el Repartimiento de indios de La Española, en 1514.

Nibaje- Arroyo dominicano tributario del Yaque del Norte.

Nigua-Insecto

Nijagua- Sitio en la República Dominicana, hoy "Nigagua".

Nipe- Bahía de Cuba. Corrupcíon de Nibi.

Nitabo- Laguna de agua dulce.

Nitayno- "Habia en la isla La Española unreino de muchos nobles e estimados la mejor sangre que tenían cargo sobre.

Niti- Lugar del territorio de Maguana, en La Española.

Nizao- Río y sierras de la República Dominicana.

Nubaga- una especie de yuca.

Nucay- Palabra mal anotada, del Diario de Colón, significando oro. Este metal se llamaba en indo-antiIlano caona.

O Radical indoantillana- montaña.

Ocamaniri- La isla Redonda.

Ocoa- Lugar y río de la República Dominicana y bahía que queda al S. de la isla.

Ojuná- La isla Rum Cay, a la cual llamó Colón "Santa María de la Concepción".

Onicajinax- Río de Cuba. Gomara anota onicaxinal

Oribá- La isla Oruba.

Orocobix- Cacique boriqueño, encomendado a don Diego Colón; cuyo aduar o yucayeque radicaba en el Jatibonicu.

Osama-Oye, escucha, atiende

Otoao -El actual Utuado, en Puerto Rico, donde señoreaba el cacique Guarionex.

Ozama- Río de la República Dominicana. Debe escribirse Osama.

Paira- El arco para tirar flechas; debe ser baira.

Papa- "carecen de maíz y comen unas raices, que parecen turmas de tierra, y que ellos llaman papas."

Papaga- los indígenas llamaban a los papagayos higuacas (las "cotorras") y a los más pequeños xaxabís (los "pericos")

.

Papaya- El fruto del papayo (Carica papaya). La fruta y el vocablo vinieron a las Antillas del inmediato Continente americano. La fruta se conoce como "lechosa" en la República Dominicana, y en Cuba como "fruta bomba".

Payabo-Río de la República Dominicana, tributario del Yuna. Debe ser Bayabo.

Piragua- Nombre que daban los indios de Tierra Firme a la canoa pequeña, que destinaban a pescar; de pira (en guaraní) pescado,

Pitajaya- Cactus frutal (Hylocereus undatus). En la Española donde es más conocida con el nombre de "yaso".

Piña- es fruta de olor e sabor admirables, no la había en esta isla (Haití), sino que de la isla de San Juan

Plátano- con este impropio nombre de plátanosQuamá- Una de las islas Turcas.

Quemí- Uno de los animalejos comibles, hallados en Haití, mayor que la jutia.

Quiabón- Río de Santo Domingo, que desagua al Sur. Ahora se denomina "Chavón".

Quinigua- Río de la República Dominicana, tributario del Yaque del Norte.

Ri Radical indoantillana - entrañando la idea de valor o fortaleza, y usada como afijo o sufijo.

Saba -Una de las islas de Barlovento, que conserva el nombre indígena.

Sabane- Cuba, en la costa norte, a 25 leguas del río Caonao.

Sabicú- Árbol de Cuba (Mimosa odorantissima).

Sabána- Una gran extensión de terreno Ilano y con muy pocos árboles."

Sagua- Véase Xagua.

Sajes -Según Las Casas, unos pececitos de río, muy sabrosos.

Samaná- Península y bahía de la República Dominicana.

Sao- Sabana pequeña.

Saragüey -Planta silvestre (Eupatorium odoratum), más conocida como "rompe saragüey".

Sarobey- El algodón.

Seboruco- Corrupción de Sibaorucu: Lomas pedregosas.

Semí- La divinidad tutelar del indoantillano.

Setí- Unos pececitos, recién nacidos, que en los plenilunios de agosto, septiembre y octubre, entran por la desembocadura de algunos ríos. En Cuba le llaman teti.

Siba- Piedra.

Sibaguara- Sitio de la parte occidental de La Española.

Sibucán- Saquito hecho de hojas de palma, para echar y prensar la yuca rallada, de la cual se ha de hacer el casabe.

Sibukeira- La isla de Guadalupe.

Sigua- Caracolillo de las costas

Siguatio- La isla Gran Abaco.

Sipey- La tierra muy arcillosa, barro. Debe ser sibey.

Susúa- Barrio y río de Yauco, en Puerto Rico.

Tabaco- El cigarro. Hoy se aplica también a la planta (Nicotiana tabacum).

Tabacán-la cita como la sexta y última variedad de la yuca.

Tabonuco- Árbol que produce abundantemente una resina blanca, y se utiliza en Puerto Rico, envuelta en yagua para hacer teas, que llaman los campesinos "jachos" (Hedwigia balsamifera). Un barrio de Sabana Grande en Puerto Rico.

Tagua- Planta trepadora con zarcillos (Passiflora foetida var. gossypifolia), llamada "caguazo, caguaza" en la República Dominicana.

Taguagua -Zarcillo de oro.

Tanamá- La mariposa.

Tau-túa- Planta que los indigenas sembraban en torno de sus bohios, para purgarse, según.

Tayabacoa- Río de Cuba.

Tayaboa- Barrio de Peñuelas y río del S. en Puerto Rico. Por error escriben "Tallaboa".

Tayno -"Bueno".

Teitoca- "Estate quieto."

Ti- Radical indoantillana: Alto, elevado.

Tibe- Barrio de Ponce, en Puerto Rico.

Tibisí- Gramíneas del género Arthrostylidium, trepadoras y comúnmente largas y enredadas, formando grandes masas a veces impenetrables.

Tiburón – están en la mar, y entran también en los ríos, unos peces de hechura de cazones, o al menos todo el cuerpo, la cabeza bota, y la boca en el derecho de la barriga, con muchos dientes, que los indios liaman tiburones."

Tina- Montaña dominicana.

Tinima- Río de Cuba.

Tirigüíbi- El envoltorio del racimo de la palma real, que desprendido de la palmera cae al suelo.

Toa- El río más grande de Puerto Rico.

Tubagua -la cuarta variedad de la yuca.

Tuna- Cactus unos muy donosos higos...

Turabo- Río tributario del Loiza, en Puerto Rico.

Turey- El cielo.

Tureygua- Celestial.

Uará -Tú.

Ubi- Un bejuco.

Uikú -Bebida hecha de casabe fermentado.

Umacao -Región de Higüey, en la República Dominicana.

Urayoán- Cacique boriqueño, que formó parte del alzamiento de 1511 contra los españoles.

Usabón- Río tributario del Toa, en Puerto Rico.

Utuado- Pueblo de Puerto Rico.

Xacagua- Santa Clara al rio Jacagua de Puerto Rico, que desemboca al S. de la isla. También hay una serrania de este nombre.

Xaomatí- La isla Long Island, que Colón Ilamó Isabela.

Xaragua- Lago y territorio de La Española.

Yabisí- Árbol.

Yabucoa -Pueblo de Puerto Rico.

Yabuna- Planta silvestre.

Yacahüey -Cacique de Cuba.

Yagruma- Árbol En la República Dominicana se conoce como "yagrumo", "grayumbo", "yagrumo hembra".

Yagua- La vaina de cada penca de la palma real (Roystonea spp.).

Yaguana- La ranchería del cacique Bojekio en Jaragua, Hayti.

Yaguanabo- Río de La Española, en la parte Occidental.

Yaguasa- Especie de pato silvestre (Dendrocygna arborea).

Yaguatí- Río de la República Dominicana, tributario del Nizao, conocido ahora como Yaguate.

Yagüeca- La región boriqueña de Añasco y Mayagüez, donde era régulo el cacique Urayoin.

Yahurebo- Cacique caribeño de Vieques, hermano de Casimax.

Yahutia- La yautía (Xanthosoma sagittifolium).

Yaití -Árbol (Bumelia cubensis), también llamada «caya de loma», «jaiquí».

Yamagua- Río de Cuba.

Yamagüey- Árbol.

Yamasá Lugar de la República Dominicana, provincia Monte Plata.

Yamocá -Dos (2).

Yamocán- Tres (3).

Yana -Árbol (Conocarpus erectus), vulgarmente conocido como «mangle prieto».

Yanique- Río del territorio de Maguana, en La Española. Las Casas escribe Xanique.

Yaque -Ríos de los territorios Jaragua y Maguana. Lo hay del norte y del sur.

Yaquimo- Lugar y puerto del cacicazgo de Jaragua,_la actual ciudad haitiana de Jacmel.

Yara-Lugar, sitio. En los vocablos indo-antillanos queda reducido a ya, por polisintetismo.

Yarabi -Lugar o sitio reducido, pequeño.

Yarey -Una variedad de palmera (Copernicia berteroana).

Yarima- Lugar de limpieza.

Yarí- pepita de oro,

Yauco- Pueblo de Puerto Rico.

Yautía-bianda.

Yaya Árbol (Oxandra lanceolata). Asi llamaban también los indoantillanos a las bubas (sífilis).

Yayagua- Una variedad de piña.

Yayama- La piña (Ananas comosus).

Yocahu Vagua Maorocoti-La gente de la isla española tenía cierta fe e conocimiento de un verdadero e solo Dios...

Yocahuguama- nombre de un zemí de La Española.

Yuboa- Río de la República Dominicana.

Yubón- Río de la República Dominicana, tributario del Yuna.

Yuca -La raíz de la yucubia (Manihot esculenta), de la cual los indo-antillanos y los indios de Tierra Firme hacían su pan.

Yucayeke -Pueblo.

Yucayo- El indio natural de las islas Yucayas, que hoy, por corrupcíon del vocablo, se llaman Lucayas.

Yucayu - hay una isla con este nombre. Hoy es Pequeña Abaco.

Yucubia- La planta que da la yuca (Manihot esculenta).

Yuisa- La cacica boriqueña Luisa.

Yumaí- La isla Cat Island, que Colón llamó Fernandina.

Yuna- Río de la República Dominicana.

Yunque- La cúspide de la montaña Luquillo, en Puerto Rico; el punto más alto de la sierra, envuelto siempre en nieblas blancas.

Yunque- es corrupcion de Yuké, tierra blanca; como Luquillo es Yukiyu.

Yuní -Río de Utuado en Puerto Rico. Escriben por error Yune.

Yú Radical indo-antillana: Blanco.

Bohío - casas o chozas donde vivían los indios.

Caparra- primera residencia del conquistador, gobernador de Puerto Rico, Juan Ponce de León

Cucubano insecto volador que despide una luz azulada durante la noche

Jíbaro - nombre con que se conoce a los campesinos puertorriqueños.

Macana- arma defensiva de los indios, hecha de madera más dura de una especie de palma.

Naborías - indios que trabajaban como siervos para un señor, ya éste un cacique o colono español

Nitaínos- eran loa indios nobles.

Taínos - palabra indígena que significa "los bue-nos" y que da nombre a los indios de las Antillas Mayores.

Guariao- pacto de fraternización que sellaban con nombres

Areito-= reuniones que hacían los indios para celebrar sus fiestas, recordar tradiciones, tomar de-cisiones, o declarar guerras.

Guanina- significa en el lenguaje taíno: "Resplandeciente como el oro".

Acu= n: Ojo.

Agucat = n: Moneda.

Aji = n: El Picante.

Akani = n: Enemigo.

Amaraca = n: Sagrada Matraca Ceremonial de Madera, instrumento hecho de madera de Capa Negra.

Ama = n: Rio, Cuerpo de Agua.

Ana = n: Flor.

Anacaona = n: Flor de Oro.

Anana = n: Pina. (Vea la palabra Yayama).

Anani = n: Flor de Agua.

Anaiboa = n: Almidon o jugo blanco sacado de la yuca dulce, usado para pre-parar una bebida. (Vea la palabra Naiboa).

Anki = n: Persona Malvada.

Aon = n: Perro o Perrito.

Apito = n: Infinita, sin Principio o Fin.

Ara = n: Gente.

Ara = n: Un pequeno Pajaro Rojo, tambien llamado Guacamayo.

Aracoel = n: Abuela.

Ara'guaca = n: Danza.

Ara'guacu' = n: La Gente Sagrada, el nombre de donde sale el ori-gen de la palabra Arahuaco.

Arepa = n: Torta de Maiz.

Areito = n: Un baile y canto historico tradicional.

Ari' = n: Invasor.

Arijua = n: Extranjero.

Arike = n: Cordel para cargar un bulto de peces, hecha de una tira de Yagua de la Palma Real.

Arocoel = n: Abuelo.

Atabey = n: Madre Tierra.

Baba = n: Padre.

Bagua = n: Mar.

Baira = n: Arco.

Bajacu' = n: Alba, la luz del amanecer.

Bajari = n: Un titulo de distincion y alto respeto.

Bana = n: Grandeza o Gran lugar.

Bara = n: Matar o Muerte.

Baracutey = n: Solitario, Animal o persona que anda solo.

Barbacoa = n: Plataforma, una plataforma con cuatro patas, hecho de palos de madera. Fue tambien utilizado como una Torre de Aviso para el pueblo y tambien en las fincas como plataforma de espantar a los animales.

Barbicu = n: Un proceso de asado de carne, usando un hoyo de fuego y una Barbacoa como plataforma para montar la carne de asado.

Batata = n: Patata.

Batey = n: Plaza Ceremonial Sagrada y tambien se usa para el nom-bre del sa-grado juego de pelota llamado Batey.

Batu = n: Pelota.

Bi = n: Vida, Principio o primero.

Bibi = n: Madre.

Bieke = n: Pequena Tierra.

Bija = n: Pintura Roja o Achiote.

Bijao = n : Paja, hecha de las hojas de la palma Yarey, usada en la construccion de los bohios o casas redondas.

Bijirita = n: La paloma Turca.

Bimini = n: Vida de agua del las quebradas. Tambien el nombre del estado de la Florida, USA.

Bo = n: Gran, Grandeza o Grande.

Boba = n: Serpiente.

Bociba = n: Piedra grande tambien Cibabo.

Bohiti = n: Shaman, un lider espiritual Taino, uno que tiene la sabi-duria de los dos mundos de plantas y espiritus.

Boniata = n: La yuca Dulce.

Boria = n: Trabajo.

Boriken = n: Gran Tierra Del Valiente Y Noble Senor.

Boya = n: Espiritu Maligno.

Buren = n: Un plato llano y redondo de barro, usado para cocinar pan Casabe.

Buticacu = n: Ojos Zarcos, Es tambien usado como un insulto entre los Tainos.

BO = Redonda, como una Isla o bohio.

BO' = Gran señor

BO'jike = Significa "Gran Senor del Bosque y Tierra". Shaman, cu-randero, me-dico de la tribu. Tambien vea la palabra Bohiti.

BOhi-o = Casa redonda.

BOricu'a = Significa "La Gente Valiente de La Casa Sagrada".

Cabuya = n: Cordel delgado, es una cuerda fina usada en la pesca, hecha de las fibras de la mata de Majagua o Maguey. (Vea la palabra Jico).

Cacike = n: Jefe.

Cacibajagua = n: La Cueva Negra.

Cacona = n: Recompensa.

Caguama = n: Tortuga Grande del Mar, pero mucho mas grande quel Carey o turtuga del Mar.

Caguana = n: La Madre de Fertilidad, tambien conocida por el nom-bre de La Mujer de Caguana.

Caicu = n: Arrecife o islita, puente de tierra.

Cajaya =n: Tiburon Hembra.

Calichi = n: Fuente de la Montana Alta.

Can = n: Centro. Vea la palabra Huracan.

Canari n: Olla, hecha de barro.

Caney = n: Casa Larga, casa del Jefe Maximo o Anciano de la Tribu o Pueblo Tai-no.

Caniba = n: indio Caribe.

Canoa = n: Barco Pequeno, Embarcacion.

Canocum = n: El Numero 3

Caona = n: Oro Amarillo.

Caracuri = n: Sortija o joya para las narices. Muchas veces estaban hechas de Oro.

Carey = n: La Tortuga Verde del Mar.

Cari' = n: Isla de los Valientes. Isla de Trinidad.

Carib = n: Hombre Fuerte.

Caribe = n: Gente Brava.

Casabi = n: Pan, hecho de la Yuca.

Catey = n: Estorbar, Molestar.

Cay = n: Isla.

Cayajobo = n: El Mate Colorado. un color rojo sin brillo.

Cayaya = n: Arbusto.

Cayo = n: Paso Entre Islas, o una Llave.

Cayuco = n: Enbarcacion, hecha de una sola pieza de madera, plana, sin quilla.

Cemi = n: Significa "Frente del señor" es tambien un Totem.

Chicha = n: Cerveza, bebida fermentada del maiz.

Ciba = n: Piedra.

Cibao = n: Montana de Piedra.

Cibucan = n: Extractor o exprimidor, un aparato cilindrico largo, he-cho de fi-bras, para extraer el jugo venenoso de la yuca brava, en el proceso de preparar el casabe.

Cike'o = n: Tierra de Montana de Piedra.

Cimu' = n: La Frente de la persona.

Coa = n: Instrumento o palo agri-cola hecho de madera.

Cobo = n : Caracol marino..

Cocuyo = n: Pequeno insecto luminoso, con una luz azulada en color, salen de noche. Vea la palabra Cucubano.

Cohoba = n: Polvo Sagrado Ceremonial, hecho de la semilla del Arbol Cojoba-na. Tambien el Nombre de la Sagrada Ceremonia Religiosa Taina.

Cojiba = n: Tabaco rollado, Tambien Cohiba una de las mezclas usada en ce-remonia de Cohoba.

Cojibi = n: Cigarrillo, un termino moderno usado por la gente Tai-na, un Ciga-rro pequeno.

Coki' = n: Ranita de Arbol, Significa "Espiritu del Arbol de Tierra" La Rana Verde Del Arbol.

Colibri = n: Pica Flor.

Conuco = n: Fincas, laboranza o jardines de siembra.

Cori = n: El guimo.

Cu' = n: Sagrado, Sitio Sagrado. (Vea la palabra Ku').

Cucubano = n : Gran Insecto Luminoso, con cuatro alas y dos luces, salen de noche. Vea la palabra Cocuyo.

Cuey = n: Objecto Sagrado.

Cuyo = n: Luz.

Cha'gara = Pequeno Cangrejo negro del Rio.

Choreto = Abundancia.

Chemi'n = Totem, Es otra manera de decir la palabra Cemi.

Da = Yo o Mi.

Daca = Yo soy.

Daca-ababa = Yo soy un Padre.

Dajao = Pez de Rio.

Datiao = Mi Amigo o Soy Amigo.

Datijao = Mi Señor, expresión de aprecio.

Digo = n: Jabón, usado para lavar el cuerpo, hecho de una planta.

Dita = Vasija de comer, hecha de la Higuera.

Dujo = Asiento Ceremonial del Jefe de un Pueblo Taino.

Ector = Maíz tierno o maíz dulce.

Eieri- = Hombres, palabra del lenguaje de las mujeres Tainos.

Eracra = Casa, Es otra palabra para Bohío o casa en el lenguaje de las Mujeres Tainos.

Fotuto = Trompeta de caracol de Mar, esto es un mestizaje Taino para la pala-bra Guamo.

Goeiz = n: El Espíritu de una persona viva.

Gua = pron: EL o La, usado con gente de alto rango, ejemplo EL Rey o La Reina.

Guaba = n: La Arana.

Guabasa = n: Fruto que comen los Muertos y los sostiene en la Utra- Vida.

Guaca = n: Parte, región o cercani-a.

Gua'cara = Cueva o La Región del Lugar del Nacimiento.

Guada = n: Jardi-n.

Guaiba = n: Retirate o vete.

Guaili = n: Nene o Nino pequeno Infante.

Guaitiao = n: Amigo o Amigos.

Guajey = n: Raspadora de Higuera. Un instrumento musical, tambien conoci-do como Guiro.

Guakete = n: Juntar o reunir la gente de la Tierra, en fiesta.

Gua'kia = pron: Nosotros o Nuestro.

Guali = n: Hijo, Hijos o Ninos.

Guama = n: Principal y superior, una manera de Jefe del Tribu.

Guama = n: Arbol Grande de Sombra, Arbol Frutal.

Guami = n:. El señor

Guami'keni = n: El señor de la Tierra Y Agua. Un nombre con que llamban los Tainos a Christobal Colon.

Guami'ke'na = n: Gran señor, Nombre dado a los Jefes Supremos.

Guami'kena, tambien fue un nombre para identificar a los Espanoles.

Guamo = n: Trompeta, hecho del Caracol Grande del Mar.

Guanajo = n: El Pavo.

Guani = n: El Pica flor

Guani' = n: Hombre Noble.

Guanin = n: Una Medalla de Oro colgada del cuello del Jefe. Esta me-dalla esta compuesta de tres metales, 18 de Oro, 6 de plata y 8 de Cobre.

Guanime = n: Pan de Maiz, hecha de harina de maiz.

Guara= n: El Sitio.

Guaraguao = n: Halcon Del Rabo Colorado.

Guare = n: Mellizos.

Guarico = n: Ven o Vega aca.

Guaroco = n: El Recuerdo o Conocer.

Guata = n: Mentira o Mentiroso.

Guatiao = n: La Ceremonia del entrecambio de Nombres, y tambien una per-sona adoptada.

Guatu' = n: Fuego.

Guay = n: Muestra de emocion o dolor, como en decir: Ay! me duele.

Tambien de admiracion o en gritando, "Yucayeke' Guay!" o atencion pueblo.

Guayo = n: Rallo, tabla usada para rallar la yuca en la preparacion del Pan Casabe.

Guazabara = n: Guerra or Guerrero.

Guey = n: Sol.

Haiti = Verdadero nombre de la isla de Santo Domin-go/Haiti.

Hamaca = Cama colgante, hecha de algodon.

Han = Si-.

Han-han = Si asi.

Hekiti = Uno.

Hupia = Fantasma, Espiritu de un defunto. (Vea la pablabra Opia).

Hura = Viento.

Huracan = Centro Del Viento. Hura, Viento y Can, Centro.

Hutia = Conejo, del Caribe.

I' = n: Espiritu, en este caso como en la palabra "Operi'to", Espi-ritu de una persona muerta o Hupia, espiritu fantasma de la noche.

Iguaca = n: Cotorra Verde.

Iguana = n: Lagarto Grande Verde.

Inagua = n: Falda Larga hecha de algodon blanco, usada por las Mujeres ca-sadas.

I'naru' = n: Mujer o Espi-ritu de Mujer.

Inriri = n: Pajaro Carpintero.

I'ro = n: Hombre o Espi-ritu de Hombre.

Ita = n: Rojo.

Ita' = interj: No se. J

¡Ja' = ¡Sonido usado para mostrar emocion o Admiracion, como en Ay!

Jaba = Cesta, usado para cargar cosas, Hecha de bijaos o las hojas del la Palma de Yarey.

Ja'bao = Instrumento musical de tres cuerdas, hecho de la higuera, con tres cuerdas del intestino o tripa del gato Yamuy. El número 3 y 4 son numeros sagrados entre los circulos Religiosos Indigenas de los Tainos.

Jagua = Tinte Negro, usada para tintar la fabrica del algodon y pintar el cuerpo.

Jagua = arbol Frutal, el jugo es color blanco pero en tempo el jugo cambia a un color negro de este jugo negro de Jagua se consigue una tinta para pintar el cuerpo y para pintar los materiales de algodon blanco.

Ja'tibonicu' = El Gran Sitio Alto de las Aguas Sagradas. El antiguo pueblo del Cacique Orocobix en las montanas centrales de Puerto Rico.

Jaiba = Cangrejo de Rio o Cangrejo de agua dulce.

Jauja'u = El pan de Yuca dulce pero mas fino.

Jeiticacu' = Ojos Negros, Es tambien un insulto entre nuestra gente Taino.

Jeje'n = Mosquito.

Jiba = Monte, o Bosque.

Jibe = Cedazo, usado para colar la harina de yuca.

Jibiria = Sandia.

Jico = Un cordel o soga, para colgar la Hamaca. (Vea la palabra Cabu-ya.

Jicotea = Tortuga de Tierra.

Jimagua = Mellizos, semejantes o muy parecidos.

Jujo = Culebra.

Kachi = Sol, otra manera de decir Guey o Sol en el lenguaje Taino.

Kai = Alimento.

Karaya = Luna.

Ke' = Tierra o Terreno.

Ki' = Espiritu de Tierra.

Ku' = Templo Sagrado o Adoratorio.

Li = El, lo o Ellos.

Liani = Esposa.

Liren = Fruta que crece en una mata.

Lukiyo = Espi-ritu de la Montana de la Tierra Blanca. Una Montana Sagrada y Bosque en Puerto Rico. Es una corrupcion de la palabra Taino Yukeio'.

M= adj. : Grande.

Mabi' = n: Una Bebida Refrescante y fermentada, hecha de la cascara de la fruta del arbol de Mabi-'.

Maboya = n: Grande Maligno o El Gran Espiritu Maligno.

Mabuya = n: Fantasma.

Macana = n: Garrote, Garrote de Guerra.

Maca = n: arbol.

Macu' = n: Ojos Grandes.

Macuto = n: Cesta honda, hecho de bejucos.

Maguey = n: Gran Sol, un tambor. (Vea la palabra Mayohuaca'n.

Mahite = n: Desdientado o si le faltan dientes.

Maja = n: Culebra grande.

Manaya = n: Hacha, de Piedra.

Manati = n: Vaca Sagrada del Mar, es "Gran Mujer del Grande Espiritu de las Aguas". Tambien se llama Manatee.

Manicato = n: Una persona esforzada, valiente y de buen corazo'n.

Mao = n: peto de Algod'on, para la proteccion del to'rax. Los Maos fueron usa-dos por los Caciques y Sub-caciques. El Mao fue usado en los hombros de los Caciques en sus viajes largos en el mar del Caribe.

Maraca = n: Matraca hecho de Higuera, un instrumento musical.

Matu'm = n: Generosidad, El compartir todo es un noble patron cultural del Taino.

Matu'n = adj.: Generoso.

Mayohuaca'n = n: El Tambor Sagrado Ceremonial Taino. (Vea la palabra
   Ma-guey.
Mime = n: Mosca Pequena.
Mini = n: Fuente o Quebrada de Agua.
Moin = n: Sangre.
Mu' = n: Cabeza. Vea la palabra Cimu'.
Mucaro = n: Buho, Ave de la noche. El Mucaro es como la aguila De la
   noche y es un si-mbolo Espiritual muy bueno para los Tainos.
N = Noble Senor.
Na = Cosa.
Naca'n = Centro.
Nagua = Pequena Falda hecha de Algodon blanco, tambien usado hoy en
   dia por los Hombres Tainos.
Naiboa = El jugo venenoso de la Yuca brava, usado en los ri-os para la
   pesca. (Vea la palabra Anaiboa.
Naje = Remo, usado para remo en las Canoas o Barcos.
Nana' = Nena.
Nanichi = Mi Corazon o Mi Amo.
Naniki = Espi-ritu o ser activo.
Natiao = Hermano o Hermanos como en una Familia.
Ni = Agua.
Nigua = Insecto, semejante a la pulga, que penetra por la piel de los pies,
   pone sus huevos y ocasiona picazon y ulceras perniciosas.
O = Montana.
Ocama = Oye.
Oconuco = Finca de Montana.
Operi'to = Muerto o el Espíritu de una persona cuando esta Muerto.
Opi'a = Espíritu. Vea la palabra Hupia.
Osama = Atencion.
Oubao-moin = Isla de Sangre.
Piragua' = Lancha Larga o Lancha de Guerra, Embarcación.
Pu = Color Rojo Escarlata.

Por poco se me olvidan estas palabritas que son muy importante:
Bohío = casas o chozas donde vivían los indios.

Caparra = primera residencia del conquistador, gobernador de Puerto Rico, Juan Ponce de León

Cucubano = insecto volador que despide una luz azulada durante la noche

Jíbaro = nombre con que se conoce a los campesinos puertorrique-ños.

Macana = arma defensiva de los indios, hecha de madera más dura de una especie de palma.

Naborías = indios que trabajaban como siervos para un señor, ya és-te un cacique o colono español

Nitaínos= eran loa indios nobles. = Sub-jefe.

Tambien tenemos la presencia de los Tainos cuando hablamos de instrucmentos:

Guiro- Una parranda sin guiro no es una parranda.

Maracas- Las maracas de dan la clave a nuestra música

Tambol- El tambol es muy importante en nuestra sals.

Alimentos Tainos y todavía consumimos:

Guanime- Guanimes con bacalao.

Arepas- Me encantan las arepas con habihuela.

SE SABES QUE ERES BORICUA CUANDO USAS ESTO REFRANES
Refranes Puertorriños

El vago trabaja doble

En boca cerrada no entran moscas

El camaron que se duerme, se lo lleva la corriente

Mas vale pájaro en mano que cien volando.

Desde se inventaron las excusas, nadie sale culpable.

A caballo regalao nos se le mira los comillos.

Ya los pajaros le tiran a las escopetas.

Mas vale estar solo que mal acompanao.

Hay muchos caciques y pocos indios.

Es mejor dar que recibir.

No dejes para mañana lo que puedas hacer hoy.

No todo lo que brilla es oro.

De tal palo tal astilla.

Haz bien y no mires a quien.
Cuentas claras conserva amistades.
El amor entra por la cocina.

REFERENCIAS

1. Real Cédula de 1789 "para el comercio de Negros"
2. Rouse, Irving. The Tainos: Rise and Decline of the People Who Greeted Columbus ISBN 0-300-05696-6.
3. Mahaffy, Cheryl (January 28, 2006). "Vieques Island - What lies beneath". Edmonton Journal. Retrieved February 11, 2006.
4. Figueroa, Ivonne (July 1996). "Taínos". Retrieved March 20, 2006.
5. Pedro Torres. "The Dictionary of the Taíno Language". Taino Inter-Tribal Council Inc. Retrieved February 11, 2006.
6. Brau, Salvador (1894). Puerto Rico y su historia: investigaciones críticas (in Spanish). Valencia, Spain: Francisco Vives Moras. pp. 96–97.
7. Vicente Yañez Pinzón is considered the first appointed governor of Puerto Rico, but he never arrived on the island.
8. PROCLAMATION presented by Dennis O. Freytes, MPA, MHR, BBA, Chair/Facilitator, 500TH Florida Discovery Council Round Table, American Veteran, Community Servant, VP NAUS SE Region; Chair Hispanic Achievers Grant Council
9. Mari, Brenda A. (April 22, 2005). "The Legacy of Añasco: Where the Gods Come to Die". Puerto Rico Herald. Archived from the original on April 27, 2006. Retrieved March 1, 2006.
10. "Taino Tribal Census Registration: A Record of Hope and Survival". La Salita Cafe. Retrieved 28 November 2014.
11. Jones, W.A. "Porto Rico". Catholic Encyclopedia. Retrieved March 4, 2006.
12. "Religion". Puerto Rico: A Guide to the Island of Boriquén. Federal Writers Project. 1940. Retrieved March 6, 2006.

13. Hispanic Firsts, by, Nicolas Kanellos, publisher Visible Ink Press; ISBN 0-7876-0519-0; p.40

14. "La Fortaleza/San Juan National Historic Site, Puerto Rico". National Park Service. Archived from the original on February 8, 2006. Retrieved March 1, 2006.

15. Miller, Paul G. (1947).Historias de Puerto Rico,221–237.

16. "The Life of Sir Francis Drake". July 20, 2004. Retrieved March 1, 2006.

17. The exact number of ships and troops is presently uncertain. The number of ships varies from 60 to 64 ships and the number of troops varies from 7,000 to 13,000. No exact number of ships is given by British accounts. For more information see Alonso, María M., and The Eighteenth Century Caribbean & The British Attack on Puerto Rico in 1797 ISBN 1-881713-20-2.

18. Alonso, María M. "Chapter XIV - Abercromby's Siege" (PDF). The Eighteenth Century Caribbean & The British Attack on Puerto Rico in 1797. Retrieved February 28, 2006.

19. Caro Costas, Aida R. (1980). Antología de Lecturas de Historia de Puerto Rico (Siglos XV-XVIII), p. 467.

20. Abbad y Lasierra, Iñigo. Historia Geográfica, Civil y Política de Puerto Rico (in Spanish). S.l.: Univ of Puerto Rico Pr. ISBN 0-8477-0800-4.

21. Interview of Thomas Ellingwood Fortin, Producer, NEW ALBION PICTURES

22. Words from Pres. Ronald Reagan

23. "Aspectos políticos en Puerto Rico: 1765–1837" (in Spanish). Retrieved March 4, 2006.

24. 150th. Anniversary of the Foundation of Arroyo, Puerto Rico

25. NY/Latino Journal; Taking the PE Out of PRT; by: Rafael Merino Cortes; July 20, 2006

26. "Slave revolts in Puerto Rico: conspiracies and uprisings, 1795-1873"; by: Guillermo A. Baralt; Publisher Markus Wiener Publishers; ISBN 1-55876-463-1, ISBN 978-1-55876-463-7

27. Grose, Howard B., Advance in the Antilles; the new era in Cuba and Porto Rico, OCLC 1445643 (These clauses included that slaves were required to continue working for three more years

and that the owners would be compensated 35 million pesetas per slave.)

28. Negroni, Héctor Andrés (1992). Historia militar de Puerto Rico (in Spanish). Societal Stately Quinto Centenario. ISBN 978-84-7844-138-9.

29. "Chronology of Puerto Rico in the Spanish-American War". Library of Congress. Retrieved March 10, 2006.

30. This legislature consisted of a Council of Administration with eight elected and seven appointed members, and a Chamber of Representatives with one member for every 25,000 inhabitants.

31. Strategy as Politics by Jorge Rodriguez Beruff; Publisher: La Editorial; Universidad de Puerto Rico; page 7; ISBN 978-0-8477-0160-5

32. "The World of 1898: The Spanish-American War". Hispanic Division, Library of Congress. Retrieved 2008-08-03.

33. "Military Government in Puerto Rico". Library of Congress. Retrieved March 26, 2006.

34. Blackburn Moreno, Ronald (February 2001). "Brief Chronology of Puerto Rico" (PDF). ASPIRA Association, Inc. Archived from the original (PDF) on February 17, 2006. Retrieved February 11, 2006.

35. My aunt Luz E. Pagan Rodriguez,
My uncle Ramon L. Pagan Rodriguez
My father Juan J. Pagan Rodriguez
My Grandmother Ceferina Figueroa Bello
My Grandmother Guadalupe Rodriguez Quiles
Told me many stories about Puerto Rico
& my FAMILY

36. A Loving Approach to Dementia Care: Making Meaningful Connections with the Person Who Has Alzheimer… by Laura Wayman

37. The 36-Hour Day: A Family Guide to Caring for People Who Have Alzheimer Disease, Related Dementias… by Nancy L. Mace

38. Creating Moments of Joy for the Person with Alzheimer's or Dementia: A Journal for Caregivers, Fourth Edition by Jolene Brackey
39. Learning to Speak Alzheimer's: A Groundbreaking Approach for Everyone Dealing with the Disease
By Joanne Koenig Coste-
40. 40. The 36-Hour Day: A Family Guide to Caring for People Who Have Alzheimer Disease, Related Dementias, and Memory Loss by Nancy L. Mace
41. Thoughtful Dementia Care: Understanding the Dementia Experience by Jennifer Ghent-Fuller
42. Activities to do with Your Parent who has Alzheimer's Dementia by Judith A. Levy EdM…
43. An Unintended Journey: A Caregiver's Guide to Dementia by Janet Yagoda Shagam
44. How to Help Your Friend with Cancer
By Colleen Fulbright
45. Breast Cancer Journey

The Essential Guide to Treatment and Recovery

Edited by Ruth O'Regan, Edited by Sheryl G. A. Gabram, Edited by Terri Ades, Edited by Rick Alteri, Edited by Joan L. Kramer, Edited by Kimberly A. Stump-Sutliff

Jeifets, Víctor. (2015). Internacional Comunista y América Latina, 1919-1943 : Dictionaried biográfico. Ariadna Ediciones. ISBN 9789568416393. OCLC 982239564. Consultado el 5 de octubre de 2019.

Federico Ribes Tovar, Albizu Campos: Puerto Rican Revolutionary, p. 136-139; Plus Ultra Publishers, 1971

Rosado, Marisa; Pedro Albizu Campos; pub. Ediciones Puerto, 2008; p. 386. ISBN 1-933352-62-0

Torres, Heriberto Marín; Eran Ellos, pub. Ediciones Ciba, 2000; pp. 32-62

Federico Ribes Tovar, Albizu Campos: Puerto Rican Revolutionary, Plus Ultra Publishers, 1971; pp. 136-139.

«Dr. Pedro Albizu Campos». Archivado desde el original el 2 de mayo de 2009. Consultado el 3 de mayo de 2009.

U.S. Seeks People in Radiation Tests; The New York Times; 25 de diciembre 1993. visto 29 de octubre 2013.

"Advisory Committee on Human Radiation Experiments", National Security Archives, George Washington University, visto 26 de julio 2010

Victor Villanueva, "Colonial Memory and the Crime of Rhetoric: Pedro Albizu Campos", common reading assignment, Washington State University, American Studies. published in 'College English 71 (6). julio de 2009. National Council of Teachers of English. También apareció como "Colonial Research: A Preamble to a Case Study," en Beyond the Archives: Research as a Lived Process, Gesa Kirsch and Liz Rohan, eds. Southern Illinois University Press, pp. 636

ALBIZU CAMPOS, Pedro (2007): "Nulidad del Tratado de Paris", Escritos, Publicaciones Puertorriqueñas Editores, 2007.

La Nación puertorriqueña: ensayos en torno a Pedro Albizu Campos. Juan Manuel Carrión, Teresa C. Gracia Ruiz, Carlos Rodríguez-Fraticelli, eds. p.12. University of Puerto Rico Press. 1993.

«NY Latino Journal Retrieved June 20, 2014». Archivado desde el original el 26 de agosto de 2009. Consultado el 27 de enero de 2022.

Ray Quintanilla. "From rebel to peacemaker." The Chicago Tribune. 9 January 2006

Juan Manuel Carrión. "Two variants of Caribbean nationalism: Marcus Garvey and Pedro Albizu Campos." p. 27. Centro Journal. Spring 2005.

Juan Manuel Carrión. "Two variants of Caribbean nationalism: Marcus Garvey and Pedro Albizu Campos." p. 42. Centro Journal. Spring 2005.

Marisa Rosado, Pedro Albizu Campos: Las Llamas de la Aurora (San Juan, PR: Ediciones Puerto, Inc., 2008), pp. 210–217, 244–248, 313–397.

«FBI Files on Pedro Albizu Campos». Archivado desde el original el 6 de agosto de 2014. Consultado el 27 de enero de 2022.

«FBI Files on Surveillance of Puerto Ricans in general». Archivado desde el original el 6 de Agosto de 2014. Consult ado el 27 de enero de 2022.

www.ingramcontent.com/pod-product-compliance
Lightning Source LLC
Chambersburg PA
CBHW021613120626
46545CB00001B/212